Pocket
TORINO
IL MEGLIO • DA VIVERE • DA SCOPRIRE

Sara Viola Cabras

In questa guida

Per cominciare
La chiave per capire la città – per decidere che cosa fare e come farlo

In breve
Consigli per un viaggio senza inconvenienti

Quartieri
Che cosa troverete e dove

Scoprire Torino
Le cose più belle da vedere e da fare, quartiere per quartiere

Da non perdere
Ricavate il massimo dalla vostra visita

Vita in città
La città vista da vicino

Il meglio di Torino
Le attrattive più interessanti della città, in comodi elenchi per aiutarvi a pianificare

Itinerari a piedi
Visitate la città a piedi

Il meglio
Le esperienze migliori

Guida pratica
Consigli e accorgimenti per godersi la città senza intoppi

Trasporti locali
Spostatevi come la gente del posto

Informazioni
Con indicazioni essenziali sul pernottamento

La nostra scelta dei posti migliori
per bere, mangiare e vivere la città:

◎ **Da vedere**

✖ **Pasti**

☻ **Locali**

✪ **Divertimenti**

🛍 **Shopping**

Questi simboli vi aiutano a individuare le
informazioni essenziali:

☎ Telefono	⛌ Per famiglie
⊙ Orari	🐾 Animali ammessi
P Parcheggio	🚌 Autobus
⊘ Vietato fumare	🚢 Battello
@ internet	M Metropolitana
🛜 Wi-Fi	🚋 Tram
🥗 Piatti vegetariani	🚆 Treno
📖 Menu in inglese	

Trovate velocemente sulla cartina del
quartiere ciò che state cercando:

Torino Pocket

Le guide Pocket Lonely Planet
sono pensate per farvi entrare
direttamente nel cuore della
città.

All'interno troverete
tutto ciò che non dovreste
assolutamente perdere e una
serie di consigli per rendere
memorabile la vostra visita.
Abbiamo suddiviso la città in
zone facili da esplorare, con
cartine chiare per orientarsi
più facilmente. I nostri autori,
grazie alla loro esperienza,
hanno selezionato il meglio
tra passeggiate, pasti, vita
notturna, shopping e molto
altro. E per facilitare le vostre
esplorazioni, le pagine dedicate
alla vita in città vi porteranno
nei luoghi più stimolanti per
conoscere la vera Torino.

Naturalmente troverete tutti
i consigli pratici per un viaggio
senza intoppi: itinerari per
visite brevi, mezzi di trasporto
e quanto lasciare di mancia a
chi vi serve da bere alla fine di
una lunga giornata in giro.

Ecco la vostra garanzia
per un'esperienza davvero
grandiosa.

Il nostro impegno

Gli autori Lonely Planet visitano
i luoghi della guida, tutti e per
tutte le edizioni. Non accettano
omaggi o sconti in cambio
di recensioni positive e vi
raccontano sempre ciò che
hanno visto.

Per cominciare 7

Da non perdere 8
Vita in città 12
Mese per mese 14
Giorno per giorno 20
In breve 22
Quartieri 24

Scoprire Torino 27

- **28** Via Roma e dintorni
- **58** Verso il Po
- **80** Verso Piazza Statuto
- **106** San Salvario
- **124** Lingotto e Nizza Millefonti
- **136** Crocetta, San Paolo e Cenisia sud
- **150** Vanchiglia, Vanchiglietta e Aurora
- **172** Oltrepò e collina
- **186** Dintorni di Torino

Vale il viaggio:

Palazzi e cortili 78
Santuario e Piazza della Consolata ... 104
Torino cambia volto 132

Il meglio di Torino — 201

Itinerari a piedi

Portici e piazze **202**
Torino liberty **204**

Il meglio

Cinema **206**
Musica **208**
Teatro e teatri **210**
Storia e leggende **211**
Libri e letteratura **212**
Parchi e giardini **213**
Locali e vita notturna **214**
Per i bambini **216**
Gelaterie **217**
Mercati **218**
Moda **219**
Torino gay-friendly **220**

Guida pratica — 221

Prima di partire **222**
All'arrivo **224**
Trasporti urbani **225**
Informazioni **229**

Per cominciare

Da non perdere 8
Vita in città 12
Mese per mese 14
Giorno per giorno 20
In breve 22
Quartieri 24

Benvenuti a Torino

Colonia romana, cuore del regno dei Savoia, prima capitale d'Italia, città dell'industria. È sempre stato facile descrivere l'abito che di volta in volta il capoluogo piemontese ha indossato nei secoli. Oggi, invece, non è così semplice: città di cultura, di grandi metamorfosi architettoniche e urbanistiche, vive dei tesori del passato ma ha saputo interpretarli e riproporli al mondo contemporaneo, tanto da essere inserita dal *New York Times* fra le 52 mete mondiali da non perdere nel 2016. Stupiti? Noi no, e vi spieghiamo perché.

Vista dall'alto di Piazza Castello
MARCO S/500PX ©

Torino
Da non perdere

Musei Reali (p30)

Varcato il cancello della Piazzetta Reale, il viaggio nel tempo può iniziare. Vi porterà nel Palazzo e nei Giardini Reali, nella nuova Galleria Sabauda, nel Museo Archeologico, nell'Armeria, in Biblioteca e a Palazzo Chiablese. Benvenuti a corte!

Da non perdere 9

Mole Antonelliana e Museo Nazionale del Cinema (p60)

Da tempio a Museo del Cinema. Il bizzarro edificio progettato da Antonelli ha una storia buffa. Che nessuno rida, però, del fatto che Torino ne abbia fatto il suo 'tempio' del cinema!

Museo Egizio (p34)

Dove trovare il secondo museo al mondo dedicato alla civiltà egizia? Ai piedi delle Alpi, ovvio. Poco importano longitudini e altitudini, soprattutto dopo la ristrutturazione e il nuovo allestimento, entrambi... faraonici!

Porta Palazzo e il Balôn (p82)

I volti, i colori e i sapori della Torino vecchia e nuova, riuniti nel mercato all'aperto più grande d'Europa e tra le bancarelle dell'usato e dell'antiquariato dello storico Balôn.

Da non perdere

Palazzo Madama (p36)

La storia della città in un unico palazzo, da leggere come un racconto avvincente che va dall'epoca romana ai giorni nostri, dall'arte e dall'architettura antiche alle espressioni più attuali dell'arte contemporanea.

Chiesa di San Lorenzo e Duomo di San Giovanni (p38)

Il tocco di Guarino Guarini e la facciata dell'unica chiesa rinascimentale di Torino, entrambi inconfondibili. E il *trait d'union* fra due dei luoghi di culto più importanti della città: la Sacra Sindone.

Quadrilatero Romano (p84)

Il nucleo originario della città, disseminato di chiesette nascoste, negozi e locali, è percorso da stradine strette e dal forte profumo della storia.

Parco del Valentino (p108)

Che fortuna poter godere di uno spazio verde così esteso e vivace, dove correre, andare in bici, passeggiare o semplicemente fermarsi su una panchina a contemplare la bellezza del Po e della collina!

GAM (p138)

Non si esagera mai con le visite a questo museo d'arte moderna. La rotazione delle opere (più di 47.000!) della collezione permanente e le super mostre temporanee sono motivi validissimi per tornare.

Villa della Regina (p174)

Una delle residenze sabaude più raffinate e insolite, un piccolo gioiello che nel 2016, dopo una lunga storia di passaggi di proprietà, abbandono e incuria, è stato completamente riaperto e si offre al pubblico in (quasi) tutto il suo splendore.

Reggia di Venaria Reale (p188)

Perché uscire da Torino, quando la città offre così tanto? Perché, se si ha tempo, una visita a questa reggia regala un'esperienza pari a poche altre in Europa.

Castello di Rivoli e Museo d'Arte Contemporanea (p192)

Quando il connubio tra storia e contemporaneità, architettura e arte, centro e periferia funziona alla perfezione.

Torino
Vita in città

I consigli che vi darebbe chi ci vive

Quando ci si accorge di essere davvero a Torino? Dov'è più forte l'eco del passato o il richiamo del presente e del futuro? Passando da un caffè a una cioccolateria, passeggiando tra i palazzi nobiliari ed entrando nei cortili ricchi di storia e di storie, e riflettendo sull'identità mutata degli edifici riqualificati, troverete tutte le risposte.

I caffè storici (p40)
▸ Delizie tra specchi e stucchi
▸ Come i re, i poeti e gli statisti

Anche i Savoia, Gozzano e Cavour hanno ordinato un *bicerin* o addentato un tramezzino perfetto, si sono scaldati con una cioccolata calda e hanno commentato gli eventi del giorno seduti su divanetti di velluto rosso o accanto alla vetrina per osservare i passanti. Fate come loro, in uno degli eleganti caffè per cui la città è famosa.

Cioccolato...
e non solo! (p42)
▸ Cioccolaterie e pasticcerie
▸ Per un goloso souvenir

1806: il blocco napoleonico riduce l'afflusso di prodotti coloniali e ne aumenta il costo, gettando nel panico i pasticceri. Michele Prochet sostituisce in parte il cacao dei cioccolatini con la nocciola 'tonda e gentile' delle Langhe. 1865: la società dolciaria Caffarel presenta al pubblico il primo gianduiotto. Scartandone uno, si vive l'esperienza torinese *par excellence*. E dopo i gianduiotti, i cremini e i baci di dama, entrate nel vivo della pasticceria piemontese iniziando da una *bignola* (bignè), meglio se ripiena di crema chantilly.

Palazzi e cortili (p78)
▸ Un viaggio nella storia
▸ Capolavori architettonici

Capitale del regno sabaudo prima e d'Italia poi, la città è stata per secoli il cantiere favorito di re, regine e uomini di potere, lo spazio giusto in cui esprimere manie di grandezza o gusto per l'architettura. Provate a immaginarvi su una carrozza che entra in un cortile del Seicento o mentre salite lo scalone barocco di un palazzo nobiliare... Voi metteteci la passione e la fantasia, Torino vi regalerà la scenografia giusta.

Torino cambia volto (p132)
▸ Da città industriale a polo culturale
▸ Riqualificazione urbana

Uno dei principali stabilimenti industriali italiani trasformato in centro fieristico e commerciale. Officine per la costruzione dei treni restaurate e utilizzate per eventi e concerti. Un'ex fabbrica

Vita in città 13

Al Bicerin (p40)

Casa Fenoglio-Lafleur (p205)

di cavi elettrici che ospita un festival musicale. Torino è stata la capitale industriale d'Italia e oggi ne è uno dei poli culturali più vivaci e innovativi. Intorno a questi nuclei, intere zone stanno rinascendo a nuova vita.

Via e Piazza Borgo Dora
(p152)

▶ Vecchio Piemonte e nuova Torino
▶ Cucina e architettura

Una strada e una piazza che collegano il grande mercato di Porta Palazzo alle sponde del fiume Dora, tra botteghe di antiquari e rigattieri, ristoranti piemontesi storici e piccoli bistrò, incroci multiculturali ed edifici storici restaurati.

Dove sentirsi uno del posto:

Teatro Carignano (p53)

Un reading al Circolo dei Lettori (p72)

I Murazzi del Po (p74)

Mercatini in piazza (p76)

I dehors di Largo IV Marzo (p90)

Un kebab a San Salvario (p115)

Di casa alla Casa del Quartiere (p120)

Le gallerie d'arte di Vanchiglia (p156)

Vita alternativa al Bunker (p167)

Torino
Mese per mese

Gennaio
▶ Seeyousound
La prima edizione, nel 2015, si è svolta al Cinema Baretti (p119) per un pubblico ridotto ma appassionato. Nel 2016 questo festival, che celebra ogni forma di incontro tra cinema e musica, si è spostato al Cinema Massimo (p72). Ed è già cult. Tra gennaio e febbraio. (www.seeyousound.org)

Febbraio
▶ Automotoretrò
Nel freddo inverno della città della FIAT, non c'è niente di meglio che scaldare i motori di un'auto d'epoca. L'appuntamento è al Lingotto (p128). (www.automotoretro.it)

Marzo
▶ Biennale Democrazia
Conferenze, eventi e seminari gratuiti nel festival biennale ideato da Gustavo Zagrebelsky: grandi temi sociali, politici e filosofici alla portata di tutti. Tra marzo e aprile. (www.biennaledemocrazia.it)

▶ Share Festival
Un festival e un premio per l'arte in epoca digitale, originale e visionario, che negli anni ha cambiato sede ma ha mantenuto intatta l'originalità e lo spirito di ricerca. Dal 2016 la direzione artistica è di Bruce Sterling. (www.toshare.it)

Aprile
▶ Torino Gay & Lesbian Film Festival
Non solo un festival del cinema su tematiche omosessuali: in più di 30 anni, è diventato un punto di riferimento nel panorama culturale torinese e uno degli eventi cinematografici più importanti della città e del paese. (www.tglff.it)

▶ Sottodiciotto Film Festival
La più importante kermesse nazionale dedicata alla produzione cinematografica under 18 si svolge al cinema Massimo (p72) per una settimana. Nel 2017 ci sarà anche il Concorso Nazionale delle produzioni audiovisive delle scuole. Giovani registi, è il vostro momento! (www.sottodiciottofilmfestival.it)

Maggio
▶ Salone Internazionale del Libro
La fiera di settore più importante d'Italia, nata a Torino Esposizioni e poi trasferita al Lingotto, per 29 anni ha richiamato a Torino per cinque giorni gli editori italiani e centinaia di migliaia di visitatori, tra incontri con autori, presentazioni di libri, reading, concerti e

Mese per mese

Fuochi d'artificio a San Giovanni

dibattiti. Dopo lo strappo di alcuni grandi editori nel settembre 2016 e la nascita di una nuova fiera a Rho, l'evento torinese si reinventa con una nuova squadra e un nuovo impianto, che avrà il suo banco di prova nell'edizione 2017. (www.salonelibro.it)

▶ Cinemambiente
Tra i temi caldi a livello globale, quello dell'ambiente scotta da molti anni. E dal 1998 Torino, città del cinema e dell'avanguardia, vi pone particolare attenzione. Tra fine maggio e inizio giugno, decine di proiezioni, ospiti nazionali e internazionali e iniziative gratuite attraggono un pubblico ormai molto affezionato. (www.cinemambiente.it)

▶ Interplay
Anche la danza ha il suo posto d'onore nel capoluogo sabaudo. Questo prestigioso festival internazionale di danza contemporanea non lascia dubbi. Tra maggio e giugno. (www.mosaicodanza.it)

▶ Torino Fringe Festival
Festival 'alternativo' per eccellenza, organizzato da 10 compagnie teatrali torinesi, che ospita artisti provenienti da tutta Italia. Dal 2013, molti luoghi, teatrali e non, tra cui strade e piazze, si arrendono a una vera e propria 'invasione teatrale'. (www.tofringe.it)

▶ Torino Comics
Nerd, fumettari e cosplayer di tutta Italia, unitevi! Dove? All'Oval del Lingotto, per tre giorni all'anno. (www.nerds-it.com/category/torino-comics)

Giugno

▶ Festa di San Giovanni
Il 23 giugno, il giorno prima della festa del patrono di Torino, san Giovanni Battista, in Piazza Castello (p45) si assiste al rituale dell'accensione del grande *farò*. Dopodiché c'è l'assalto a Piazza Vittorio (p202), ai belvedere in collina, ai viali lungo il Po e ai ponti (lettura p179): le postazioni migliori per ammirare i fuochi

Mese per mese

d'artificio. (www.comune.torino.it)

▶ **Festival delle Colline Torinesi**
Chi ama il teatro contemporaneo ha un mese intero a disposizione per aggiornarsi sui nuovi linguaggi e per nutrirsi di creatività. La programmazione è fitta e gli spettacoli sono ospitati nelle migliori sedi teatrali della città. (www.festivaldellecolline.it)

Luglio

▶ **Teatro a Corte**
Le rappresentazioni più interessanti del panorama europeo arrivano d'estate in Piemonte, a Torino e in alcune delle dimore sabaude più belle della regione. Molti spettacoli sono all'aperto. (www.teatroacorte.it)

▶ **Sere d'Estate alla Reggia**
Un concerto di musica elettronica, un gioco di luci sulla fontana, un elegante aperitivo, l'apertura straordinaria di una mostra o uno spettacolo teatrale. Da inizio luglio a metà agosto le possibilità cambiano, ma la magia di un tramonto sulla Reggia e sui Giardini (p191) è sempre una certezza. (www.lavenaria.it)

▶ **Flowers Festival**
Dal 2016, nella bella cornice del Parco della Certosa di Collegno (p196), il team di Hiroshima Mon Amour (p208) propone concerti pop e rock di grande qualità, in uno degli appuntamenti musicali estivi da non perdere. (www.flowersfestival.it)

▶ **Kappa FuturFestival**
Prendi uno skate park in una zona periferica che ha visto una grande opera di rinnovamento architettonico postindustriale, riempilo di giovani scatenati e chiama alcuni tra i migliori DJ del mondo. Ecco a voi il weekend bollente del KappaFutur Festival. (www.kappafuturfestival.it)

▶ **GruVillage Festival**
Il centro commerciale Le Gru di Grugliasco, negli immediati dintorni di Torino, nel mese di luglio non è solo una meta di shopping. Dal 2006 qui si svolge un festival musicale di tutto rispetto, con artisti italiani e internazionali per lo più pop e jazz. (www.gruvillage.com)

Agosto

▶ **TOdays Festival**
I nostalgici del Traffic, festival gratuito che dal 2004 per 10 anni ha regalato a Torino alcuni concerti memorabili, hanno iniziato a riprendersi nel 2015, quando i TV On The Radio hanno infiammato il palcoscenico del TOdays, e sono guariti del tutto con l'esibizione del regista John Carpenter nel 2016. Date insolite (tre giorni a fine agosto) e luoghi insoliti: oltre che nell'ormai storico Spazio 211 (p166), questa nuova creatura torinese rock/indie/alternativa prende vita nel museo d'arte contemporanea Ettore Fico (p157), in una galleria d'arte e in una ex fabbrica di cavi elettrici (Incet, p134). La seconda edizione ha inoltre visto la collaborazione con un altro giovanissimo festival, ancora più 'alternativo': il **Varvara Festival**, che prende il nome dalla principessa sepolta nel Cimitero di San Pietro in Vincoli (p156) e per questo promette atmosfere cupe e intriganti. (www.todaysfestival.com, www.varvarafestival.com)

La lumaca di Slow Food in Piazza Castello per Terra Madre – Salone del Gusto

Settembre

▸ MITO Settembre Musica
Finisce l'estate, ma questo festival di musica classica internazionale che si tiene tra Milano e Torino, di fama ormai consolidata, rende più dolce il passaggio all'autunno. Per i grandi nomi, tra cui qualche star del pop, del jazz e della world music, c'è da prenotare con mesi di anticipo. (www.mitosettembremusica.it)

▸ Torino Spiritualità
Tra la fine di settembre e l'inizio di ottobre, numerose voci del panorama culturale e spirituale contemporaneo affrontano ogni anno un tema diverso. Consultate il programma per orientarvi tra gli incontri, i seminari, i tour guidati in città e le escursioni nel territorio regionale. (www.torinospiritualita.org)

▸ Torino Danza
Tra settembre e novembre approdano a Torino alcuni dei migliori coreografi, ballerini e compagnie del mondo. Un interessante contenitore di musica, corpi, strumenti, gesti. (www.torinodanzafestival.it)

▸ Terra Madre – Salone del Gusto
Ideati da Slow Food, i due eventi una volta erano separati, ma nel 2016 si sono uniti, hanno invaso la città nel mese di settembre e dato vita a una delle più importanti manifestazioni internazionali dedicate al cibo. Il Salone del Gusto porta il suo bagaglio di conferenze, laboratori, degustazioni ed esibizioni di chef per raccontare la straordinaria ricchezza gastronomica del pianeta. Terra Madre vi aggiunge l'attenzione ormai indispensabile alla biodiversità e al rispetto per l'ambiente. La prossima edizione è prevista per il 2018, in un periodo ancora da confermare. (www.salonedelgusto.com)

Ottobre

▸ View Conference & Fest
Le stelle internazionali dell'animazione, del 3D, del gaming: tutti a Torino per la gioia degli

appassionati del mondo digitale e della computer grafica. (www.viewconference.it)

▶ TOHorror FilmFest
Piccolo festival di 'cinema e cultura del fantastico', che si tiene ogni anno al Blah Blah (p72). Evento di nicchia? Tutt'altro, come dimostra il pubblico, sempre più grato e fedele. (www.tohorrorfilmfest.it)

▶ Turin Marathon
Il numero di gare podistiche in città aumenta di anno in anno, ma la maratona di Torino, che parte da Piazza San Carlo (p48) e arriva in Piazza Castello (p45), è tra le più importanti e antiche d'Italia (ne esisteva una versione già nel 1897). (www.teamarathon.it/turinmarathon)

Novembre

▶ Club To Club
L'idea di partenza è stata vincente: una notte di clubbing per seguire alcuni tra i migliori DJ torinesi e italiani. Lo sviluppo è stato sorprendente: l'aggiunta di location insolite (la Mole Antonelliana, per dirne una) e il coinvolgimento di grandi artisti internazionali. Il risultato, dal 2001, è uno dei festival di musica elettronica più importanti d'Europa. Thom Yorke, Arca, Battles, Apparat, Jeff Mills sono solo alcuni dei nomi prestigiosi che si sono esibiti nei teatri, nei locali o nei padiglioni del Lingotto (p131). (www.clubtoclub.it)

▶ Contemporary Art Torino Piemonte
A novembre, a Torino ci si ubriaca di arte contemporanea. C'è **Artissima** (www.artissima.it), mostra-mercato internazionale, **Paratissima** (www.paratissima.it), manifestazione off divenuta in breve tempo fiore all'occhiello di Contemporary Art Torino, la **Notte delle Arti Contemporanee**, una 'notte bianca' dei musei e delle gallerie, e **The Others**, fiera dell'arte emergente tradizionalmente ospitata nell'ex carcere 'Le Nuove' (p143) ma dal 2016 trasferita nell'ex ospedale Regina Maria Adelaide, lungo la Dora. Tutt'intorno, nelle vie e nelle piazze, brillano le **Luci d'Artista**, installazioni firmate da vari artisti che addobbano il centro cittadino fino a gennaio. (www.contemporarytorinopiemonte.it)

▶ Operæ
Nel mese dell'espressione creativa, non poteva mancare un festival dedicato al design indipendente, italiano e internazionale. Nel 2016 è stato ospitato nella prestigiosa cornice di Palazzo Cisterna (p79). (operae.biz)

▶ Torino Film Festival
Lo storico Festival Cinema Giovani, indipendente e underground, ha cambiato faccia, ma, per alcuni aspetti, ha mantenuto il suo spirito. Non ci sono i red carpet di Roma e Venezia, ma una cura nella selezione rara a trovarsi, una ricerca raffinata delle migliori tendenze del cinema indipendente internazionale, retrospettive di qualità. Torino capitale del cinema? Senza dubbio. (www.torinofilmfest.org)

▶ Divine Queer Film Festival
Se può esserci un festival alternativo al festival alternativo per eccellenza, quello del cinema gay,

Mercatino di Natale in Piazza Borgo Dora

questo è il Divine Queer, che celebra ogni forma di diversità e tre ambiti in cui essa si può esprimere: identità di genere, disabilità, migrazione. Nato nel 2015 e ospitato al Blah Blah (p72), si propone di diventare biennale e di andare in tour per l'Italia. (www.divinequeer.it)

Dicembre

▶ Capodanno in piazza
Torino saluta l'anno che finisce e dà il benvenuto a quello che inizia in una grande piazza, in genere Piazza Vittorio Veneto o Piazza San Carlo, dove accoglie la folla in festa offrendole musica e countdown.

▶ Jazz:re:found
Nato a Vercelli, nel 2015 è approdato a Torino con un programma di contaminazione musicale intelligente, che considera tutte le declinazioni della musica black, dal jazz e dal soul fino all'hip hop e all'house più contemporanei. (www.jazzrefound.it)

▶ Mercatini di Natale
C'è un'atmosfera particolare sulle bancarelle colme di deliziosi cibi, liquori e prodotti d'artigianato nei mercatini del Cortile del Maglio e in Piazza Borgo Dora (p152), Piazza Castello (p45), Piazza Carlo Felice (p203): l'ideale per comprare i regali natalizi in un colpo solo. Per i bambini, i sogni di Natale si avverano in Piazza D'Armi, nel quartiere Santa Rita, con il nuovo Villaggio di Babbo Natale e un mese di spettacoli, street food, circo, folletti e pista di pattinaggio. (www.natalealetorino.it, www.ilsognodelnatale.it)

Torino
Giorno per giorno

Primo giorno

☼ Caricatevi per la giornata con una deliziosa prima colazione alla **Farmacia del Cambio** (p52), nella splendida cornice di **Piazza Carignano** (p203), dove sorgono **Palazzo Carignano** (p45), con il **Museo Nazionale del Risorgimento Italiano** (p45), e il **Teatro Carignano** (p53). Aggiratevi tra mummie e sarcofagi al **Museo Egizio** (p34), dopodiché imboccate via Lagrange per guardare le vetrine o fare qualche acquisto distensivo.

☼ Dopo un boccone prelibato da **Eataly Incontra** (p51), **De Filippis** (p55) o **Sodo** (p49), e un caffè con cioccolatino da **Guido Gobino** (p43) o negli ambienti raffinati di **Mulassano** (p41), siete pronti per **Piazza Castello** (p45), dove vi attendono le meraviglie dei **Musei Reali** (p30), **Palazzo Madama** (p36), la **Chiesa di San Lorenzo** e il **Duomo** (p38).

☾ Esausti? Optate per una cena rilassante al **Vitel Etonné** (p68) o al **Porto di Savona** (p68). Poi potete scegliere: se vi siete procurati il biglietto, vi godrete l'Opera al **Teatro Regio** (p52) o uno spettacolo al **Teatro Carignano** (p53). In alternativa, cedete alla dolcezza di un gelato da **Fiorio** (p41) o da **Alberto Marchetti** (p65), entrambi in Via Po, poi, passando per la **Galleria Subalpina** (p46) e i **portici di Via Roma**, concludete la giornata ammirando **Piazza San Carlo** (p48).

Secondo giorno

☼ Salutate la città con un cappuccino al **Caffè Elena** (p70), in **Piazza Vittorio Veneto** (p202), poi entrate al **Museo Nazionale del Cinema**, ospitato nella **Mole Antonelliana** (p60): un ascensore vi porterà in cima al celebre monumento e in viaggio tra i sogni del grande schermo.

☼ Tornate con i piedi per terra e pranzate negli immediati dintorni, alla **Buta Stupa** (p67) o nell'informale **Montebello Bistrò** (p66), oppure fate due passi per raggiungere **Sciamadda** (p66) o **Poormanger** (p66), per un break veloce ma gustoso. Il pomeriggio sarà tutto un dolce passeggiare tra piazze incantevoli (p202), prima di una mostra da **Camera** (p65). Attraversate poi il **Ponte Vittorio Emanuele I** (p179), visitate la **Chiesa della Gran Madre di Dio** (p177) e salite alla **Villa della Regina** (p174) per una passeggiata nei giardini.

☾ La notte chiama e Vanchiglia risponde: un aperitivo alle **Cantine Meccaniche** (p162) oppure, oltre la Dora, nella piazzetta della **Lumeria** (p164); una cena vegana da **Soul Kitchen** (p161) o dell'ottimo pesce al **Chiosco dello Zoo** (p162); uno spettacolo divertente al **Caffè della Caduta** (p166) e infine la stravaganza architettonica della **Fetta di Polenta** (p156).

Giorno per giorno

Avete poco tempo?
Abbiamo organizzato in questi itinerari divisi per giorni tutte le cose da non perdere a Torino perché siate sicuri di vedere il meglio che la città offre nel tempo che avete a disposizione.

Terzo giorno

☼ La spesa al mercato di **Porta Palazzo** (p83) è indimenticabile, specialmente se seguita da un giro tra le bancarelle del **Balôn** (il sabato, p169). Dedicate una mattinata intera a questa esperienza tipicamente torinese, poi mettete in valigia le spezie e le tazzine della nonna, e dedicatevi al pranzo: da **Pescheria Gallina** (p95), per restare immersi nell'atmosfera del mercato, o da **Ranzini** (p95), per un assaggio di autenticità; a seguire, una sbirciatina all'incantevole **Largo IV Marzo** (p90) o alla **Porta Palatina** (p88).

☼ Chiese medievali e barocche, palazzi nobiliari e strade di sanpietrini piene di negozi interessanti vi condurranno da una piazza all'altra nel cuore del centro storico, passando per il **MAO** (p90), fino al **Santuario della Consolata** (p104). Spezzate il pomeriggio con un *bicerin* nell'omonimo caffè in **Piazza della Consolata** (p104) e terminate il tour al **Polo del '900** (p94).

☾ Non si può dire di conoscere il **Quadrilatero Romano** (p84) senza aver bevuto un bicchiere di vino ai **Tre Galli** (p98), seguito da una cena all'**Enoteca Bordò** (p99) o al **Consorzio** (p98) e da un ottimo digestivo al **Pastis** (p99), nel dehors sotto gli alberi di **Piazza Emanuele Filiberto** (p90).

Quarto giorno

☼ Siete al quarto giorno, quindi potete permettervi una gita fuori porta. La splendida **Reggia di Venaria Reale** (p188), con le sue sale maestose e i giardini incantati, vi riempirà gli occhi, il cuore e la mattinata.

☼ Tornati in città tra i comuni mortali, fate una pausa da **Cibo Container** (p116) o in uno dei 'kebabbari' di San Salvario (p115), così sarete vicini ai musei del quartiere: il **Museo 'Cesare Lombroso'** (p111), il **Museo di Anatomia Umana** (p112) e il **Museo della Frutta** (p111). In base al tempo a disposizione, potete visitarne uno, due o tutti e tre, tenendo conto che il **Parco del Valentino** (p108), con la sua verde tranquillità, il panorama sul Po, l'**Orto Botanico** (p109) e il **Borgo Medievale** (p109), vi aspetta a due passi.

☾ È l'ultima sera, bisogna festeggiare. Vi consigliamo di partire con le ottime tapas di **Affini** (p117), proseguire, a seconda dei gusti e delle tasche, con una cena da **Coco's** (p115) o da **Scannabue** (p117), controllare che cosa c'è in programma all'**Astoria** (p119) e infine, se la notte è giovane e lo siete anche voi, passare di locale in locale. Tutto vi lascerà un bel ricordo della città.

In breve

Per maggiori informazioni
v. Guida pratica (p222)

Viaggio
Per pianificare il vostro viaggio: www.aeroportoditorino.it; www.autostrade.it; www.viamichelin.it/web/Itinerari; www.isoradio.rai.it; www.trenitalia.com; www.italotreno.it; www.bambiniconlavaligia.it.

Bancomat e carte
Gli sportelli bancomat sono ovunque. Le principali carte di credito sono largamente accettate, ma alcuni negozietti o piccole trattorie accettano solo contanti: meglio chiedere prima.

Alloggio
Dagli alberghi a cinque stelle ai B&B, Torino offre strutture ricettive per tutti i gusti e tutte le fasce di prezzo (p222).

Pasti
La scelta è molto ampia: dagli spuntini per strada ai piatti casalinghi, dai classici della tradizione alla *merenda sinoira*, fino alla cucina creativa dei grandi chef.

Mance
Lasciare la mancia non è obbligatorio, ma è consuetudine arrotondare il conto fino al 5% del totale nei ristoranti di media categoria e lasciare fino al 10% in quelli più esclusivi.

Accessi a internet
Per accedere al servizio wi-fi gratuito in città consultate il sito www.comune.torino.it/wifi.

❶ Prima di partire

Budget giornaliero

Meno di €60
- ▶ Doppia in ostello €25
- ▶ Spesa al mercato e apericena

Medio: €60-140
- ▶ Camera doppia in B&B
- ▶ Pasti in trattoria o ristoranti creativi

Più di €140
- ▶ Camera doppia in hotel
- ▶ Ristoranti di alta cucina

Siti web

Comune di Torino (www.comune.torino.it/torinoplus) Informazioni redatte dall'amministrazione cittadina.

inpiemonteintorino (www.inpiemonteintorino.it) Molti link e informazioni sugli eventi cittadini.

Lonely Planet Italia (www.lonelyplanetitalia.it/torino) Consigli di viaggio e forum.

Piemonte Italia (www.piemonteitalia.eu) Sito ufficiale del Turismo in Piemonte.

Turismo Torino e Provincia (www.turismotorino.org) Informazioni accurate.

Zero Torino (zero.eu/torino) Il Time Out torinese: eventi, concerti, locali, ristoranti.

Programmare in anticipo

Due mesi prima Fatevi un'idea degli eventi più importanti su www.inpiemonteintorino.it, www.turismotorino.org, www.piemonteitalia.eu e zero.eu/torino.

Un mese prima Verificate su internet il calendario del Teatro Regio (p52) per una serata all'Opera o quello della stagione del Teatro Stabile (p50) per uno spettacolo teatrale.

In breve 23

2 Arrivo

La maggior parte dei visitatori raggiunge Torino dalle stazioni ferroviarie di Porta Nuova e Porta Susa, servite da numerosi collegamenti ad alta velocità, e dall'Aeroporto di Torino. L'Aeroporto di Cuneo Levaldigi è servito principalmente da compagnie low cost.

Dalla Stazione Porta Nuova

Questo scalo ferroviario serve le maggiori città italiane grazie ai numerosi collegamenti d'alta velocità. Nel piazzale esterno: metropolitana, tram, autobus e taxi. Il vantaggio di scendere dal treno ed essere subito in pieno centro.

Dalla Stazione Porta Susa

Stazione del centro cittadino fresca di ristrutturazione globale. Vi transitano vari convogli internazionali, nazionali, regionali e metropolitani. Nel piazzale antistante (seguite le indicazioni per Piazza XVIII Dicembre): metropolitana, tram, autobus e taxi.

✈ Dall'Aeroporto di Torino

Destinazione	Trasporti consigliati
Stazione Torino Porta Nuova	Autobus Sadem www.sadem.it
Stazione Torino Porta Susa	Autobus Sadem www.sadem.it
Stazione Torino Dora	Linea sfmA Torino Dora-Aeroporto-Ceres
Stazione Torino Lingotto	Terravision (www.terravision.eu)

✈ Dall'aeroporto di Cuneo Levaldigi

Destinazione	Trasporti consigliati
Stazione Torino Lingotto	Servizio navetta BMC www.aeroporto.cuneo.it
Stazione Torino Porta Nuova	Linea Fossano-Torino www.trenitalia.com

3 Trasporti urbani

I trasporti pubblici a Torino sono convenienti ed efficienti. Per risparmiare, meglio acquistare un biglietto giornaliero o per più giorni. Per informazioni e indicazioni sui percorsi dei mezzi consultate il sito www.gtt.to.it.

🚌 Autobus

Il tram e l'autobus sono il modo migliore per spostarsi nel centro storico (€1,50 corsa singola). Molte linee passano per la Stazione Porta Nuova; le corse vanno all'incirca dalle 5 alle 24, con linee notturne il venerdì, il sabato e nei giorni prefestivi. Ricordate di convalidare il biglietto nelle apposite obliteratrici non appena a bordo.

🚌 Navette

Lo Star 1 e lo Star 2 sono piccoli autobus senza emissioni in atmosfera molto utili per spostarsi nel centro.

Ⓜ Metropolitana

La metropolitana, che collega la città da ovest a sud, tocca anche il centro cittadino (fermate: XVIII Dicembre, Porta Susa, Vinzaglio, Re Umberto, Porta Nuova). È in fase di progettazione una seconda linea, che dovrebbe collegare la zona di Mirafiori, a sud, con la Stazione Rebaudengo, a nord.

🚋 Tram

Il tram n. 7 – linea storica è una circolare che partendo da Piazza Castello attraversa i maggiori viali cittadini che delimitano la zona centrale. In servizio sabato e giorni festivi.

🚕 Taxi

I taxi sono la soluzione ideale per la tarda notte, quando gli autobus passano di rado e la metropolitana non è più in funzione. Potete recarvi negli appositi parcheggi o prenotare telefonicamente. V. p229.

Torino
Quartieri

Reggia di Venaria Reale

Verso Piazza Statuto (p80)
Sacro e profano, diurno e notturno, bianco e nero: sono i contrasti e la loro assoluta complementarità a caratterizzare questa zona, che non dimenticherete facilmente.

👁 **Da non perdere**

Porta Palazzo e il Balôn

Quadrilatero Romano

Quadrilatero Romano

GAM

Via Roma e dintorni (p28)
Le prospettive stupefacenti, lo shopping di lusso, i portici; intorno, lo splendore delle residenze reali, le piazze, i musei: ecco il centro elegante della città.

👁 **Da non perdere**

Musei Reali

Museo Egizio

Palazzo Madama

Chiesa di San Lorenzo e Duomo di San Giovanni

Crocetta, San Paolo e Cenisia sud (p136)
Da un lato, palazzi, ville e musei nel quartiere più autenticamente borghese della città; dall'altro, una vivace zona storicamente popolare, ricchissima di soprese.

👁 **Da non perdere**

GAM

Lingotto e Nizza Millefonti (p124)
Segnato dalla storia industriale della città più industriale d'Italia, il quartiere ha saputo reinventarsi grazie a interventi architettonici e urbanistici all'avanguardia.

Quartieri 25

Vanchiglia, Vanchiglietta e Aurora (p150)

Dove va Torino? E soprattutto, dove andrà? A quanto pare, qui. Tra il Po, la Dora, gli studenti, gli immigrati di ieri e di oggi, le fabbriche riattate, i nuovi musei e i nuovi spazi per l'arte e la cultura.

Verso il Po (p58)

Passeggiare di piazza in piazza, fare una pausa in un bel dehors circondati da magnifici edifici ottocenteschi, salire sulla Mole per un panorama mozzafiato, infine raggiungere il fiume e la collina.

◉ **Da non perdere**

Mole Antonelliana e Museo Nazionale del Cinema

Porta Palazzo e il Balôn
◉
Chiesa di San Lorenzo e Duomo di San Giovanni
◉ ◉ *Musei Reali*
◉ ◉ *Mole Antonelliana*
◉ *Palazzo e Museo Nazionale del Cinema*
  Madama
seo
izio

◉ *Parco del Valentino*

Oltrepò e collina (p172)

Si attraversano i ponti, la Gran Madre dà il benvenuto, il verde della collina avvolge e allontana lo stress, la Basilica di Superga sorveglia immensa dall'alto.

◉ **Da non perdere**

Villa della Regina

San Salvario (p106)

Il viavai, i negozi, il verde del Valentino di giorno; i locali, i dehors, la musica di notte. Di giorno e di notte: tanta gente!

◉ **Da non perdere**

Parco del Valentino

Dintorni di Torino (p186)

◉ **Da non perdere**

Reggia di Venaria Reale

Castello di Rivoli e Museo d'Arte Contemporanea

Scoprire
Torino

Via Roma e dintorni	28
Verso il Po	58
Verso Piazza Statuto	80
San Salvario	106
Lingotto e Nizza Millefonti	124
Crocetta, San Paolo e Cenisia sud	136
Vanchiglia, Vanchiglietta e Aurora	150
Oltrepò e collina	172
Dintorni di Torino	186

Vale il viaggio
Palazzi e cortili 78
Santuario e Piazza della Consolata........104
Torino cambia volto 132

Piazza Carlo Alberto (p203)
ROSSHELEN/ISTOCKPHOTO ©

Scoprire

Via Roma e dintorni

Delineata dall'arteria di Via Roma, che con i suoi negozi e caffè sotto i portici collega la Stazione Porta Nuova alla 'metafisica' Piazza CLN, alla splendida apertura di Piazza San Carlo e al cuore della corte sabauda in Piazza Castello, questa zona centrale alza il sipario sul volto più elegante e spettacolare della città.

In un giorno

☀️ I dolci della **Farmacia del Cambio** (p52) vi daranno la carica giusta per immergervi nel mondo antico del **Museo Egizio** (p34), dal quale uscirete estasiati e forse ancora con qualche energia per visitare il **Museo Nazionale del Risorgimento Italiano** (p45), non prima di aver fatto una piccola scorta di cioccolatini da **Guido Gobino** (p43).

☀️ Un salto per rifocillarvi da **Fiorfood** (p46), nella **Galleria San Federico** (p46), e sarete pronti per un indimenticabile viaggio a corte: i **Musei Reali** (p30) e **Palazzo Madama** (p36) vi aspettano in **Piazza Castello** (p45). Se siete particolarmente in forma, non perdetevi la **Chiesa di San Lorenzo** (p38) e il **Duomo di San Giovanni** (p38), custodi dei segreti della Sindone.

🌙 **Mulassano** (p41) saprà ripagarvi delle fatiche con un aperitivo raffinato o un ottimo tramezzino. Dopo una pizza nel dehors dello **Sfashion Café** (p51), che d'estate regala una bella atmosfera in **Piazza Carlo Alberto** (p203), o un piatto curdo al **Kirkuk Café** (p49), fatevi trasportare dalla musica con uno spettacolo d'opera al **Teatro Regio** (p52) o abbandonatevi ai sogni nello scrigno magico del **Teatro Carignano** (p53), assistendo a uno spettacolo di teatro contemporaneo.

👁 Da non perdere
Musei Reali (p30)

Museo Egizio (p34)

Palazzo Madama (p36)

Chiesa di San Lorenzo e Duomo di San Giovanni (p38)

🅾 Vita in città
I caffè storici (p40)

Cioccolato... e non solo! (p42)

❤️ Il meglio

Le gallerie
Galleria Subalpina (p46)

Galleria San Federico (p46)

Novità enogastronomiche
Sodo (p49)

1610 Bagel (p50)

Shopping
Top Ten (p53)

Libreria Bodoni (p54)

Trasporti
Spostatevi a piedi: non rischierete di perdervi nulla di quello che consigliamo e, anzi, potrete scoprire da soli tanti piccoli segreti.

Via Roma e dintorni

Da non perdere
Musei Reali

Finalmente. Palazzo Reale, l'Armeria e la Biblioteca Reale, il Museo Archeologico, la Galleria Sabauda e Palazzo Chiablese, simboli indiscussi del potere, della storia e della cultura torinese nei secoli, sono stati definitivamente rinnovati, completati, collegati e aperti al pubblico, che passa entusiasta dall'uno all'altro immaginandosi in compagnia di re e regine o si mette in posa per un modernissimo *selfie* negli incantati Giardini Reali.

- Cartina p44, C1
- 011 436 14 55
- www.museireali.beniculturali.it
- biglietto cumulativo €12, ridotti €6; gratuito la 1ª dom del mese
- 9-19 mar-dom (ultimo ingresso alle 18)
- 11, 27, 51, 55, 56, 57, 4, 6, 7, 13, 15

La facciata di Palazzo Reale

Musei Reali

In primo piano

Palazzo Reale
Torino, dal 1561 nuova capitale del ducato di Savoia, si meritava un centro del potere nuovo di zecca. Per questo il duca Carlo Emanuele I, all'inizio del Seicento, affidò all'architetto Ascanio Vittozzi la costruzione del Palazzo Reale. A questo primo disegno se ne aggiunsero molti altri nei secoli successivi, con gli interventi di modifica e ampliamento di Amedeo di Castellamonte nel Seicento, Filippo Juvarra nel Settecento, Pelagio Palagi nell'Ottocento. Il gioco perfetto di spazi, luci e sobrietà della facciata vi aspetta oltre il cancello sorvegliato dalle statue equestri di Castore e Polluce. All'interno, luce e rigore diminuiscono, per dare spazio allo sfarzo della residenza dove i Savoia vissero fino al 1865. I muri innalzati sulla pianta quadrangolare intorno a una corte interna nascondono infatti enormi sale riccamente decorate: dopo aver ammirato lo **Scalone d'Onore**, non perdetevi l'imponente **Salone della Guardia Svizzera**, la **Sala dei Paggi** e quella del **Trono**; sognate nella **Sala da Ballo**, stupitevi nel **Gabinetto Cinese** e poi uscite in giardino a prendere un po' d'aria.

Giardini Reali
Può un palazzo reale non avere un giardino degno di tale nome? Lunghi anni di lavori hanno restituito alla città un angolo verde incantato in pieno centro, dove l'essenzialità e le linee pulite che caratterizzano l'architettura esterna del Palazzo trovano continuità.

Armeria Reale e Biblioteca Reale
Una delle collezioni d'armi e d'armature più ricche d'Europa, voluta da Carlo Alberto nel 1837, è custodita nell'ambiente sontuoso della **Galleria del Beaumont** (la cui versione originale

☑ Consigli

▶ Visitate la **Biblioteca Reale** (☎011 54 38 55; www.bibliotecareale.beni culturali.it; ⊗8.15-18.45 lun-ven, 8.45-13.45 sab): l'ingresso è gratuito (tranne in caso di mostre).

▶ Per conoscere tutti i segreti dei Musei Reali, optate per una visita guidata, con pausa nella pace dei Giardini Reali.

▶ Non perdetevi la rassegna estiva **Cinema a Palazzo Reale** (www.palchireali.it), con proiezioni all'aperto nel cortile.

▶ Tra la Biblioteca Reale e il Teatro Regio visitate l'**Archivio di Stato** (☎011 54 03 82; www.archiviodistato torino.it; Piazza Castello 209), un patrimonio unico di documenti storici in un edificio di Juvarra.

✕ Una pausa

Nel **Caffè Reale** (☎011 561 99 86, 349 400 63 55; Piazzetta Reale; ⊗8.30-19, orario prolungato giovedì in estate) di Palazzo Reale, l'ex Regia Frutteria, ci si rifocilla tra argenti e porcellane nelle sale interne o nel dehors del cortile d'onore.

collegava Palazzo Reale con Palazzo Madama), riprogettata da Juvarra nel 1732 e rinnovata da Benedetto Alfieri, e nel **Medagliere**, decorato da Pelagio Palagi. Salutate la folla come i sovrani di casa Savoia dalla **Loggia** che si affaccia su Piazza Castello e raggiungete la sontuosa biblioteca, in cui è custodito l'*Autoritratto* di Leonardo da Vinci (1513), prezioso acquisto fatto dal re nel 1839, oltre a un inestimabile tesoro di disegni, manoscritti, codici miniati e incisioni.

Museo Archeologico

Preparatevi a un viaggio sorprendente nell'archeologia di Torino e del Piemonte, che inevitabilmente porta a scoprire quella di tutto il Mediterraneo. Se approfondita, la visita può rivelarsi davvero lunga e interessante, dato il numero di sale e la superficie totale del museo, che si trova sotto la Galleria Sabauda. Tra gli 'imperdibili', la **Sala del Tesoro di Marengo**, nella prima suggestiva area espositiva, che conserva 31 oggetti di argento e numerose piccole lamine accartocciate, databili tra la seconda metà del II e l'inizio del III secolo d.C., e il **Papiro di Artemidoro**, risalente alla fine del I secolo a.C. ma di autenticità incerta.

Salone della Guardia Svizzera, Palazzo Reale

Musei Reali

Giardini Reali

Galleria Sabauda

Il nuovo allestimento ha reso questo museo, che custodisce oltre 500 opere di artisti piemontesi, italiani e fiamminghi (tra cui Beato Angelico, Pollaiolo, Mantegna, Jan Van Eyck e Rubens), uno dei più godibili in città. Se volete seguire il vostro gusto e poter scegliere, sappiate che al pianterreno sono custoditi capolavori gotici e del Rinascimento; si prosegue al primo piano con una panoramica su Rinascimento e arte barocca, mentre l'arte fiamminga e quella settecentesca sono concentrate al secondo piano. La visita al museo e il vostro soggiorno a Torino troveranno un degno compendio nella *Veduta di Torino dal lato dei Giardini Reali* e nella *Veduta dell'antico ponte sul Po a Torino* di Bernardo Bellotto, entrambe commissionate all'artista da re Carlo Emanuele III nel 1745.

Palazzo Chiablese

Edificio secentesco attiguo a Palazzo Reale, fu riprogettato da Alfieri nel Settecento e ha ospitato i principi cadetti di Casa Savoia: Paolina Bonaparte e consorte, e Margherita di Savoia. In passato è stato anche la sede del Museo Nazionale del Cinema. Patrimonio dell'Umanità UNESCO, oggi è la sede di uffici del Ministero della Cultura e di grandi mostre.

Da non perdere
Museo Egizio

Sei anni di lavori, un restyling capillare che ha reso moderno e fruibile un vecchio museo bisognoso di cure, l'allestimento da Oscar dello scenografo Dante Ferretti: i faraoni sarebbero soddisfatti. Lo sono i torinesi, che hanno in città il secondo museo egizio al mondo dopo quello del Cairo, e lo sono i visitatori, che si stupiscono di fronte a una mummia perfettamente conservata o si commuovono per la perfezione artistica di una decorazione o la raffinatezza di un corredo funebre. Aveva ragione l'egittologo Jean-François Champollion: 'La strada per Menfi e Tebe passa da Torino'.

👁 Cartina p44, C3

📞 011 561 77 76

www.museoegizio.it

Via Accademia delle Scienze 6

interi/ridotti €13/9 (€15/11 in caso di mostre temporanee)
🕘 9-14 lun, 9-18.30 mar-dom

🚋 Star 1 e 2

Statua di faraone, Galleria dei Re

Museo Egizio

In primo piano

Piano ipogeo
Se scegliete di seguire l'audioguida, optando magari per la visita breve, che vi darà più libertà di movimento, il direttore del museo vi darà il benvenuto, spiegandovi perché il primo reperto, la **Mensa Isiaca**, ovvero lo strumento con cui Kircher tentò una prima traduzione dei geroglifici, è il motivo per cui esiste il museo. Nato quando l'archeologo Ernesto Schiaparelli, all'inizio del Novecento, portò a Torino i 18.000 oggetti della propria collezione, questo complesso di 800 mq accoglie 1000 reperti protetti da teche di vetro.

Secondo piano
Dall'ipogeo si passa subito al secondo piano, per iniziare la visita con la sezione dedicata al periodo predinastico e all'Antico Regno, passare quindi a due esempi di tombe (la **Tomba degli Ignoti** e la **Tomba di Iti e Neferu**) e concludere con i reperti risalenti al Medio e Nuovo Regno.

Primo piano
In questo livello sono custoditi alcuni dei reperti che preferiamo, tra cui i sarcofagi (esterno, intermedio e interno) di **Kha e Merit**, con i loro incredibili corredi per l'aldilà comprensivi di pagnotte. Dalla sezione dedicata a **Deir El-Medina** si passa per la **Galleria dei Sarcofagi**, la **Valle delle Regine** e si arriva all'epoca romana e tardoantica.

Piano terra
Il piano più spettacolare, affidato alle mani esperte di Dante Ferretti, regala effetti sorpresa e prospettive incredibili sulle statue della **Galleria dei Re**, che dallo sfondo scuro si stagliano colpite da sapienti fasci di luci, sulla **Sala Nubiana** e sul **Tempio di Ellesija**.

☑ Consigli

▶ Per evitare code prenotate una visita guidata o acquistate il biglietto online: consultate il sito del museo.

▶ Prima di entrare nel museo e prendere le scale mobili che portano al piano ipogeo, fermatevi ad ammirare il cortile.

▶ Evitate di arrivare al museo con uno zaino o una borsa grande: dovreste pagare €1 per lasciarli al guardaroba. L'audioguida, invece, è gratuita e vivamente consigliata.

▶ Non perdetevi l'*ostrakon* con la ballerina, esposto al primo piano (nella sezione Deir El-Medina), la cui grazia e originalità non sono facilmente descrivibili.

✕ Una pausa

Il museo ha una caffetteria, ma noi consigliamo un ricoperto da **Pepino** (p41) o un caffè con deliziosi dolcetti alla **Farmacia del Cambio** (p52), ai due lati del Teatro Carignano, nell'omonima piazza.

Da non perdere
Palazzo Madama

Un palazzo che fa 'girare la testa', racconto visivo della storia di Torino da leggere percorrendo in tondo Piazza Castello. Porta orientale d'accesso ad Augusta Taurinorum in epoca romana, castello fortificato nel Medioevo, residenza dei Principi d'Acaja, deve il nome alla madama reale Cristina di Francia, che vi abitò dal 1600, prima che una seconda madama reale, Maria Giovanna Battista di Savoia Nemours, vi si trasferisse nel 1675. Sede del primo senato subalpino nel 1848, non ha mai smesso di essere un punto di riferimento, diventando infine il centro culturale e artistico di oggi.

- Cartina p44, C2
- 011 443 35 01
- www.palazzomadamatorino.it
- interi/ridotti €10/8
- 10-18, chiuso mar (ultimo ingresso 1 h prima della chiusura)
- 11, 27, 51, 55, 56, 57, Star 2,
- 4, 6, 7, 13, 15

La facciata di Palazzo Madama

In primo piano

Facciata e Scalone Juvarriano
Anche se il palazzo progettato da Filippo Juvarra per Maria Giovanna Battista di Savoia Nemours non fu mai realizzato, l'architetto riuscì a completare la splendida facciata barocca in pietra bianca che ancora oggi domina la piazza e mantiene per un attimo il segreto delle effettive forme del palazzo. A Juvarra, scenografo teatrale, si deve anche la doppia rampa dello splendido scalone di ingresso, che, bisogna dirlo, lascia a bocca aperta.

Museo Civico d'Arte Antica
Nato nel 1934 e riaperto nel 2006, il museo offre quattro piani densi di storia e opere d'arte: il Medioevo, al livello dell'antico fossato medievale; dal gotico al Rinascimento, al pianterreno (non perdete il *Ritratto d'uomo* di Antonello da Messina, custodito nella Torre dei Tesori); il barocco, al primo piano; le arti decorative, al secondo.

Salone del Senato
Il grande salone del primo piano diviene la sede del primo Senato del Regno d'Italia nel 1848, per volere di Carlo Alberto. Settecentesche le decorazioni che rappresentano le province sabaude, del secolo successivo (1837) le storie di Casa Savoia dipinte sulla volta.

Lo spazio per le mostre
Retrospettive di grandi fotografi, mostre sulla vita di Primo Levi o Marilyn Monroe, e su gioielli, moda e design. Il mondo moderno e contemporaneo hanno un posto di prestigio a Palazzo Madama.

Il Giardino Medievale
Il giardino dietro al palazzo è una piacevole area verde che dal 2011 rinfresca il fossato con aiuole di piante medievali e alberi da frutto.

☑ Consigli

▶ Non sarete in alto come all'ultimo piano della Torre Littoria (p45), ma non perdetevi la vista su Piazza Castello e sulla città dalla Torre Panoramica del palazzo.

▶ Visitate il museo il primo mercoledì del mese (non festivo): l'ingresso è gratuito (se avete meno di 18 anni, lo è sempre).

▶ Prima o dopo la visita, d'estate potete bagnarvi i piedi nelle fontane della piazza e d'inverno fermarvi a seguire le acrobazie di qualche giovane skater sul retro del palazzo. Con un po' di (s)fortuna, potrebbe capitarvi anche di avvistare il fantasma di Cristina di Francia, che pare si aggiri irrequieto nel salone una volta all'anno.

✘ Una pausa

Se oltre al caffè volete godervi il panorama, vi consigliamo il **Caffè Madama** al primo piano, accessibile solo con il biglietto del museo e negli stessi orari di apertura.

Da non perdere
Chiesa di San Lorenzo e Duomo di San Giovanni

Non sono associabili in tutto e per tutto: barocca una, rinascimentale l'altro; trionfante e sfarzosa una, sobrio ed essenziale l'altro. Tanti e importanti, però, i punti in comune: la vicinanza geografica, essendo separati solo da Palazzo Chiablese e da una porzione di Piazza San Giovanni; l'impronta inconfondibile di Guarino Guarini; la presenza della Sacra Sindone con la sua storia misteriosa.

Cartina p44, C1

San Lorenzo: 011 436 15 27; www.sanlorenzo.torino.it; Via Palazzo di Città 4; 7.30-12 e 16-19 lun-ven, 9-18 sab e dom

Duomo: 011 436 15 40; www.duomoditorino.it; Via XX Settembre 87; 9-12.30 e 15-19

11, 27, 51, 55, 56, 57, Star 2, 4, 6, 7, 13, 15

Il Duomo con il suo campanile

Chiesa di San Lorenzo e Duomo di San Giovanni

In primo piano

Chiesa di San Lorenzo
Un voto formulato durante la battaglia di San Quintino (vinta il 10 agosto 1557, giorno di San Lorenzo) da Emanuele Filiberto fu alla base del restauro della Chiesa di Santa Maria ad Praesepe. Nel 1667, i Savoia commissionarono a Guarino Guarini il progetto della nuova Chiesa di San Lorenzo, che si rivelò uno dei capolavori dell'architetto modenese, espressione vincente del gusto estetico e del clima religioso dell'epoca.

Duomo di San Giovanni
Unica chiesa rinascimentale della città, iniziata nel 1491, è caratterizzata da una facciata esterna e da interni in marmo bianco, puliti ed essenziali. Le linee nitide della piazza antistante, la grande scalinata e la torre campanaria quattrocentesca la confermano principale luogo di culto della città.

Guarino Guarini
Inconfondibile la mano del geniale Guarini nella Chiesa di San Lorenzo, dove le linee curve trascinano senza tregua il fedele verso l'alto e il divino, alla cupola inondata di luce e priva di raffigurazioni, perché (miracolo!) gli affreschi sono visibili solo nei giorni degli equinozi. Inconfondibile anche nella **Cappella della Sacra Sindone del Duomo**, che, dopo la chiusura in seguito all'incendio del 1997, dovrebbe riaprire a primavera 2017.

La Sacra Sindone
Nel 1578, il sacro lino viene ospitato temporaneamente nella Chiesa di Santa Maria ad Praesepe, dopo il trasferimento da Chambéry. Traslato nella Cappella del Duomo nel 1694, oggi è conservato in una teca, dopo il restauro del 2002 a seguito dell'incendio del 1997. L'ostensione avviene a intervalli variabili, secondo la decisione del papa.

☑ Consigli

▸ Nel weekend i volontari di San Lorenzo sono a disposizione dei turisti: prenotate una visita guidata.

▸ Nell'antisagrestia della chiesa, osservate la copia a grandezza naturale della Sindone.

▸ Forse non sarà più com'era prima, ma se è riaperta non perdetevi la Cappella del Duomo: non vediamo l'ora di sapere se i 5000 conci di marmo nero staccati dal calore sono stati in qualche modo recuperati.

▸ Visitate il **Museo Diocesano** (☏ 011 515 64 08; www.museodiocesanotorino.it; ⊙14-18 mer, 10-18 ven-dom, ultimo ingresso 17.15; interi/ridotti €5/3,50) accanto al Duomo, con opere a tema cristiano, una pinacoteca, un'area archeologica e l'accesso alla torre campanaria.

✕ Una pausa

Le possibilità sono molte: un gelato da **Vanilla** (p95), un panino da **Ranzini** (p95), un caffè o un piatto veloce in uno dei dehors di **Largo IV Marzo** (p90).

Vita in città
I caffè storici

La storia della città si è fatta anche nei caffè, grazie ai Vermouth, ai Punt e Mes e ai *bicerin* bevuti da intellettuali e statisti. A Torino, la vita politica, culturale e mondana ha avuto spesso svolte fondamentali tra gli stucchi, le *boiseries* e i divanetti di velluto delle sale interne o tra i tavolini di un dehors dalla visuale privilegiata di un caffè. I magnifici ambienti e le ricette segrete si sono conservate nei secoli, per il piacere degli avventori moderni.

❶ Al Bicerin
Gioiellino che rispecchia l'atmosfera antica e intima della piazza in cui si trova. Aperto nel 1763 dal confettiere Giuseppe Dentis, invita ancora oggi a indugiare sui tavolini tondi in marmo, tra *boiseries*, specchi e barattoli di caramelle, oppure nel grazioso dehors estivo, e gustare una delle delizie torinesi per eccellenza: il golosissimo *bicerin* (caffè, cioccolato e crema di latte). (☎011 436 93 25; www.bicerin.it;

I caffè storici

Piazza della Consolata 5; 8.30-19.30, chiuso mer; 52, Star 2)

❷ Fiorio
'Che si dice al Fiorio?', chiedeva Carlo Alberto ogni mattina. Centro della vita sociale di politici e intellettuali del Risorgimento, il caffè non ha mai smesso di accogliere nelle sue eleganti sale gli amanti del vero gelato al gianduia. Oltre alla sede storica, oggi sono numerose le gelaterie aperte in tutta la città. (011 817 32 25; www.caffefiorio.it; Via Po 8; 8-1 dom-ven, 8-2 sab; 55, 56, 61, 7, 13, 15)

❸ Caffè Mulassano
Tra i suoi innumerevoli vanti c'è quello di aver importato in Italia i tramezzini, nel 1925. Provatene uno con burro e acciughe, accompagnato da un calice di Prosecco. (011 54 79 90; www.caffemulassano.com; Piazza Castello 15; 7.30-24, chiuso mer; 55, 56, 13, 15)

❹ Baratti & Milano
'Io sono innamorato di tutte le signore / che mangiano le paste nelle confetterie'. Gozzano, ne *Le golose*, parlava così di questo caffè art nouveau affacciato sulla Galleria Subalpina (p46), dove sono nate le famose caramelle e che è stato 'Fornitore della Real Casa'. (011 440 71 38; www.barattiemilano.it; Piazza Castello 29; 8-20 mar-ven, 8.30-20 sab e dom; 55, 56, Star 2, 13, 15)

❺ Pepino
La più antica gelateria d'Europa (dal 1884) nel 1938 ha inventato il Pinguino, il primo gelato da passeggio su stecco ricoperto di cioccolato. Provatelo al gusto di violetta. (011 54 20 09; www.gelatipepino.it; Piazza Carignano 8; 9.30-22.30 mar-gio, fino alle 23.30 ven e sab, fino alle 21.30 dom e lun; Star 1 e 2)

❻ Caffè San Carlo
Amato dagli intellettuali del Risorgimento, trionfo di stucchi e marmi, noto per le miscele di caffè. (011 53 25 86; Piazza San Carlo 156; 7-23 lun-gio, 8-24 ven-dom; Star 1 e 2)

❼ Caffè Torino
Calpestare i testicoli del toro all'ingresso porta fortuna, fare colazione al bancone con pasticcini deliziosi fa bene al cuore. (011 54 51 18; www.caffe-torino.it; Piazza San Carlo 204; 7.30-24; Star 1)

❽ Roma Già Talmone
Inaugurato nel 1883 e frequentato da Giolitti, ha il punto forte nella pasticceria, senz'ombra di dubbio. (011 506 92 15; www.romagiatalmone.it; Piazza Carlo Felice 36; 7-22; Star 1)

❾ Platti
Un cappuccino e una brioche nella splendida sala di questo caffè, tra stucchi dorati e specchi, è il modo migliore per iniziare la giornata. (011 454 61 51; www.platti.it; Corso Vittorio Emanuele II 72; 7.30-21; **M** Re Umberto 52, 64, 67, 68, Star 1, 7, 9)

❿ Norman
Birreria dal 1888, bar dal 1918, oggi anche ristorante. Nei suoi interni luminosi è stato fondato il Torino FC. Ottimo l'aperitivo. (011 561 19 17; Via Pietro Micca 22; 7-24; 51, 56, 72, Star 2, 6, 13)

Vita in città
Cioccolato... e non solo!

Il gianduiotto è solo la stella più brillante al centro di una galassia infinita di delizie al cioccolato: cuneesi al rum, cremini, tartufi, cri-cri... Per non parlare della pasticceria, tra le più raffinate (al mondo?): baci di dama, marron glacés, *bignole*, torcetti, paste chantilly, funghetti ripieni, spesso nell'irresistibile formato *mignon*. Scoprite la grande tradizione di una città che saprà come addolcirvi.

❶ Pasticceria Ghigo
C'è poco da dire: la Nuvola di Ghigo (pandoro con un ricco strato di burro e zucchero a velo) e le meringhe con la panna sono insuperabili. Dal 1870. (☎ 011 88 70 17; www.pasticceriaghigo.it; Via Po 52/b; ⏰ 7.30-20; 🚌 55, 56, 🚋 13, 15)

❷ Guido Castagna
Questo giovane artigiano di Giaveno produce gianduiotti, tartufi, cremini e altre raffinatezze e le avvolge di un

Cioccolato... e non solo!

rosso caldo come il cioccolato. (☏011 19 88 65 85/328 865 93 05; www.guidocastagna.it; Via Maria Vittoria 27/c; ⏰10.30-13.30 e 15-19.30 mar-sab; 🚋Star 1 e 2)

❸ Gobino
I cremini e le minuscole praline sono sublimi, ma il suo simbolo è il gianduiotto, in particolare il piccolo Tourinot. D'estate, provate il sorbetto al cioccolato fondente, prodotto con cacao Presidio Slow Food e disponibile anche nelle gelaterie di Alberto Marchetti (p65); d'inverno, non perdete la cioccolata calda. In Via Cagliari 15/b c'è il laboratorio-negozio. (☏011 566 07 07; www.guidogobino.it; Via Lagrange 1/a; ⏰15-20 lun, 10-20 mar-dom; 🚋Star 1 e 2)

❹ Stratta
Dal 1836, i gianduiotti, le praline e le caramelle di Stratta rendono felici chi li riceve in dono. (☏011 54 79 20; www.stratta1836.it; Piazza San Carlo 191; ⏰8.30-19 mar-ven, 9-19 sab, dom e festivi; 🚋Star 1)

❺ Pasticceria Venier
Che delizia i pasticcini, il torrone e il Sacher... per non parlare dei croissant, da affogare in un ottimo marocchino. (☏011 54 15 92; Via Monte di Pietà 22; ⏰7.30-19 mar-ven, 7.30-12.30 e 15-19 sab, 8.30-12.30 dom; 🚌11, 27, 51, 55, 56, 57, 🚋13, 15)

❻ Candifrutto
Il laboratorio è in Via Avogadro, ma nel negozio troverete cioccolatini, marron glacés e tante golosità. (☏011 764 01 25; www.candifrutto.it; Corso Vinzaglio 25/c; ⏰15.30-19 lun, 10-13 e 15.30-19 mar-sab; 🚌55, 57, 60, 🚋7, 10)

❼ Gerla
Cioccolateria-pasticceria che dal 1927 fa leccare i baffi con cioccolatini, torte deliziose, creme spalmabili, pasticceria fresca e secca. (☏011 562 59 66; www.gerla1927.com; Corso Vittorio Emanuele II 88; ⏰8.30-19; Ⓜ Re Umberto, 🚌52, 60, 68, 🚋7, 9)

❽ Confetteria Avvignano
Incantevole Locale Storico d'Italia (dal 1883), con un rinomato assortimento di cuneesi al rum, baci di Cherasco, gianduiotti. (☏011 54 19 92; www.confetteria-avvignano.it; Piazza Carlo Felice 50; ⏰15.30-19.30 lun, 9-19.30 mar-ven, 9-12.30 e 15-19.30 sab e dom, chiuso dom giu-agosto; Ⓜ Porta Nuova, 🚌33, 35, 52, 57, 58, 64, 67, 68, 92, 🚋4, 7, 9)

❾ Pasticceria Gertosio
La sede storica era in Via Mazzini, ma le delizie dolci e salate sono irresistibili anche in Via Lagrange (v. p55).

❿ Giordano
Gianduiotti, giacomette, cremini, creme spalmabili... e la tavoletta più lunga del mondo nel 2010. (☏011 54 71 21; www.giordanocioccolato.it; Piazza Carlo Felice 69; ⏰15-19.30 lun, 9.30-13 e 15-19.30 mar-sab; Ⓜ Porta Nuova, 🚌33, 52, 57, 58, 64, 68, 🚋4, 7)

⓫ Pfatisch
Un fondatore bavarese per questa pasticceria-cioccolateria aperta nel 1915. (☏011 568 39 62; www.pfatisch.com; Via Sacchi 42; ⏰8.30-13 e 15.30-19.30 mar-sab, 8-13 dom, ma anche 15.30-19.30 ott-mag; 🚌92, 🚋4)

44 Via Roma e dintorni

Da vedere

Piazza Castello
PIAZZA

1 Cartina p44, C2

Vi confluiscono le principali arterie del centro (Via Po, Via Roma, Via Pietro Micca e Via Garibaldi), è circondata da portici (perché il re potesse spostarsi sempre al coperto), al centro sfoggia Palazzo Madama (p36) e al suo angolo nord è delimitata da Palazzo Reale, Palazzo Chiablese (p33) e dalla Chiesa di San Lorenzo (p38). Se alzate gli occhi vedrete il primo grattacielo di Torino, fino a qualche anno fa l'unico: la **Torre Littoria** di Armando Melis (1934), alta 109 m. Non aggiungiamo altri dettagli per convincervi a farci un salto, tanto ci capiterete di sicuro, di giorno o di notte. V. anche p203. (🚌 11, 27, 51, 55, 56, 57, Star 2, 🚋 4, 6, 7, 13, 15)

Palazzo Carignano e Museo Nazionale del Risorgimento Italiano
PALAZZO/MUSEO

2 Cartina p44, C3

Arrivare in **Piazza Carignano** (v. anche p203) è come entrare in un salotto ben arredato: si passeggia in tranquillità perché è pedonale, si è confortati dai gelati di Pepino (p41), dai pasticcini della Farmacia del Cambio (p52) o, budget permettendo, dalle sale di lusso del ristorante Del Cambio (p52), si ammira la bella facciata settecentesca del Teatro Carignano (p53); soprattutto, si respira il profumo della storia e ci si scalda con i colori tiepidi della facciata ondulata di **Palazzo Carignano**, i cui movimenti sinuosi sono opera inconfondibile di Guarino Guarini, che la realizzò tra il 1679 e il 1684 (il lato rivolto verso Piazza Carlo Alberto è invece ottocentesco). Qui nacquero Carlo Alberto (nel 1798) e Vittorio Emanuele II (nel 1820), ed ebbero luogo eventi fondamentali della vita politica e culturale piemontese: vi si riunì la Camera dei Deputati del Parlamento Cisalpino e nel 1861 vi fu stabilita la sede della Camera dei Deputati del Parlamento Italiano. Ospita il sontuoso **Appartamento dei Principi o di Mezzogiorno**, oggi restaurato e visitabile, ed è sede del **Museo Nazionale del Risorgimento Italiano**, il più antico e famoso dei

---

Conoscere
Archistar per la nuova capitale

Grandi architetti per un look post-industriale? Non solo. A partire dal trasferimento della capitale da Chambéry a Torino, voluto da Emanuele Filiberto nel 1563, la città subì uno dei primi grandi restyling: i maestri del barocco Ascanio Vittozzi, Guarino Guarini e Filippo Juvarra trasformarono una città ancora di stampo medievale, con circa 20.000 abitanti, in una splendida capitale europea; la missione proseguì con gli interventi successivi a opera di Carlo e Amedeo di Castellamonte e Benedetto Alfieri.

Il consiglio

I *passages* torinesi

Quanto ad antiche gallerie commerciali, Torino non teme rivali. Le principali sono in pieno centro: la prima è l'eclettica **Galleria San Federico** (cartina p44, B3), tipico esempio 'cielo-terra' con planimetria a T (e tre accessi, da Via Roma, Via Bertola e Via Santa Teresa), costruita tra il 1932 e il 1933. Ospita il **Cinema Lux** (l'ex Rex e poi l'ex Dux fascista), con uno scenografico scalone sotto la grande cupola centrale, il nuovissimo **Fiorfood**, bistrò e concept store Coop, la gelateria **Mondello**, con la deliziosa crema omonima, e vari negozi eleganti. Più antica, invece, è la **Galleria Subalpina** (cartina p44, C2), concepita per lo svago borghese ottocentesco. Su due piani e sormontata da un'incantevole copertura di vetro e ferro, collega Piazza Carlo Alberto a Piazza Castello dal 1874; qui troverete un cinema d'essai (il **Romano**), una gelateria, il raffinato ristorante italiano e giapponese **Arcadia**, una libreria antiquaria e le grandi vetrine del caffè **Baratti & Milano** (p41), attraverso le quali ammirare gli arredi e spiare i movimenti dei clienti, come faceva Guido Gozzano. Nascosta alle spalle del Museo Egizio, c'è una terza piccola galleria centrale, che collega la brevissima Via Eleonora Duse a Via Maria Vittoria, un passaggio segreto che immette in Piazza San Carlo. L'ultima antica galleria della città è la **Galleria Umberto I** (v. p89).

musei dedicati a tale momento storico. Fondato all'inizio del XX secolo per celebrare l'autorità della dinastia dei Savoia e dello stato sabaudo, assunse un respiro europeo in occasione della grande esposizione del Centenario dell'Unità d'Italia, per ritornare poi all'idea storiografica originaria con il nuovo allestimento del 1965. I suoi 2579 oggetti, distribuiti sui 3500 mq delle 30 sale, narrano non solo le vicende italiane, ma quelle parallele di tutta l'Europa. Non perdete la **Camera dei Deputati Subalpina** e il grandioso salone realizzato per ospitare la nuova **Camera dei Deputati del Regno d'Italia** (ma mai utilizzato per via del trasferimento della capitale da Torino a Firenze e poi a Roma), dove oggi sono esposte le grandi tele raffiguranti l'epica militare dal 1848 al 1860. (Palazzo Carignano: www.polomuseale piemonte.beniculturali.it; ☎011 564 17 33; Via Accademia delle Scienze 5; interi/ridotti €5/2,50; Museo del Risorgimento: www.museo risorgimentotorino.it; ☎011 562 11 47; Piazza Carlo Alberto 8; interi/ridotti €10/8; ⏱10-18 mar-dom, ultimo ingresso alle 17; ⓂStar 1 e 2)

MIAAO

MUSEO

Il MIAAO (Museo Internazionale delle Arti Applicate Oggi) è uno dei numerosi musei minori della città, ma, come spesso accade in questi casi, è un luogo curioso e di insospettato valore, essendo l'unico museo italiano dedicato alle arti applicate contemporanee e alla valorizzazione del lavoro manuale. Arazzi, mobili, gioielli, fotografie, quadri, oggetti di consumo e di design e stranezze varie compongono la collezione permanente della Galleria Soprana, mentre in quella Sottana vengono allestite mostre temporanee. Uscendo, date un'occhiata al muro dell'**Oratorio di San Filippo**: vedrete una palla di cannone sparata nel 1799 dalle armate austriache e russe; è solo una delle tante sparse per la città. (📞 011 561 11 61; www.miaao.org; Via Maria Vittoria 5; interi/ridotti €3/2; ⊙ Galleria Soprana: 15-19.30 sab, 11-19 dom, Galleria Sottana: consultare il sito, chiuso giu-set; 🚌 Star 1 e 2)

Chiesa di San Filippo Neri LUOGO DI CULTO

4 🎯 Cartina p44, C3

Fulcro del complesso di Filippo Neri è la chiesa dedicata alla figura del 'santo della gioia', un educatore ante litteram che accoglieva ragazzi e ragazze di strada nel suo oratorio. Un crollo avvenuto durante l'assedio francese del 1706 distrusse il primo cantiere voluto da Carlo Emanuele II, motivo per cui Juvarra prese in mano il progetto e vi lavorò dal 1715 al 1730. All'esterno, si è accolti da un'imponente facciata neoclassica, con tanto di colonnato e timpano; all'interno, invece, c'è la campata unica più grande della città, illuminata da ampie finestre e coperta con una volta a botte. L'interessante sepolcreto sotterraneo si può visitare con le guide dell'Associazione San Filippo (v. www.associazionesanfilippo.it per il calendario delle date). La chiesa ospita una scuola di musica, ensemble corali, una scuola di teatro e altri gruppi: consultate il sito web, perché spesso vi si tengono concerti di grande suggestione, mostre e attività varie. (📞 Associazione San Filippo 340 163 64 94; www.sanfilippotorino.it; Via Maria Vittoria 5; ingresso su offerta; ⊙ 8-18 lun-ven, 8-12 sab, 10-11 dom; 🚌 Star 1 e 2)

Conoscere
Tra horror e metafisica

È dedicata al Comitato di Liberazione Nazionale, ma è circondata da massicci portici in stile fascista. Anche se non si vede l'ora di arrivare in Piazza San Carlo, le pietre lucide e le linee pulite le danno un'aria sospesa e rarefatta, quindi intrigante. Si osservano le statue del Po e della Dora Riparia, placidamente sdraiate sopra le fontane di Umberto Baglioni (1937), e invece a un certo punto viene in mente il giovane Gabriele Lavia che dà le spalle alla statua del Po e guarda verso un bar illuminato di blu. Questa è **Piazza CLN** (cartina p44, B3), scelta da Dario Argento nel 1975 come location di *Profondo rosso* e amata da De Chirico perché, è vero, quel tratto di Via Roma è proprio 'metafisico'.

Piazza San Carlo

PIAZZA

 Cartina p44, B3

Quella che un tempo era Piazza Reale fu voluta da Maria Cristina di Francia, giovane sposa di Vittorio Amedeo I di Savoia, nostalgica della sua Parigi. In effetti la bellezza e la grandiosità di questo spazio, sui cui lati lunghi si srotolano i portici e si affollano le firme dell'alta moda, ricordano quelle delle *places* parigine. E, come nella capitale francese, anche a Torino il numero di statue è notevole; qui ce n'è una delle più famose, il **Caval 'd Brôns**, che ritrae il duca Emanuele Filiberto a cavallo, colui che, tra l'altro, portò la Sindone da Chambéry a Torino nel 1578 (se guardate dal lato del Caffè Torino, agli angoli con Via Giolitti e Via Santa Teresa ci sono due dei quattro affreschi sulla Sindone di datazione incerta – fine Seicento? inizio Settecento? – sopravvissuti ai bombardamenti della seconda guerra mondiale). Caval 'd Brôns era anche il nome dello storico caffè, in attività dal 1948 al civico 155, che purtroppo ha chiuso nel 2016. Sul lato corto verso Porta Nuova sorgono invece le due chiese gemelle di **Santa Cristina** e di **San Carlo Borromeo**. Nel 1639 Maria Cristina fece edificare la prima, in seguito alla morte del figlio; la cappella fu progettata da Amedeo di Castellamonte, mentre il campanile è del 1779 e la facciata ottocentesca è di Ferdinando Caronesi. I lavori per l'edificazione della seconda iniziarono invece nel 1619 per volere di Carlo Emanuele I, durante l'opera di ammodernamento in stile barocco della città: la facciata porta la firma di Juvarra, il cui progetto risale al 1715-8. Prima di lasciare la piazza, con Porta Nuova alle spalle guardate in alto a

---

Conoscere
Veritas et utilitas

Promuovere il progresso della scienza a vantaggio della società: questo il messaggio (condensato nel motto latino) della storica **Accademia delle Scienze di Torino** (Collegio dei Nobili; cartina p44, C3; 011 562 00 47; www.accademia dellescienze.it; Via Accademia delle Scienze 6), fondata nel 1757 dal conte Giuseppe Angelo Saluzzo di Monesiglio, dal medico Gianfrancesco Cigna e dal matematico Luigi Lagrange allo scopo di promuovere e diffondere gli studi in campo scientifico. Ente privato dal 2000, ha un archivio e una biblioteca aperta al pubblico (sul sito web si può compilare un modulo per fissare un appuntamento) e organizza congressi e conferenze per specialisti e mostre ed eventi di divulgazione scientifica per il pubblico. Chi riesce a formare un gruppo di almeno otto persone può prenotare una **visita guidata** (mostre@accademiadelle scienze.it). Nella cappella del collegio è stato creato un nuovo spazio espositivo.

Piazza San Carlo

destra: sul palazzo all'angolo con Via Giolitti vedrete tre piccoli puntini, tra la prima e la seconda finestra del secondo piano, tra la seconda e la terza del piano nobile e sopra la pasticceria Stratta: sono tre palle di cannone conficcate nel muro, residui dell'assedio napoleonico di Torino. (Star 1).

Pasti

Sodo   CAFFÈ/RISTORANTE/ENOTECA   €

6 Cartina p44, C5

Piccolo, ma con tutto quello che serve: personale simpatico, sgabelli al bancone, un grazioso dehors estivo sulla piazza del Conservatorio (Piazza Bodoni, p202). È aperto tutto il giorno, questo 'Bordò senza trucco' gestito dalle proprietarie dell'Enoteca Bordò (p99), e offre piatti diversi a seconda dell'orario ma sempre sfiziosi, anche per l'aperitivo preserale. Buona scelta di vini, ottimi i dolci. (392 125 71 16; www.sodo.to.it; Via Bodoni 5/c; dalle 12 alle 15 €5-11, dalle 18 alle 21 €4-6; 12-15 e 18-21.30 lun-sab, 10-21 dom; Star 2)

Kirkuk Kaffé   CURDO/TURCO/GRECO   €

7 Cartina p44, C3

Il colorato e accogliente Kirkuk è una certezza, che si addenti un panino di kebab di carne fresca, si gusti un piatto di dolma, bulghur o falafel con un bicchiere di Retzina, si sorbisca un tè bollente o una buona birra, per finire con un piattino di dolcetti mediorientali al cocco o al miele. Solo ottime notizie, dunque, tra i cuscini, i tappeti e gli oggetti di artigianato di questa esotica istituzione nella pedonale Via Carlo Alberto, di fronte al Cinema Centrale e al giardino incantato di Palazzo Cisterna (p79). (✆011 53 06 57; www.kirkukkaffe.com; Via Carlo Alberto 16/b; antipasti €4,50, piatti principali €7-8; ⏱19-24 lun e sab, 12-15 e 19-24 mar-ven; 🚌Star 1)

> **Vita in città**
> **Un teatro molto stabile**
> Torino è città di teatro e di teatri, grazie alla forte presenza della **Fondazione del Teatro Stabile** (www.teatrostabiletorino.it) nel tessuto culturale e sociale del capoluogo piemontese. Le sedi dove assistere al fitto cartellone annuale di spettacoli italiani e internazionali sono degne di questo ruolo di primo piano. In primis il **Teatro Carignano** (p53), gioiello settecentesco, poi il **Teatro Gobetti** (cartina p62, C2; Via Rossini 8), costruito nel 1840 per l'Accademia Filodrammatica e dove si tenne la prima esecuzione assoluta dell'Inno di Mameli; divenuto sede del Piccolo Teatro di Città nel 1955, quando Torino decise di risollevare la tradizione del 'teatro d'arte' di primo Ottocento, nel 2001 è stato nuovamente inaugurato dopo varie ristrutturazioni. E infine le modernissime **Fonderie Limone Moncalieri** (p199), a Moncalieri, un ex complesso industriale degli anni '20 che sorge in uno spazio molto suggestivo. Qui ha sede anche la famosa scuola di teatro dello Stabile, fondata nel 1991 da Luca Ronconi e dal 2010 diretta da Valter Malosti.

1610 Bagel   BAGEL €

 Cartina p44, A4

Il loquace proprietario grossetano crede molto nella sua idea: è lui a panificare e non lo fa all'americana, ma all'italiana, con lievito madre (è stato anche finalista del reality Hell's Kitchen). Dopo aver gustato un bagel ripieno, magari un Alaska con salmone e pane nero, e alla fine esservi sentiti sazi ma leggeri, crederete anche voi che sia un'idea vincente. Molti locali della città si riforniscono qui. (✆011 19 87 70 41; www.sedici10bagel.com; Via XX Settembre 16b; bagel €6,50-9,50; ⏱11-22.30 mar-sab, 11-16 dom; 🚌11, 27, 55, 57, 58, Star 1, 🚋4, 15)

Alla Baita dei Sette Nani   PIZZERIA €

 Cartina p44, B4

Se fossimo alla fine degli anni '70, in una città di provincia, sembrerebbe tutto normale: rivestimenti in perlinato, arredi in stile alpino, un nome fuori moda. Invece siamo nel 2017, nel pieno centro lussuoso di Torino. Ma, in fondo, è importante? No, perché i prezzi sono irresistibili, quasi quanto l'ottima farinata e la pizza al padellino, variante sabauda del piatto italiano per eccellenza. (✆011 53 58 12; www.pizzeria7nani.it; Via Andrea Doria 5; pizze €4,50-8, porzione farinata €2-4; ⏱12.30-14.30 e 19-24 mar-dom, sab e dom sera 18.30 in inverno; 🚌Star 1 e 2)

M**Bun   SLOWFASTFOOD €

 Cartina p44, B5

Quelli di M**Bun sono stati i primi, nel locale di Rivoli. Poi sono arrivate

Eataly, la Fassoneria (p67), l'Hamburgeria, Qualeaty. In questa agrihamburgheria di tradizione piemontese e in quella di Corso Siccardi 8/a la carne è buona, la produzione controllata e gli ingredienti sono a km0. Voi, però, non datelo per scontato: entrate e assaggiate, mentre i vostri figli si divertiranno a imparare i nomi piemontesi dei panini. (☎011 19 70 46 06; www.mbun.it; Via Urbano Rattazzi 4; menu €11-13; ⊗12-23 dom-gio, 12-24 ven e sab; 🚌33, 52, 61, 67, 68, 🚋7, 9)

Eataly Incontra RISTORANTE €

11 Cartina p44, C3

Eataly in formato ridotto (si fa per dire, trattandosi di 1000 mq!), fratello minore dell'originale di Via Nizza (p131), ma, data la posizione, molto frequentato. Tantissimi prodotti, una Caffetteria Vergnano, la gelateria alpina Làit, il ristorante Maccaroneria, una piccola libreria e la grande cucina a vista. Prendete posto al piano inferiore o nel dehors, e sbizzarritevi, con calma o in fretta secondo i vostri tempi. (☎011 037 32 21; www.eataly.net; Via Lagrange 3; pasti €15-20; ⊗negozio: 10-22.30, Coffee Shop 1882: 8-22, gelateria: 12-20, fino alle 22 in estate, ristoranti: 12-15 e 19-22; 🚋Star 1)

Sfashion Café PIZZERIA/RISTORANTE €/€€

12 Cartina p44, C3

Tante pizze napoletane, fritti e piatti di pesce in uno dei ristoranti aperti a Torino da Piero Chiambretti. Vivace e molto frequentato, soprattutto grazie all'invidiabile posizione su Piazza

Palazzo Carignano (p45)

Carlo Alberto, con una vetrina che dà sull'ingresso della Galleria Subalpina (p46) e un dehors aperto tutto l'anno che è tra i più belli della città. (☎011 516 00 85; www.foodandcompany.com; Via Cesare Battisti 13; pizze €5-10, pasti €21,50-29; ⊗bar: 8-24, cucina 12.15-14.30 e 19.30-23.30, pizzeria 12.15-15 e 19.30-24, dalle 19 sab e dom; 🚌55, 56, Star 1, Star 2, 🚋13, 15)

Locali

Mood CAFFÈ/LIBRERIA

13 Cartina p44, C2

Dal mattino alla sera, per una prima colazione tra gli scaffali di libri delle sale interne o una merenda con un gelato al latte di bufala. L'aperitivo 'Mood' si serve dalle 18.30 e si gode al meglio nel dehors, osservando il viavai tra Via Roma e Piazza Carignano. (☎011 566 08 09; www.moodlibri.it; Via Cesare Battisti 3/e; ⊙8-21 lun-sab, 13-20 dom; 🚋Star 12)

Bar Zucca
CAFFÈ

 Cartina p44, B4

Storico caffè della Torino anni '20, in una nuova location tra le vetrine e gli avventori alla moda di Via Gramsci, a due passi da Via Roma. Tutto è molto curato, dalle brioches per la prima colazione alle proposte per un 'light lunch', dai tramezzini dell'aperitivo ai cocktail serali. Se il dehors stile Costa Smeralda non vi spaventa, è il posto giusto per una pausa in buone mani. (☎011 562 12 49; www.barzucca.it; Via Gramsci 10; ⊙8-22.30 mar-dom; 🚋Star 1)

Divertimenti

Teatro Regio
TEATRO/OPERA/CONCERTI

 Cartina p44, D2

Quanti re, quanti architetti, quanti cantanti e musicisti hanno reso il Regio uno dei maggiori teatri lirici in Europa! Voluto da Vittorio Amedeo II e progettato da Filippo Juvarra, poi perfezionato da Benedetto Alfieri su commissione di Carlo Emanuele II, vide la luce nel lontano 1740, fu distrutto da un incendio nel 1936 e ricostruito nel 1973, secondo il progetto del visionario architetto torinese Carlo Mollino (lettura p56). Dell'edificio originario resta solo la facciata, oggi Patrimonio dell'Umanità UNESCO. Se la cancellata su Piazza Castello (l'*Odissea musicale* di Umberto Mastroianni) è aperta, attraversate l'enorme spazio dal pavimento lucido (la Galleria Francesco Tamagno) e raggiungete l'ingresso, per dare una sbirciatina. Alla vostra destra spesso si radunano gruppi di giovani, mentre vicino alla strada c'è l'ingresso del **Piccolo Regio Puccini**, che sovente ospita concerti jazz e spettacoli teatrali. Dal lato opposto, verso l'**Archivio di Stato** (p31) e oltre la biglietteria, c'è **Piazzetta Carlo Mollino**, una sorta di corte silenziosa, da cui gli artisti accedono al teatro. V. anche p208. (☎informazioni: 011 881 55 57, biglietteria: 011 881 52 41/42; www.teatroregio.torino.it;

> **Vita in città**
> **Non solo un ristorante...**
> ... bensì un pezzo di storia. Dopo un delicato intervento di restauro, il ristorante **Del Cambio** (cartina p44, C3; ☎011 54 66 90; www.delcambio.it; Piazza Carignano 2; pasti €90-130, light lunch €40-50; ⊙ristorante: 12.30-14.30 e 19.30-22.30 lun-sab, 12.30-14.30 dom set-dic, 12.30-14.30 e 19.30-22.30 mer-sab, solo cena mar, solo pranzo dom gen-agosto; Bar Cavour: 19-1 mar-dom; Farmacia Del Cambio: 9-19.30 lun-dom; 🚋Star 1 e 2), celebre 'salotto' settecentesco, tanto caro al conte di Cavour, ha riaperto nel 2014, affidandosi allo chef Matteo Baronetto, ed è sempre un concentrato di eleganza sabauda e raffinatezza gastronomica. Oltre al ristorante: il **Bar Cavour**, un american bar con cucina, e la **Farmacia del Cambio**, con sublimi golosità dolci e salate.

Piazza Castello 215; informazioni: 9-18 lun-ven; biglietteria 10.30-18 mar-ven, 10.30-16 sab; 55, 56, 7, 13, 15)

Teatro Carignano
TEATRO

16 Cartina p44, C3

Uno dei più begli esempi di teatro all'italiana, dal 1710 ospita prosa, danza, opere in musica. La ristrutturazione più recente (2007) lo ha reso uno degli spazi meglio attrezzati, lasciando intatti stucchi dorati, lampioncini, poltrone di velluto rosso, palchetti e il grande palco reale, così come era stato voluto dai principi di Carignano. Calcato dai più grandi artisti italiani e internazionali degli ultimi tre secoli, oggi il teatro propone opere del cartellone del Teatro Stabile (p50), che lo programma da decenni, produzioni teatrali e musicali di vario genere ed eventi dei festival culturali della città. V. anche p209. (011 516 94 11, 800 23 53 33; www.teatrostabiletorino.it; Piazza Carignano 6; Star 2)

Shopping

Top Ten
ABBIGLIAMENTO E ACCESSORI

17 Cartina p44, B4

Non viene in mente altro se non la parola 'eleganza'. Senza inutili abusi, per una volta. Punto di riferimento dello chic torinese dagli anni '80, sfoggia stile sobrio, linee asciutte e una certa deliziosa severità in ogni scelta, che si tratti dei capi di abbigliamento dei migliori stilisti, dell'arredamento interno, delle vetrine. Risparmiate

Il consiglio

Ideali per riprendersi dopo una visita impegnativa a qualche residenza sabauda, in alcuni caffè storici del centro e nelle caffetterie di Palazzo Reale (p31), Palazzo Madama (p36), della Reggia di Venaria (p188) e del Castello di Rivoli (p192) nei weekend si organizzano le settecentesche **Merende Reali** (www.turismotorino.org/merendareale), a base di pasticcini e cioccolata calda.

su altro e fateci un giro. Per capi e accessori delle collezioni precedenti a prezzi scontati c'è **Drago** (cartina p176, D2; 11-19 lun, mer e ven, chiuso gen, lug e agosto), in Via Vanvitelli 3, zona Gran Madre. (011 53 53 60; Via Soleri 2, angolo Via Gobetti; 15-19 lun, 11-19 mar-sab; Star 1)

Cribì
SCARPE

18 Cartina p44, B4

L'ultimo modello di stivaletto Fiorentini+Baker. Quella strepitosa scarpa allacciata dalla forma bizzarra firmata Peter Non. Se avete già l'acquolina in bocca, Cribì fa al caso vostro. E se non si tratta solo di una passione passeggera, ma di vero amore per le scarpe inconsuete, alla moda e di qualità, per una volta non pensate ai prezzi. Se invece ci pensate eccome, date un'occhiata sul soppalco: ci sono i pezzi delle collezioni passate a prezzi scontati. (011 561 13 48; www.cribi.it; Via Lagrange 38; 15.30-19.30 lun, 10.30-14 e 15.30-19.30 mar-sab; Star 1)

La vetrina di Creativity

Libreria Bodoni

LIBRERIA

19 Cartina p44, B4

A giudicare da com'è partita, questa nuova libreria lascia ben sperare. La scommessa degli imprenditori Mancini e Benini (già soci dell'editrice torinese Add e di Sur) risulta finora vincente: il negozio è gradevole, i librai sono gentili, la selezione è molto curata: editori indipendenti, libri d'arte e fotografia, letteratura in lingua e di viaggio, una sezione sull'Asia e una per bambini e ragazzi, e molto altro. Una sala della libreria si trasforma nello **Spazio B**, dove si tengono presentazioni con autori e incontri interessanti. Consultate la pagina Facebook. (011 583 44 91; Via Carlo Alberto 41/g; 12-19.30 lun, 10-19.30 mar-sab e 15-19.30 dom; Star 2)

Uno

ABBIGLIAMENTO E ACCESSORI

20 Cartina p44, C2

Abiti e sciarpe, sandali e scarpette, borse e portafogli, occhiali da sole e calze, collane e bracciali, per lo più di stilisti italiani emergenti: fin qui niente di strano. Tutto però è così grazioso, colorato, nuovo e originale che la gentilezza delle ragazze sarà solo il motivo decisivo per farvi scatenare. Nello shopping, ovviamente. (www.facebook.com/uno.torino; Via Monte di Pietà 1/d; 13-19.30 lun, 10.30-19.30 mar-sab, 11-19 dom; 55, 56, 13, 15)

Creativity Oggetti

GIOIELLI/CERAMICHE D'AUTORE

21 Cartina p44, B5

È raro trovare un oggetto di design che sia anche indossabile, come una collana fatta di piccole bocce di vetro (ormai un cult) o un bracciale di rete in cui scorrono palline rosse. Questo negozio, che da anni propone la migliore produzione artigianale italiana e straniera a prezzi accessibili, è davvero trasversale, nel senso che piace a tutti. (011 817 78 64; www.creativityoggetti.it; Via Carlo Alberto 40/f; 15.30-19.30 lun, 10-13 e 15.30-19.30 mar-sab; Star 2)

Walter Dang

MODA/ACCESSORI

22 Cartina p44, B5

Giunto dalla Francia, questo stilista si è fermato a Torino nel 2003. La sua maison propone collezioni di abiti ricercati nella forma e nei dettagli, pezzi unici dal costo sostenibile, accessori di

Shopping

fattura pregiata ed elegantissimi abiti da sposa. Insomma, haute couture dagli eccessi limati, che diventa (citiamo) 'prêt à couture'. Date un'occhiata anche allo splendido palazzo che ospita l'atelier. (☎011 454 64 38; www.walterdang.com; Corso Vittorio Emanuele II 52/a; ⏱15-19.30 lun, 10.30-14 e 15-19.30 mar-sab, su appuntamento in altri orari; MPorta Nuova, ☐33, 52, 58, 64, 67, ☐7, 9)

Perino Vesco   PANETTERIA/BAR

23 Cartina p44, B4

Per decidere se fermarvi in questa panetteria a fare colazione nel dehors o ad acquistare baci di dama, una Torta Cavour o del pane fresco, assaggiate un pezzettino di focaccia offerta a un tavolino sul marciapiede. Sospettiamo che vi ritroverete in fila al bancone. (☎011 068 60 56; www.perinovesco.it; Via Cavour 10; ⏱7.30-19.30 lun-sab; ☐Star 1 e 2)

Libreria Luxemburg   LIBRERIA INTERNAZIONALE

24 Cartina p44, C2

Libreria di varia molto fornita, a un angolo di Piazza Carignano e a due passi da Piazza Castello, con titoli di letteratura internazionale e il settore quotidiani esteri e riviste più ricco della città. Elegante e gradevole fin dal 1872. (☎011 561 38 96; www.librerialuxemburg.wordpress.com; Via Accademia delle Scienze 1; ⏱9-19.30 lun-sab, 10-13 e 15-19 dom; ☐Star 1 e 2)

Bertolini   CALZATURE E ABBIGLIAMENTO

25 Cartina p44, B4

Partito dalla sede storica di Piazza Vittorio Veneto 8 con i coloratissimi marchi spagnoli Desigual, Custo e Paramita, ne ha mantenuti alcuni (Agatha Ruiz de la Prada) e scelti di nuovi (Skunkfunk, Filofax, Gabs). Il

---

Il consiglio
Prelibatezze piemontesi

La pedonale **Via Lagrange** (cartina p44, B5) è ormai la strada delle grandi firme: Miu Miu, Chanel, Moncler, Marella, il nuovo store del lusso Lagrange 12... Ma se invece dell'eleganza modaiola cercate la perfezione del gusto, allora perdetevi nel triangolo gastronomico formato dallo storico **Bar Pasticceria Gertosio** (☎011 562 19 42; www.facebook.com/gertosiopasticceria; Via Lagrange 34/h; ⏱8-20 mar-dom), dalla **Baita dël Fôrmagg** (☎011 562 32 24; www.castagno.it; Via Lagrange 36; ⏱16-19.30 lun, 9-13 e 16-19.30 mar-ven, 9-19 sab, anche 10-13 e 15.30-19 dom in inverno) e dal **Pastificio De Filippis** (☎011 54 21 37; www.pastificiodefilippis.it; Via Lagrange 39; ⏱pastificio e gastronomia: 10-14 e 16.30-19.30 mar-ven, 10-19.30 sab, fino alle 15 dom; ristorante: 12.30-15 e 19.30-22.30 lun-ven, 12.30-15.30 e 19.30-22.30 sab, fino alle 22 dom), dove si può anche pranzare nel dehors, e riempite la valigia di prelibatezze dolci e salate da offrire agli amici.

primo amore, però, non si scorda mai: l'enorme negozio su due livelli di Via Teofilo Rossi è ancora il regno indiscusso delle spagnolissime Camper. (☎011 518 55 10; www.bertolinieborse.it; Via Teofilo Rossi 3; ◷15.30-19.30 lun, 10.30-19.30 mar-sab, 10.30-13.30 e 15-19.30 dom; 🚌55, 56, Star 2, 🚋13, 15)

Mauro Leone SCARPE

26 🔒 Cartira p44, C2

Il signor Leone nasce nel 1941, inizia vendendo scarpe e poi passa a crearle; nel 1969 apre un negozio sotto i portici di Piazza Castello e da allora veste i piedi dei giovani torinesi, che lo ringraziano per i prezzi contenuti e l'attenzione alle tendenze e alla qualità del made in Italy, anzi, del 'fatto in Italia'. Ora i negozi nella piazza sono due, uno di fronte all'altro, oltre a quelli in altre città piemontesi e italiane. (☎011 53 31 63/53 85 25; www.mauroleone.com; Piazza Castello 64 e 75; ◷10-19.30 mar-sab, 15-19.30 dom-lun; 🚌55, 56, 🚋13, 15)

Paradiso dei Bambini GIOCATTOLI

27 🔒 Cartina p44, B5

Uno xilofono di legno in miniatura? Il puzzle di una città? Un peluche a grandezza naturale? Bambole, macchinine, costruzioni? Qui c'è tutto, trattandosi di un paradiso per bimbi. E per adulti, *ça va sans dire*. (☎011 54 10 98; www.paradisodeibambini.it; Via Andrea Doria 8, angolo Via Carlo Alberto; ◷15.30-19.30 lun, 10-13.30 e 15.30-19.30 mar-sab, continuato gio; 🚌Star 2)

Conoscere
Mollino, lucido ed eccentrico

Ricco, appassionato di fotografia, sci, automobilismo e aeroplani, scrittore e designer, il torinese Carlo Mollino (1905-73) non ha dedicato l'intera vita all'architettura, ma quando l'ha fatto è riuscito a concepire alcuni progetti davvero straordinari. Il nuovo **Teatro Regio** (p52) innanzitutto, con il boccascena a forma di 'ostrica semiaperta' (poi sostituito nel restauro del 1996) e l'illuminazione a cascata che pare grondare sul pubblico durante i concerti. L'**Auditorium Rai 'Arturo Toscanini'** (p72), progettato nel 1952, ma anch'esso profondamente modificato dal restauro del 2006. Il **Palazzo degli Affari**, che ospita gli uffici della Camera di Commercio, con la sua facciata all'avanguardia che guarda su Piazzale Valdo Fusi (p64). Il **Dancing Lutrario** (ora Le Roi, p168), tuttora attivo, con il suo folle gioco architettonico e l'atmosfera stralunata di grande fascino. E soprattutto il **Museo Casa Mollino** (☎011 812 98 68; Via Napione 2; visite per professionisti, solo su appuntamento), dove il bizzarro e audace artista non ha mai vissuto, ma che ha personalmente arricchito con i suoi inimitabili guizzi da designer d'interni.

Shopping

Le torte di Gertosio (p55)

De Carlo OGGETTISTICA PER LA CUCINA

28 Cartina p44, B5

All'inizio del Novecento Achille De Carlo vendeva coltelli e posate in una piccola stanza. Oggi nei due showroom trovate qualunque oggetto per l'arredo della cucina e della tavola, anche di design. Questa sede è dedicata alla casa, alla cucina e alle liste nozze, quella di Via Cesare Battisti 5 ha una scelta imbattibile di coltelleria. (011 54 36 19; www.decarlo.org; Via Carlo Alberto 36; 15.30-19 lun, 10-13.30 e 15-19.30 mar-sab, 10-19.30 gio; 33, 52, 61, 67, 68, 7, 9)

Casa del Barolo ENOTECA

29 Cartina p44, B4

Come tuffarsi nel mare immenso dei vini piemontesi (e non solo) senza naufragare? Nuotando felici nei 400 mq su due piani di questo negozio storico molto fornito, dove fare scorta di bottiglie prima di lasciare la città. I vini si possono anche degustare, e d'estate c'è un bel dehors. A completare il quadro, un ristorante raffinato con accesso da Via Mazzini 10 bis/Via Bodoni 7b. (011 53 20 38; www.casadelbarolo.com; Via Andrea Doria 7; enoteca: 10.30-13 e 14-19.30 lun, 10.30-19.30 mar-sab, cucina: 12.30-14.30 e 19.30-22.30 mar-sab; Star 1 e 2)

Granata Store OFFICIAL MERCHANDISE

30 Cartina p44, C2

Tappa obbligata per i fedelissimi del Torino FC e per i curiosi della storia passata e presente di questa squadra di calcio: abbigliamento ufficiale Torino FC, libri, DVD, orologi, cappelli, tutine per neonati. In Piazza Castello 10 e in Corso Agnelli 24/a, Stadio Grande Torino. (011 54 23 48; www.granatastore.it; Piazza Castello 10; 15.30-19.30 lun, 10-13 e 15.30-19.30 mar-sab; 55, 56, 13, 15)

 Il consiglio

Stanchi e assetati? Cercate un *turèt*! Le tipiche fontanelle verdi con la testa di toro sono sparse in tutta la città e vi disseteranno con acqua (pare) purissima.

Scoprire

Verso il Po

Dal confine con San Salvario fino a quello con Vanchiglia; da Piazza Castello al Po, con la collina al di là del fiume come punto di riferimento. Gli isolati perfetti ai due lati di Via Po, progettata perché il re potesse arrivare sotto i portici fino a Piazza Vittorio Veneto, sfoggiano palazzi del Settecento e dell'Ottocento, piazze incantevoli, musei e boutique tra i più belli del centro e, su tutto, la Mole Antonelliana.

In un giorno

Il buongiorno dipende da voi: se vince la golosità, fate colazione con un classico di **Ghigo** (p42); se conta di più la location, il **Caffè Elena** (p70) e Piazza Vittorio Veneto saranno i primi ad avervi. Dopo non avete alternative: la **Mole Antonelliana e il Museo Nazionale del Cinema** (p60) sono tappe obbligate.

Dopo un pranzetto alla **Buta Stupa** (p67) o una pausa veloce al **Montebello Bistrò** (p66) o da **Sciamadda** (p66), è tempo di fotografie: non tirate fuori il cellulare, ma andate da **Camera** (p65) e godetevi una mostra di chi le foto le fa di professione. Usciti da quest'ottimo museo, festeggiate con un gelato di **Alberto Marchetti** (p65) o un caffè nel lussuoso bar del **Carlina** (p69): vi aspetta infatti un po' di spensierata *flânerie* tra le bellissime piazze (p202) di questa zona, senza dimenticare lo shopping in Via Po, ma soprattutto nelle strade che la tagliano. Concludete il pomeriggio con un salto alla **Cavallerizza Reale** (p63), di grande suggestione.

Un aperitivo mondano: da **Amantes** (p70), storico locale Arci, al **RAT** (p70), in un ambiente giovane spesso animato da DJ, o al **Mago di Oz** (p71), per un cocktail in Piazza Carlina (p203). Dopo una cena tipica al **Porto di Savona** (p68) o nel nuovo **Magazzino 52** (p69), è il momento di un buon concerto di musica alternativa al **Blah Blah** (p72) o di un vecchio film nella Sala Tre del **Cinema Massimo** (p72).

Scoprire

Da non perdere
Mole Antonelliana e Museo Nazionale del Cinema (p60)

Il meglio

Musei
Camera – Centro Italiano per la Fotografia (p65)

Pasti
Sciamadda (p66)
La Buta Stupa (p67)
Magazzino 52 (p69)

Moda
La Belle Histoire (p73)
Parrot and Palm (p73)
Bagni Paloma (p74)

Vita in città
Palazzi e cortili (p78)

Trasporti

Autobus Il n. 55 e il n. 56 collegano Via Po con Piazza Vittorio Veneto, dove fermano anche i n. 30, 53, 61 e 70. Lo Star 1 e lo Star 2 percorrono varie vie della zona.

Tram I n. 7, 13, 15 e 16 collegano Via Po con Piazza Vittorio Veneto.

Da non perdere
Mole Antonelliana
e Museo Nazionale del Cinema

Uno degli esperimenti più interessanti e riusciti in Italia di comunione tra architettura storica e attività museale, tra cinema e arti, tra sito turistico e luogo profondamente legato alla cultura cittadina, in uno degli edifici-simbolo più bizzarri di Torino. Partite per un viaggio sorprendente nella storia del cinema, che vi porterà dalle lanterne magiche ai divi di Hollywood. Il Massimo, cinema ufficiale del museo, vi riporterà al presente (o al passato prossimo) con una panoramica quasi ininterrotta sui magici prodotti della settima arte.

Cartina p62, C2
011 813 85 63
www.museocinema.it
Via Montebello 20
interi/ridotti €10/8
9-20 lun, mer-ven e dom, 9-23 sab
55, 56, 61, Star 1,
7, 13, 15, 16

Interno del Museo del Cinema

Mole Antonelliana e Museo Nazionale del Cinema

In primo piano

L'edificio
Con la sua forma audace e inconfondibile, la Mole ha definito lo skyline torinese a partire dal 1889. Progettata dal fantasioso e inossidabile Alessandro Antonelli (1798-1888), era destinata a essere la sinagoga della città, ma, in seguito a dissidi tra l'architetto e la comunità ebraica, fu comprata dal Comune. Oggi ha ceduto il primato d'altezza al grattacielo della Regione Piemonte (205 m), in zona Lingotto, ma, con i suoi 167,5 m, vale a dire 50 cm in più del nuovissimo Grattacielo Intesa Sanpaolo (p143), merita ancora la medaglia d'argento. Nel 1904 un uragano abbatté la statua del genio alato che ne sormontava la punta (ora conservata all'interno), sostituita in seguito da una stella. All'esterno, troverete sempre qualcuno con il naso all'insù che ammira il possente pronao di colonne alte 30 m e cerca di decifrare l'installazione luminosa del *Volo dei numeri* di Merz.

Il museo
Nel cuore di Torino, è uno dei 'cuori' di Torino, città del cinema per eccellenza. Trasferito in questa nuova sede allo scoccare del terzo millennio, con l'ardito allestimento dello scenografo François Confino, il Museo del Cinema si compone di varie sezioni: si parte con le collezioni storiche dell'**Archeologia del Cinema**; si passa alla sorprendente **Aula del Tempio**, dove le sinuose *chaises longues* rosso fuoco invitano a sdraiarsi per ammirare memorabili spezzoni di classici che scorrono sugli schermi, in attesa dello spettacolo di *son et lumière* sulle pareti della cupola; si passa quindi alla **Macchina del Cinema**, poi alla **Galleria dei Manifesti** e infine si sale lungo la **Rampa Elicoidale** per godere della magia dell'insieme. Si esce con la sensazione di non essere stati in un museo, ma al cinema, e non solo come spettatori.

☑ Consigli

▶ Prendete fiato, sgranchitevi le gambe e salite i 573 gradini che portano alla **Cupola** (interi/ridotti €7/5, cumulativi con museo €14/11; ⏱12 e 16.30 sab, dom e festivi; orari a richiesta su prenotazione allo ☎011 813 85 64/65, 9-18 lun-ven).

▶ Non è davvero Mole Antonelliana se non si prende l'**Ascensore Panoramico** (www.gtt.to.it; interi/ridotti €7/5, cumulativi con museo €14/11), che raggiunge la terrazza a 85 m d'altezza. Chi soffre di vertigini faccia un piccolo sforzo: godrà di una vista unica su Torino e le Alpi.

✘ Una pausa

Eataly Incontra Caffè Vergnano (☎011 812 35 65; ⏱stessi orari del museo) anche al piano terra della Mole. Il dehors è molto gradevole e si servono prima colazione, pranzo e merenda. Se invece volete uscire in Via Montebello, bar, piadinerie e ristoranti vi aspettano in fila.

Da vedere

Cavallerizza Reale   EX SCUDERIE

1 Cartina p62, B2

I due ingressi sempre aperti su Via Verdi e Via Rossini sono accessi a un luogo speciale. L'enorme corte acciottolata che si apre sui palazzi fatiscenti, sugli scaloni misteriosi, sulle finestre silenziose delle vecchie abitazioni e di un circolo oggi chiuso conduce infatti alle porte delle antiche scuderie dei Savoia e, attraverso un passaggio insospettabile, ai Giardini Reali. La storia passata di questo luogo unico, progettato da Amedeo di Castellamonte e terminato da Benedetto Alfieri nel 1742, che fa parte della storica Zona di Comando (Palazzo Reale, l'attuale Prefettura, l'Archivio di Stato, l'ex Zecca), è tanto interessante quanto è problematica quella attuale e incerta quella a venire: fino a qualche anno fa il complesso era abitato e ospitava due sale del Teatro Stabile, spettacoli del Festival delle Colline e di danza. Poi, l'abbandono. I progetti di speculazione da parte delle istituzioni hanno portato allo sgombero, alla mobilitazione dei cittadini (riunitisi nell'Assemblea Cavallerizza 14:45, poi divenuta Cavallerizza Irreale) e all'occupazione. Numerose le attività culturali e le iniziative per animarlo e salvarlo dall'abbandono, ma il futuro è appeso a un filo. Voi fateci un giro: è un Sito Patrimonio dell'Umanità a due passi da Piazza Castello. (Via Verdi 9; 🚌 18, 68, 55, 56, 61, Star 1, 🚋 13, 15)

Museo della Radio e della Televisione   MUSEO

2 Cartina p62, C2

Circa 1200 cimeli, per capire come si è passati dai telegrafi ottocenteschi al telefono, da Marconi alle radio degli anni '60, dalle telecamere portatili degli anni '70 agli ultimi prodigi tecnologici. Il museo aziendale del Centro di Produzione della Rai piemontese attinge agli Archivi Rai e accompagna in un bel viaggio nella storia della comunicazione del Novecento, con tanto di colonna sonora. (📞 011 810 43 60; www.museoradiotv.rai.it; Via Verdi 16; ingresso libero; 🕘 9.30-19 lun-ven, ultimo ingresso alle 18; 🚌 55, 56, 61, Star 1, 🚋 13, 15; ♿)

Pinacoteca dell'Accademia Albertina di Belle Arti   PINACOTECA

3 Cartina p62, B3

Creata nel 1837 con scopi didattici, si è progressivamente arricchita fino a diventare un museo aperto al pubblico nel 1996, con un allestimento molto godibile e in un connubio insolito tra scuola e sala espositiva. I 212 dipinti (dal 1400 al 1700) donati nel 1828 da monsignor Mossi di Morano occupano le prime cinque sale, tutte rosse, seguiti dalle copie dei capolavori di grandi maestri (Raffaello, Caravaggio, Rubens), raccolte per lo studio degli allievi nella Sala delle Copie. Da qui si passa alle sale azzurre, che, oltre alle opere degli allievi e maestri dell'Accademia di primo Ottocento, espongono i cartoni di Gaudenzio Ferrari e della sua scuola. Si conclude con due sale dedicate a

Conoscere
Un'insolita piazza

La grande spianata di cemento di **Piazzale Valdo Fusi** (cartina p62, A4), costruita tra le polemiche sopra un parcheggio sotterraneo, sembra sprofondare e convergere nel centro, a un livello più basso della strada, verso la casetta in vetro che nel 2006, durante le Olimpiadi Invernali, ospitò Casa Canada. Eppure una tale bizzarria nel pieno centro della città delle piazze riesce a convivere sul lato di Via Accademia Albertina con l'imponente facciata in mattoni rossi del Museo Regionale di Scienze Naturali – Ospedale San Giovanni Battista (p65) e su quello di Via San Francesco da Paola con il Palazzo degli Affari progettato da Mollino (p56). La casetta in vetro oggi è l'**Open Baladin** (011 83 58 63; www.baladin.it; 12.15-15 e 18.30-1 lun-mer e dom, fino alle 2 gio, 18.30-2 sab), tempio piemontese della birra artigianale. Nel fiabesco Palazzo Costa Carrù della Trinità, in Via Giolitti 19/a, ci sono i **MagazziniOz** (011 081 28 16; www.magazzinioz.it; 11-19 mar e mer, 11-23 gio-sab), dove la cooperativa sociale MagazziniOz, nata a sostegno di Casa Oz, che aiuta i bambini malati e le loro famiglie, ha un emporio, un ottimo ristorante e spazi per studiare o da affittare per aperitivi e cene nel bel cortile. Nella piazza giovani skater si esercitano come in un film di Gus Van Sant, mentre un edificio in vetro (dall'aria un po' infelice, va detto) ospita la calda musica del **Jazz Club** (p73). La bellezza dei contrasti, insomma.

---

opere da metà Ottocento a inizio Novecento. Controllate il sito web: a volte ci sono mostre in collaborazione con la vicina Fondazione Accorsi-Ometto. (011 089 73 70; www.accademialbertina.torino.it; Via Accademia Albertina 8; interi/ridotti €5/2,50; 10-18, ultimo ingresso 17.30, chiuso mer; 18, 61, 68, Star 1 e 2)

Museo di Arti Decorative – Fondazione Accorsi-Ometto
MUSEO

4 Cartina p62, C3

Che passione, quella di Pietro Accorsi, il 'principe degli antiquari'! E che lavoro, quello di Giulio Ometto, quando nel 1999 ha materializzato il sogno del primo: 27 sale, oltre 3000 opere tra mobili, cristalli, arazzi, porcellane e argenti, distribuiti lungo il percorso museale nella cucina, nella sala da pranzo, nei vari salotti e camere da letto. Da non perdere, il 'mobile più bello del mondo' di Pietro Piffetti e la scultura lignea fiamminga della Madonna delle Nevi. Si trova nel secentesco Palazzo Accorsi, in origine sede piemontese degli Antoniani. Ammirate la bella corte dai muri gialli e la Mole sullo sfondo. (011 837 68 83; www.fondazioneaccorsi-ometto.it; Via Po 55; interi/ridotti €10/8; 10-13 e 14-18 mar-ven, fino alle 19 sab e dom; 30, 53, 55, 56, 61, 70, Star 2, 7, 13, 15, 16)

Camera – Centro Italiano per la Fotografia MUSEO

5 Cartina p62, B4

Ci voleva proprio un luogo in cui la fotografia italiana e internazionale trovassero pieno riconoscimento e che fornisce la possibilità mai scontata di accedere a quest'arte in ogni sua forma. Mostre eccellenti, archivi, incontri, concorsi, attività per le scuole, un bookshop piccolo ma ben fornito, il **Leica Store** (011 812 76 71; www.leicastore-torino.com; 11-19 lun-sab). Tutto questo dal 2015, in uno splendido spazio di 2000 mq nel complesso di proprietà dell'Opera Munifica Istruzione, sede della prima scuola pubblica del Regno d'Italia. (011 088 11 50; www.camera.to; Via delle Rosine 18; interi/ridotti €10/6; 11-19 lun, mer, ven-dom, fino alle 21 gio; 18, 55, 56, 61, 68 Star 1, 13, 15)

Museo Regionale di Scienze Naturali MUSEO

6 Cartina p62, B4

L'allestimento scenografico e moderno, tutto giocato tra penombra e fonti di luce circoscritte, rende giustizia all'importante collezione di questo museo, nato nel 1978 in collaborazione con l'Università di Torino nell'edificio di Castellamonte (1680) che un tempo ospitava l'Ospedale di San Giovanni Battista. Scheletri e animali impagliati o mummificati, percorsi interattivi che spiegano Mendel, Darwin, il DNA ecc., una biblioteca specialistica e un centro didattico: c'è da ubriacarsi di scienza e natura nelle cinque sezioni dedicate a botanica, entomologia, mineralogia-petrografia-geologia, paleontologia e zoologia. Dal 1980 si è susseguito un gran numero di mostre, che dopo il 2000 hanno iniziato ad andare oltre la scienza. In estate, il Cortile della Farmacia interno ospita eventi e concerti. (011 432 15 17; www.mrsntorino.it; Via Giolitti 36; chiuso per lavori, apertura prevista entro fine 2017; 18, 61, 68, Star 1 e 2, 8;)

Pasti

Alberto Marchetti GELATERIA €

7 Cartina p62, C3

Dal 2013, uno dei migliori gelati in città: un primato che Marchetti continua a mantenere piazzandosi tuttora ai primi posti delle classifiche nazionali. Con le creme (quella all'uovo e all'arancia sono da provare), i gusti alla frutta (dal limone di Sorrento ai *ramassin* della Val Bronda), le granite (al chinotto? perché no?), le macedonie e i dolci

---

Vita in città
Il Circolo del Design

Punto di incontro e promozione per il design piemontese, ospitato dalla Camera di Commercio nella Terrazza Giolitti del Centro Congressi Torino Incontra, il **CDD** (cartina p62, A3; www.circolodeldesign.it; Via Giolitti 26/a; 11-19 mar e gio-sab, 14-19 mer; Star 1 e 2) organizza (ogni mercoledì pomeriggio) eventi, workshop, mostre e festival, e mette in rete i tanti soggetti della filiera del design.

a base di gelato, è sempre una risposta certa al bisogno di dolcezza. Anche in Corso Vittorio Emanuele II 24/bis. (☎ 011 814 11 60; www.albertomarchetti.it; Via Po 35/b; ⏱12-24 lun-gio, fino all'1 ven e sab, 11-24 dom in estate, 12-24 mar-sab, 11-23 dom in inverno; 🚌18, 55, 56, 68, Star 2, 🚋13, 15)

Sciamadda

GASTRONOMIA LIGURE €

Avete fatto il pieno di bollito e *bagna caôda*? Allora perché non ordinare un frittino di pesce o trofie al pesto da mangiare su uno sgabello, una fetta di focaccia di Recco da portare via o della farinata farcita da gustare passeggiando per il centro? Ringraziamo il simpatico proprietario di Noli per questo angolino di Liguria che ha portato la *sciamadda* ('fiammata' del forno a legna nelle antiche friggitorie) e un po' di mare in Pianura Padana. (☎ 011 020 51 84; Via Maria Vittoria 32; porzioni €3-7; ⏱11.30-15.30 e 18.30-23 mar-dom; 🚌Star 1 e 2)

Al Montebello Bistrò

BISTRÒ €

Che bravi i gestori di questa vineria-bistrò che sanno tenere alta la qualità senza perdere di vista gentilezza e *savoir faire*! Cosa non scontata, specie in una posizione strategica come la loro (davanti alla Mole), dove è facile cadere in trappola. Una prima colazione a base di pancake, un pranzo veloce con insalate o bagel farciti, un aperitivo con un buon bicchiere di vino riflettendo sulle proporzioni della creatura antonelliana. (☎ 011 071 40 72; Via Montebello 11/c; piatti €6,50-9; ⏱10-22 lun-mar, fino alle 24 mer-dom; 🚌55, 56, 61, Star 1, 🚋7, 13, 15, 16)

Poormanger

CUCINA CREATIVA €

Furba l'idea di prendere una patata, cibo povero ('poor') per eccellenza, cuocerla al forno e farne una *jacked potato* di tradizione anglosassone con farciture piemontesi. E notevole la capacità di renderla appetitosa e varia, e di far diventare questo ristorantino fantasioso un ritrovo frequentatissimo. Oltre al piatto forte, anche insalate, taglieri e zuppe, da accompagnare con vini locali e birra artigianale. (www.poormanger.it; Via Maria Vittoria 36/b; prezzo medio €10; ⏱12-15 e 19-23; 🚌Star 2, 🚋7, 16)

Polpetteria Norma

POLPETTE €

Unitevi agli studenti universitari o agli avventori golosi alla ricerca di cibo veloce ma rassicurante: nata da un'idea dei proprietari di Scalo Vanchiglia (p160), questa polpetteria artigiana vi coccolerà in un ambiente gradevole con polpette salate (di pesce, di carne, di magro), dolci (crema fritta, cioccolato, ricotta), servite in un panino oppure con gli spaghetti. Se pigrizia vi coglie, potete ordinare un menu Scorpacciata, con mix di polpette scelte dallo chef. (☎ 011 19 78 17 12; www.polpetterianorma.com; Via Roero di Cortanze 4; pasti €10-15; ⏱12-15 e 19-23

Pasti

Il cortile della Cavallerizza Reale (p63)

dom-gio, fino alle 24 ven e sab; 🚍55, 56, 61, Star 1, 🚋7, 13, 15)

Sweet Lab
PASTICCERIA/CAFFÈ €

 Cartina p62, C3

I 'duri' si sentiranno forse in una bomboniera, ma basterà loro fare colazione con pancake e uova alla Benedict, merenda con un cupcake o una fetta di torta accompagnata da un'eccellente tazza di tè, oppure fermarsi per il brunch a base di squisitezze salate, per rilassarsi e magari commuoversi al ricordo di sublimi momenti trascorsi tanti anni fa in un B&B della campagna inglese. (📞011 19 45 79 07; Via Principe Amedeo 39; pancake/croque €5-12, cupcake/muffin €2,50-3, menu brunch €16,90; ⊘7.30-2 mar-ven, 9-2 sab, 9-1 dom; 🚍Star 1)

Fassoneria
HAMBURGER €

 Cartina p62, B3

Titolo: il fascino genuino dell'hamburger piemontese. Protagonista: la carne di fassone al suo meglio. Location: una nuova sede in Via San Massimo, aggiuntasi a quella di Piazza Emanuele Filiberto 4, tutta bianca e rossa, con i tagli di carne fresca in vendita, esposti nel frigo. (📞011 88 55 43; www.fassoneriatorino.it; Via San Massimo 17/h; pasti €15; ⊘12-15 e 19-23 lun-dom, fino alle 23.30 sab; 🚍Star 1)

La Buta Stupa
ENOTECA CON CUCINA €/€€

14 Cartina p62, C2

La simpatica ed energica Patrizia dirige la cucina e prepara un brasato al

MagazziniOz (p64)

Barolo e degli agnolotti alla piemontese che ricorderete a lungo; il sommelier Alberto cura l'enoteca e propone bottiglie eccellenti. Non siamo in un pretenzioso ristorante stellato o in una lussuosa cascina delle Langhe, bensì davanti alla Mole, fra turisti esausti e studenti indaffarati. Ricordatevi di questo posto, quando sarete stanchi dopo la visita a un museo del centro o alla ricerca di ottima cucina piemontese a prezzi contenuti. La nostra stella se la merita tutta, anche per il vino all'ora dell'aperitivo. (☏338 473 35 83, 011 582 38 42; enotecalabutastupa.com; Via Gaudenzio Ferrari 5; pasti €19-22; ⏱11-23 lun-gio, fino alle 2 ven e sab, 11-15 dom, su prenotazione dom a cena; 🚌55, 56, 61, Star 1, 🚋7, 13, 15, 16)

Le Vitel Etonné   RISTORANTE/ENOTECA €/€€

15 Cartina p62, B2

Localino compatto, vivace, dal buon servizio, che non è solo un ristorante piemontese, ma ha il giusto tocco 'metropolitano' per non cadere nel tradizionale fermo nel tempo. Non ci si alza da tavola senza ordinare del buon vino dell'enoteca e senza assaggiare la carne cruda, i langaroli e, naturalmente, il *vitel*, ma quello *tonné*! (☏011 812 46 21; www.leviteletonne.com; Via San Francesco da Paola 4; pasti a pranzo €15-18, menu degustazione €35; ⏱12-24 mar-sab, chiuso lun e dom a cena; 🚌55, 56, 🚋7, 13, 15)

Porto di Savona   CUCINA PIEMONTESE €/€€

16 Cartina p62, C3

Non affannatevi, c'è un porto sicuro. È in Piazza Vittorio e ha il dehors. I locali sono ancora quelli della stazione di posta del 1863, con tanto legno e muri gialli pieni di fotografie, la cucina è piemontese DOC, con tutti i piatti della tradizione, 12 dolci tipici fatti in casa e a pranzo una scelta di monopiatti che variano ogni settimana. (☏011 817 35 00; www.foodandcompany.com; Piazza Vittorio Veneto 2; pasti €10-25; ⏱12.30-14.30 e 19.30-22.30 lun-ven, 12.30-15 e 19.30-22.30 sab e dom; 🚌30, 53, 55, 56, 61, 70, Star 2, 🚋7, 13, 15, 16)

Taberna Libraria   RISTORANTE €€

17 Cartina p62, B2

Enoteca e bistrò, terra e mare, ingredienti e ricette tra Piemonte e Mediterraneo. In un ambiente accogliente, tra scaffali di libri, casse di vino e arredi caldi e informali, potrete rifocillarvi in pieno centro, spendendo un po' di più la sera ma a un prezzo decisamente equo a pranzo, magari nel grande dehors. (☎011 812 80 28; www.tabernalibraria.to.it; Via Bogino 5; pasti €23-35; ⏱12-14.30 e 19.15-22.45, dom solo a cena set-mag, chiuso dom giu-agosto; 🚌55, 56, 🚋13, 15)

Sorij Nouveau   ENOTECA CON CUCINA €€

18 🍴 Cartina p62, D3

Negli anni ha cambiato nome, ha visto crescere la movida di Piazza Vittorio e dintorni, ha aggiunto ai taglieri i piatti di un vero ristorante. Quello che non è cambiato è la scelta raffinata di vini, testimoniata anche dai suoi vari nomi (da Sorij, ossia la vigna cuneese, a Enomagoteca, a Sorij Nouveau), la cura per i dettagli (ora anche gastronomici a tutti gli effetti!) e il dialogo equilibrato fra tradizione e innovazione. Soddisfano anche gli affettati accompagnati da un calice di vino, da gustare chiacchierando nel dehors sulla graziosa Via Matteo Pescatore. (☎011 88 41 43; Via Matteo Pescatore 10/c; pasti €25-30; ⏱18.30-23 lun-ven, anche 12-14.30 sab e dom in inverno, chiuso lun in inverno; 🚌30, 53, 55, 70, 🚋15, 16)

Magazzino 52   VINI E PIETANZE €€

 Cartina p62, C4

C'è chi azzarda e dice che si tratta della migliore cucina creativa della città. Di certo, con un'insalata russa così, con i tagliolini fatti in casa, con le puntine di maiale e con gli ottimi vini sapientemente esposti, forse quell'audace ha ragione. Il menu cambia di continuo. Un buon motivo per tornare. (☎011 427 19 38; www.magazzino52.it; Via Giolitti 52/a; pasti €21-32; ⏱12.30-14.30 e 19.30-22.30 lun-ven, 19.30-22.30 sab; 🚌Star 2, 🚋7, 16)

Carlina Restaurant & Bar   RISTORANTE/BAR €€€

20 Cartina p62, B3

Ebbene sì, il palazzo dove Gramsci visse dal 1919 al 1921 è ora il lussuoso NH Collection Piazza Carlina. Fatevene una ragione, rilassatevi ed entrate in questo ristorante accogliente e raffinato, che propone buoni e talvolta ottimi piatti d'ispirazione classica, piemontese e italiana, e di tecnica moderna. Il bar dell'albergo è uno dei più gradevoli ed eleganti del centro, silenzioso e (se non pranzate) con prezzi nella norma. (☎011 860 16 07; Piazza Carlo Emanuele II 15; pasti €40-50; ⏱ristorante: 12.30-15 e 19.30-23, bar: 8-1; 🚌18, 61, 68, Star 1 e 2)

Mare Nostrum   CUCINA DI MARE €€€

21 🍴 Cartina p62, D4

Uno dei migliori ristoranti di pesce e una delle migliori cucine mediterranee in città, come specificato dal nome e dal proprietario, che vi illustrerà i piatti di persona, uno a uno. Tutto è perfetto e veloce, e il menu varia di continuo. Vicino c'è il Po, non la spiaggia. (☎011 839 45 43; www.ristorantemarenostrum.com; Via Matteo Pescatore 16; pasti €50; ⏱20-22.30 lun-sab; 🚌30, 53, 55, 56, 61, 70, 🚋7, 13, 15, 16)

Locali

Amantes
CIRCOLO CULTURALE

 Cartina p62, C3

È da 20 anni che ci si ritrova da Amantes, circolo Arci che merita ormai l'aggettivo 'storico', perché per tutto questo tempo ha saputo intrattenere gli *amantes* del bere, della socialità, della musica, della fotografia e dell'arte con mostre, eventi, cineforum e la certezza di un punto di riferimento. L'ingresso alla galleria è sempre libero. (☎ 011 817 24 27; www.arteca.org; Via Principe Amedeo 38/a; ingresso con tessera Arci; ⊙18-2 mar-sab; ◻55, 56, 61, Star 2, ▣7, 13, 15)

Café des Arts
BAR

23 Cartina p62, C3

Un bar con dehors e nulla più? Sbagliato. Se vi piace il genere 'alternativo' e del tutto informale, qui vi troverete benissimo, tra artisti, musicisti e mondanità di strada, con drink economici e personale gentile. Musica dal vivo martedì, giovedì e venerdì. Facebook: AssociazioneCulturale DesArts-CaféDesArts. (Via Principe Amedeo 33/f; ⊙7.30-24 lun-sab; ◻55, 56, 61, Star 2, ▣7, 13, 15)

RAT
COFFEESHOP/BAR

24 Cartina p62, C3

Accadono molte cose qui al RAT, soprattutto per i fratelli minori di chi 20 anni fa frequentava Amantes, dietro l'angolo. Si mangia un club sandwich nel coffeeshop New York style, si va al cinema di lunedì, si ascolta un buon DJ-set dal martedì al sabato. E quasi sempre c'è una mostra da vedere. (☎ 339 526 47 12; rat-coffeeshop.com; Via San Massimo 7 bis; ⊙17-2 lun-gio, fino alle 3 ven e sab; ◻55, 56, 61, Star 2, ▣7, 13, 15)

Caffè Elena
BAR/APERITIVI/SALA DA TÈ

25 Cartina p62, C3

Un pezzo di storia di Torino e di una delle sue piazze più belle. La regina Elena di Savoia veniva a bere il caffè in questo locale, che da lei prende il nome, mentre i re si intrattenevano sul lato opposto della piazza, al Vittorio Veneto. Frequentato da celebrità, intellettuali (tra cui Cesare Pavese) e comuni mortali nei decenni, ha il dehors sotto i portici e sulla piazza forse più noto della città. (☎ 329 576 74 14; Piazza Vittorio Veneto 5; ⊙8-1/2; ◻30, 53, 55, 56, 61, 70, Star 2, ▣7, 13, 15, 16)

Il consiglio

Neko Cat Cafè

Per chi ama i gatti: fermatevi per un caffè e una fetta di torta in questo accogliente **locale** (cartina p62, B2; ☎ 011 812 14 55; www.nekocafe.it; Via Bogino 5/d; ⊙10-21 dom e lun, fino alle 23 mar-gio, fino alle 24 ven e sab; ◻55, 56, Star 1 e 2, ▣7, 13, 15). All'interno, nove gatti che giocano, sonnecchiano, salgono sui tavolini e si lasciano accarezzare. Se amate il genere, fate un salto anche a **MiaGola Caffè** (cartina p44, B4; Via Amendola 6/D; ⊙10-20) nei pressi di Via Roma.

Locali

La Drogheria COCKTAIL BAR/APERITIVI

26 Cartina p62 D4

Nella giungla degli aperitivi in città, questo bel locale sotto i portici di Piazza Vittorio, con un dehors spazioso e frequentatissimo sulla piazza, sa mantenere i suoi primati: cibo buono, cocktail ben preparati, la giusta dose di vivacità, che non sfocia nel caos. Il tavolone imbandito da cui servirsi e il grande bancone del bar ispirano fiducia. (☎011 812 24 14; www.la-drogheria.it; Piazza Vittorio Veneto 18/d; ⊙17-2 lun-gio, fino alle 3 ven, 10-3 sab, fino alle 2 dom; ▣30, 53, 55, 56, 61, 70, Star 2, ▣7, 13, 15, 16)

Mago di Oz COCKTAIL BAR

27 Cartina p62, B3

Il posto giusto per un cocktail a regola d'arte in una location davvero gradevole, su una delle piazze più belle della città. Si organizzano anche corsi per barman, catering e feste private. Occhio al semaforo dalla domenica al giovedì: se è verde, scatta l'happy hour! (☎335 702 87 41/338 434 30 86; www.magodiozitalia.com; Piazza Carlo Emanuele II 19; ⊙18.30-3; ▣18, 61, 68, Star 1 e 2)

Mad Dog CLUB/COCKTAIL BAR

28 Cartina p62, B3

Si scende sotto terra per entrare al Mad Dog. Sembra di essere a New York al Mad Dog. Si bevono i migliori cocktail della città tra pareti di mattoni e volte a botte al Mad Dog. Ma è bene prenotare entro le 20 via email o per telefono. (☎011 812 08 74; www.

Société Lutèce

themaddog.it; Via Maria Vittoria 35/a; ⊙21-3 mar-sab; ▣Star 1 e 2)

Société Lutèce BAR/BRASSERIE

29 Cartina p62, B3

Si mangia e si beve, nel locale accogliente d'inverno, nel vivace dehors in Piazza Carlina d'estate. Tanto sabaudo e radical chic, quanto rilassato e informale. Un'altra solida certezza. (☎011 88 76 44; www.societelutece.it; Piazza Carlo Emanuele II 21; ⊙12-1 lun-sab, 12-16 dom; ▣18, 61, 68, Star 1 e 2)

Pepe BAR/APERITIVI

30 Cartina p62, C4

D'estate, all'ora dell'aperitivo, non è discreto o carino, ma perfetto. Il grande dehors su una delle più incantevoli

Vita in città

Il Circolo dei Lettori

Nato quasi dieci anni fa come punto di riferimento per chi ama la letteratura a tal punto da volerla 'vivere', grazie a corsi, reading, incontri con gli autori, gruppi di lettura, gite e viaggi, negli anni è diventato il luogo di passaggio quasi obbligato di artisti e intellettuali (oltre a scrittori, anche musicisti, attori, giornalisti, critici ecc.) italiani e internazionali, una fucina di idee e di continuo confronto tramite varie forme di comunicazione. Il calendario, consultabile online, è fittissimo. La **sede** (cartina p62, B2; ☎011 432 68 27; www.circololettori.it; Via Bogino 9; ⊙9.30-21.30 lun-sab; ☒55, 56, Star 2, ☒13, 15), nelle splendide sale del sontuoso Palazzo Graneri della Roccia (p78), vale la visita, resa ancora più gustosa da una pausa nell'ottimo bar-ristorante **Barney's** (☎011 432 37 00; www.circololettori.it/barneys; ⊙stessi orari del circolo), dove vi consigliamo in particolare il brunch nelle domeniche in cui il circolo è aperto.

piazze del centro, antico galoppatoio dei Savoia, con i tavolini sparsi tra gli alberi e le panchine, fa la fortuna del locale. Se volete cenare, sappiate che da qualche tempo lo chef Simone Migliaccio ha alzato il livello delle proposte gastronomiche con le cene di Pepe Gourmet. (☎011 88 46 98; Via della Rocca 19, su Piazza Maria Teresa; ⊙8-2; ☒30, 55, 56, 61, Star 2, ☒7, 13, 15, 16)

Divertimenti

Massimo   CINEMA

31 Cartina p62, C2

Due sale per prime visioni in pieno centro. Basta questo a rendere il Massimo, a due passi dalla Mole, molto gradevole. A renderlo unico è però il fatto di essere il cinema del Museo Nazionale del Cinema, con una Sala Tre che offre tutti i giorni dell'anno (a parte la chiusura estiva) il meglio della cinematografia d'autore di tutti i tempi, con retrospettive, eventi, festival. Il sogno di ogni vero cinefilo. (☎011 813 85 74; www.cinemamassimotorino.it; Via Verdi 18; ☒55, 56, 61, Star 1, ☒7, 13, 15)

Blah Blah   BAR/SALA CONCERTI

32 Cartina p62, B2

Ospita concerti di ogni genere, ma soprattutto indie e rock alternativo (sempre di qualità), DJ-set, proiezioni di video e cortometraggi, serate disco, rock party, festival cinematografici. E poi si mangia, si beve, si prende un aperitivo sette giorni su sette, dal pranzo al bicchiere della staffa. E si diventa di casa. (☎392 704 52 40; www.blahblahtorino.com; Via Po 21; ⊙11-2 lun-gio, 11-3 ven e sab, 9-2 dom; ☒55, 56, Star 1 e 2, ☒13, 15)

Auditorium Rai 'Arturo Toscanini'   SALA CONCERTI

33 Cartina p62, C2

È sede dell'Orchestra Sinfonica Nazionale della Rai, che da ottobre a maggio vi tiene la stagione concertistica. La sala, passata per le prodigiose mani di Mollino nel 1952 (p56), era in origine il Regio Ippodromo Vittorio Emanuele II e nel 1856 ospitava spettacoli equestri. Qui Radio 3 registra e trasmette i grandi concerti (molti dei quali vanno in onda anche su Rai5) e l'Orchestra Rai organizza la rassegna di classica contemporanea Rai NuovaMusica. (011 810 46 53/49 61; www.orchestrasinfonica.rai.it; Piazza Rossaro; 18, 68, 16)

Jazz Club Torino — MUSICA DAL VIVO

34 Cartina p62, A4

Il jazz, musica da club per eccellenza, è capriccioso, e se non ha un club completamente dedicato si sente male. Questa sala da concerti, con tavolini anche per cenare, il cocktail bar e un grande dehors, ha il giusto swing. (011 88 29 39; www.jazzclub.torino.it; Piazzale Valdo Fusi; 20.15-1 mer-ven e dom, fino alle 2 sab; 61, 68, Star 1 e 2, 18)

Shopping

La Belle Histoire — ABITI E ARREDO

35 Cartina p62, C2

Si vorrebbero indossare tutti, gli abiti della Belle Histoire, i cappelli e le sciarpe d'inverno, i costumi d'estate, le scarpe e le borse tutto l'anno, con tutti quei colori dalle sfumature che paiono introvabili altrove – malva, rosa antico, grigio nebbia – e le ultime creazioni dalle sfilate di Parigi o New York delle firme più raffinate. Al piano di sopra sono in vendita splendidi pezzi d'arredo. (011 813 61 99; www.labellehistoire.it; Via Montebello 15; 15.30-19.30 lun, 10-13 e 15.30-19.30 mar, mer e ven, 10-19.30 gio e sab; Star 1, 16)

Melissa — ERBORISTERIA/TEASHOP/BIOPROFUMERIA

36 Cartina p62, C2

Mamma e figlia hanno aperto una delizia di negozio, che sembra più un salotto accogliente, con tanto di divano, poltroncine, mobili di legno, tappezzerie in stile inglese. E poi erbe, tisane, tè, caramelle. Tazze, tazzine, teiere e bicchieri. Prodotti per il corpo, i capelli, il viso. Tutto quel che serve per star bene ed essere più belli. (011 839 58 13; www.melissatorino.com; Via Gaudenzio Ferrari 4; 11-14 e 15.30-19.30 mar-sab; Star 1, 16)

Comunardi — LIBRERIA

37 Cartina p62, B2

Una colonna portante nel circuito delle librerie torinesi. Non un libraio, ma una presenza costante (anche in termini di attività in negozio e orari d'apertura) a cui chiedere suggerimenti di lettura, per un libro e una rivista. (011 19 78 54 65; Via Bogino 2/b; 9-24 mar-sab, 10-20 dom e lun; 55, 56, 61, 7, 13, 15)

Parrot and Palm — ABBIGLIAMENTO E ACCESSORI

38 Cartina p62, B3

Passate davanti alle vetrine garbate di questo raffinato negozio nella casa di Gramsci, scorgete un paio di scarpe argentate e pensate che, nonostante il prezzo, saranno vostre. Entrando, notate dei pantaloni con disegni viola, che starebbero tanto bene con quel braccialettino nell'altra stanza. Poi, al piano di sopra, restate folgorati da un paio di sandali dorati, e vi tocca ricominciare il gioco degli accostamenti. (☎011 817 78 62; www.parrotandpalm.it; Via Maria Vittoria 28/g; ⊙15.30-19.30 lun, 10.35-13 e 15.30-19.30 mar-mer e ven, 10.35-19.30 gio e sab; 🚋Star 1)

La Bussola LIBRERIA

39 Cartina p62, B2

Si può venire alla Bussola con un obiettivo preciso, come scovare quel titolo introvabile, oppure perché sono le 22, non si ha ancora voglia di tornare a casa e si è invece colti da un gran desiderio di curiosare tra gli scaffali infiniti. Si esce quasi sempre con un bottino intrigante, grazie agli sconti interessanti e alla disponibilità dei proprietari, sette giorni su sette. (☎011 812 75 30; Via Po 9/b; ⊙10-24; 🚌55, 56, 61, 🚋7, 13, 15)

Bagni Paloma ABBIGLIAMENTO E ACCESSORI

40 Cartina p62, B5

Uno spazio grande e raffinato, ricavato da un'ex autorimessa, che per vari motivi parla di un altrove: un viaggio d'altri tempi verso il caldo, una passeggiata in riva al mare, un pomeriggio di shopping a Parigi. Tra abiti colorati, gioielli dalla linea semplice ma elegante, scarpe fatte a mano e sandali e borse di pelle di grande qualità. (☎011 88 85 69; www.bagnipaloma.it; Via dei Mille 30; ⊙15.30-19.30 lun, 10.30-13 e 15.30-19.30 mar-mer, 10.30-19.30 gio-sab; 🚋Star 2)

Les Yper Sound ALTERNATIVE RECORD STORE

41 Cartina p62, C2

Sosteniamo con tutte le nostre forze chi lotta e resiste in nome della musica di qualità! CD e vinili nuovi e usati, di importazione e da collezione, con un occhio di riguardo per indie, alternative rock, rock anni '60 e '70, psichedelica e jazz. (☎011 812 01 52; www.lysrecords.com; Via Rossini 14; ⊙15.30-19.30 lun, 10-19.30 mar-ven, 10-13 e 15-19.30 sab; 🚌55, 56, 61, Star 1, 🚋7, 13, 15)

I Murazzi che furono

Son tristi note, ormai, quelle che si sentono affacciandosi dal Ponte Vittorio Emanuele I o dai lungopò che costeggiano Piazza Vittorio. Anche se è sempre affascinante il lungofiume e gli emagazzini per le barche, da percorrere in bici o a piedi, la vitalità dei locali che hanno animato le notti torinesi per circa 20 anni, plasmando l'identità della città, nel bene e nel male, manca, nonostante le polemiche per il rumore e il mancato pagamento degli affitti al Comune. Resistono ossi duri come il **Magazzino sul Po** (per festival ed eventi speciali) e il super underground **Doctor Sax**. Fateci un salto!

Shopping

Kristina Ti — ABBIGLIAMENTO E ACCESSORI

42 Cartina p62, A3

Una firma torinese in tutto e per tutto: l'eleganza delle linee e dei tessuti, la ricercatezza dei dettagli e i guizzi fantasiosi, il raffinato atelier in Via Maria Vittoria 18, la clientela VIP che ne ha sancito il successo. Un segreto: se volete un gioiello più abbordabile per il vostro tesoro, fate un salto all'outlet di **Trofarello** (011 648 39 22; Via Parri 2; 11-18.30 mar-ven, 10-17.30 sab), anche se è un po' fuori mano (vicino a Moncalieri, p194). (011 83 71 70; www.kristinati.it; KTI Store Torino, Via Maria Vittoria 18; 15.30-19.30 lun, 10.30-19.30 mar-sab; Star 1 e 2)

Poncif — ABBIGLIAMENTO E ACCESSORI

43 Cartina p62, D3

Niente fronzoli, ma linee asciutte, ricerca cromatica raffinata e stile all'avanguardia per una femminilità libera e informale. Da trent'anni, i capi a marchio Poncif e degli altri designer qui in vendita sono soprattutto riconoscibili. (011 817 30 40; www.poncif.com; Piazza Vittorio Veneto 5/f; 15.30-19.30 lun, 10-13 e 15.30-19.30 mar-gio e sab, 10-19.30 ven; 30, 53, 55, 56, 61, 70, Star 2, 7, 13, 15, 16)

Tiramisù alle fragole — ABBIGLIAMENTO E ACCESSORI

44 Cartina p62, D3

Marchio torinese che è diventato un must tra i giovani trendy dell'era digitale. Complici l'entusiasmo dei designer e l'idea di proporre a prezzi popolari modelli originali (prodotti con tessuti italiani, vintage) o capi acquistati a Parigi. Tutto è iniziato qui, e ora il team è partito alla conquista del paese. (www.facebook.com/tiramisuallefragoleshop; Piazza Vittorio Veneto 7; 15.30-19 lun, 11.30-19 mar-sab; 55, 56, 61, Star 2, 7, 13, 15, 16)

I Murazzi del Po (p74)

F.R.A.V. — ABBIGLIAMENTO E SCARPE

45 Cartina p62, B2

Torino anni '90: musica, Murazzi, felpe di F.R.A.V. (quelle indossate dai Subsonica, per intenderci). E la stella nata allora negli anni ha formato una piccola galassia. Solo nella città natale, i negozi sono quattro: lo store di Via Po 11, per chi ama l'underground raffinato; nella stessa strada, ma vicino a Piazza Castello, la costellazione di tre negozi (vestiti da donna, da uomo e scarpe) che illumina le notti dei giova-

Vita in città
Mercati in piazza

A Torino fa freddo? Mai troppo per un mercatino all'aperto. Ne citiamo alcuni: il **Mercatino di Antiquariato** (⊙8-18, 1ª dom del mese, tranne gen e agosto; ☐30, 53, 55, 56, 61, 70, Star 2, ☐7, 13, 15, 16), sotto i portici di Piazza Vittorio Veneto; il **Mercato Vintage della Gran Madre** (Piazza Gran Madre; www.effettovintage.it; ⊙8-19, 3ª dom del mese; ☐53, 56, 61, 70, ☐13), in occasione del quale restano aperti anche molti negozi della zona, ed **Extravaganza** (www.effettovintage.it; ⊙8-19, 2° sab del mese tranne agosto; ☐Star 1 e 2), l'appuntamento con il vintage e il modernariato in Piazza Carlo Alberto; e tutti i **mercatini dei produttori agricoli** (La campagna in città; Piazza Palazzo di Città, 1ª dom del mese; Piazza e Giardini Cavour, 2ª dom del mese; Piazza Madama Cristina, 3ª dom del mese; Piazza Bodoni, 4ª dom del mese), con contadini e produttori di formaggi, miele, dolci, salumi e ogni tipo di delizia a km0 o quasi. Visitate il sito mercati.comune.torino.it.

ni alternativi. (www.fravshop.com; Via Po 11: ☎011 839 05 39; Via Po 3/f: ☎011 839 05 05 per uomo, ☎011 817 32 96 per donna, ☎011 812 94 89 scarpe; ⊙10-13.30, 15-19.30 mar-sab, 15-19.30 lun; ☐55, 56, 61, ☐7, 13, 15)

nb:notabene   LIBRERIA SPECIALIZZATA
46 Cartina p62, B3

Graziosa scatoletta *cool and chic* con il soffitto a cassettoni, in cui possono rinchiudersi a curiosare gli appassionati di grafica, design e architettura, e della relativa editoria: racconti illustrati, libri di fotografia, di moda, per bambini e ragazzi, e tutto ciò che è curioso, creativo, contemporaneo. (☎393 859 30 05; www.nbnotabene.it; Via Luigi des Ambrois 2/e; ⊙11-19.30 mar-sab; ☐18, 61, 68, Star 1 e 2)

Little Nemo   FUMETTI/GALLERIA D'ARTE
47 Cartina p62, C3

Se siete appassionati di fumetto d'autore, potremmo scommettere che entrerete a comprare un volume, una stampa o una tavola originale dei grandi maestri. Per vederne di interessanti prima che siano impacchettati in un libro, fate un salto alla galleria di Via Ozanam, dove le mostre sono sempre eccellenti. (negozio: ☎011 812 70 89; Via Montebello 2/d; ⊙15.30-19.15 lun, 10-13 e 15.30-19.15 mar-sab; galleria: ☎011 763 03 97; Via Ozanam 7 interno cortile; ⊙15.30-19.15 lun-sab; ☐18, 55, 56, 61, 68, Star 1, ☐7, 13, 15)

Panacea   PANETTERIA
48 Cartina p62, C3

Tutto qui vuol essere sano ed ecologico: il pane a lievitazione naturale, preparato solo con pasta madre viva, farina della filiera del parco di Stupinigi, acqua e sale e cotto nel rispetto dell'ambiente; gli ottimi dolci e focacce; i pasticcini e le torte casalinghe. E anche il vegan ha la sua parte, così come il trend attuale dell'anti-industriale a tutti i costi. Finché tutto è fresco e delizioso, tutti felici. (☎339 166 59 13; www.panacea-torino.it; Via San Massimo 5 bis; ⊙8-20 lun-sab; ☐55, 56, 61, Star 2, ☐7, 13, 15)

Shopping

Au Petit Bonheur
ABBIGLIAMENTO E ACCESSORI

49 Cartina p62, C3

Tutto è iniziato nel 2003 con Liberitutti, un progetto a sostegno delle ragazze svantaggiate del quartiere Barriera di Milano, riuscito anche con la collaborazione di creativi di moda e design. Uno dei frutti più dolci è stato questo negozio, luogo 'della buona sorte', dove ci si perde tra le delizie in vendita: scarpe, borse, vestiti, gioielli, tutti allegri e colorati. Alcuni prodotti si trovano anche da Uno (p54). (aupetitbonheurtorino.com; Via Principe Amedeo 35; ⏱15.30-19.30 lun, 10-19.30 mar-sab; 🚌55, 56, Star 1, 🚋13, 15)

Unomi
CERAMICA

50 Cartina p62, C3

Dietro Piazza Vittorio, un negozio-laboratorio di pezzi unici realizzati al tornio, d'uso quotidiano, raffinati e irresistibili. Se non vi basta guardare le vetrine o comprare una tazza, iscrivetevi a un corso (per adulti e bambini, v. pagina Facebook). (📞335 830 00 84; Via Principe Amedeo 52; ⏱10.30-12.30 e 15-19 mar-sab; 🚌30, 53, 55, 56, 61, 70, Star 2, 🚋7, 13, 15, 16)

Di Carta
PACKAGING

51 Cartina p62, D3

Il packaging, questo sconosciuto! Siamo certi che, dopo aver fatto un giretto in questo negozio ormai storico, tra carte da regalo con i disegni più raffinati o bizzarri, nastri e nastrini di ogni foggia, e soprattutto un numero incredibile di decorazioni di carta, vi verrà voglia di comprare i regali di Natale in anticipo, solo per impacchettarli. (📞011 812 36 85; www.dicarta.it; Via Giulia di Barolo 1; ⏱15.30-19.30 lun, 10-19.30 mar-ven, 10-13.30 e 15.30-19.30 sab; 🚌55, 56, 61, Star 1, 🚋7, 13, 15)

Moi.To
ABBIGLIAMENTO E ACCESSORI

52 Cartina p62, C3

La vostra fidanzata, sorella o cugina si aspetta un regalo da Torino? Se ha tra i 20 e i 30 anni, ama i colori e le fantasie vivaci, non esce di casa senza una borsetta, un paio di scarpe o un gioiellino all'ultima moda, in questo negozietto le vivacissime Micaela e Ylenia sapranno consigliarvi. (📞342 052 60 38; www.facebook.com/moito.torino; Via delle Rosine 1 bis; ⏱15.30-20.30 lun e dom, 10.30-20.30 mar-sab; 🚌55, 56, 61, Star 1, 🚋7, 13, 15)

Bardotto
LIBRERIA/BISTRÒ

53 Cartina p62, A5

Non è facile decidere se prevale il negozio di libri o il caffè-ristorante: noi lo consideriamo prima di tutto una libreria, perché non si tratta del solito bar con qualche volume da sfogliare, ma di un luogo piacevole dove comprare libri, leggere giornali e partecipare a presentazioni ed eventi, prima o dopo aver pranzato, preso un aperitivo o gustato un'ottima fetta di torta a uno dei tavolini mimetizzati tra scaffali ed espositori. (📞011 88 50 04; www.bardotto.it; Via Mazzini 23; ⏱9.30-23 mar-dom; 🚌18, 61, 68, Star 2)

Vita in città
Palazzi e cortili

Passeggiando per le vie del centro, vi ritroverete spesso con il naso all'insù. Sono così tanti e meravigliosi i palazzi di Torino, con le loro facciate eleganti, costruiti per lo più a partire dal XVII secolo come residenze nobiliari e oggetto di dense stratificazioni architettoniche nei secoli. Alcuni occupano interi isolati e tutti si sviluppano intorno a una corte scenografica, dentro la quale spesso ci si può intrufolare. Ecco i nostri preferiti.

❶ **Palazzo dell'Università**
(Via Po 17) Lo splendido cortile settecentesco con doppio loggiato è circondato da uffici dell'Università e dal Rettorato. Entrate da uno dei due ingressi e curiosate: spesso vi sono esposte opere d'arte. Juvarriana la facciata su Via Verdi.

❷ **Palazzo Graneri della Roccia**
(Via Bogino 9) La sontuosa sede del Circolo dei Lettori (p72) è al primo piano. Entrate a dare un'occhiata anche se

Palazzi e cortili

non volete seguire un incontro: ne vale la pena. Non prima di aver ammirato lo scalone, il loggiato, il cortile e, attraverso la balaustra, il giardino. Alla fine del Seicento, la famiglia Graneri della Roccia voleva competere con Casa Savoia.

❸ Palazzo dal Pozzo della Cisterna

(Via Maria Vittoria 12) In assoluto uno dei giardini che amiamo di più, ben visibile da Via Carlo Alberto. Fiabesco, lussureggiante, decadente, degna controparte del palazzo secentesco, oggi sede della Città Metropolitana di Torino.

❹ Palazzo Asinari di San Marzano

(Via Maria Vittoria 4) Voluto dal marchese Asinari di San Marzano e costruito fra il 1684 e il 1686, è noto come Palazzo Carpano, sede storica dell'azienda produttrice di Vermouth. Se il portone è aperto, date un'occhiata al prezioso atrio e al fondale neobarocco del cortile.

❺ Palazzo Solaro del Borgo

(Piazza San Carlo 183) Entrando dai portici di Piazza San Carlo, l'infilata del portone è in assoluta simmetria con quello corrispondente su Via Lagrange: un gioco perfetto che dilata lo spazio. Il progetto secentesco originario è di Carlo di Castellamonte, con interventi di Benedetto Alfieri nel secolo successivo, commissionati dai proprietari di allora, i marchesi Isnardi di Caraglio.

❻ Palazzo Cavour

(Via Cavour 8) Casa natale di Cavour e fulgido esempio di barocco piemontese, è spesso sede di mostre ed eventi; approfittatene: potrete ammirare l'atrio decorato, lo scalone, i due cortili e lo studio del conte.

❼ Palazzo Lascaris

(☏ 011 575 73 78/40; Via Alfieri 15) Costruito anch'esso nell'arco di un paio d'anni (1663-5) sempre su progetto di un Castellamonte, questa volta Amedeo, è stato di proprietà della famiglia Cavour. Oggi è sede del Consiglio Regionale ed è visitabile su prenotazione.

❽ Palazzo Scaglia di Verrua

(Via Stampatori 4) Raro esempio di edificio cinquecentesco non rimaneggiato in epoca barocca. Splendido all'esterno, con i raffinati affreschi sulla facciata, e all'interno, nel cortile dalla struttura semplice e intima (p90).

❾ Palazzo Falletti di Barolo

(Via delle Orfane 7) Costruito alla fine del Seicento, ha subito estensioni e modifiche fino al secolo scorso. È 'il' palazzo torinese per eccellenza, per la sobria facciata tardobarocca e gli sfarzosi interni rococò di Benedetto Alfieri, la magnificenza del cortile, la storia appassionante di chi vi ha vissuto, da approfondire con una visita (p91).

❿ Palazzo Saluzzo Paesana

(Via della Consolata 1/bis) L'ingresso enfatizzato da grandi colonne, la facciata sobria (guai a chi osasse superare lo sfarzo di Palazzo Reale!) e poi l'esplosione di sontuosità dell'atrio, dello scalone, del cortile. Un intero isolato di magnificenza tra Seicento e Settecento (p93).

Scoprire

Verso Piazza Statuto

La zona più antica di Torino, con le mura e il reticolo di vie del *castrum* romano e gli ampliamenti del Seicento e Settecento: splendidi palazzi, piazzette che si schiudono all'improvviso, piccole chiese nascoste. Al tempo stesso, una delle zone che per prima si è aperta al mondo d'oggi, promuovendo la convivenza tra culture e strati sociali, di giorno e di notte. La città nei suoi tratti più autentici.

In un giorno

☀️ Alzatevi molto presto: vi aspetta una zona densa di piccole e grandi meraviglie. Le prime ore del mattino vi regalano il mercato di **Porta Palazzo** (p82) al suo meglio: curiosate tra i banchi colorati, comprando qualche primizia di stagione in quelli dei contadini. Attraversate la **Galleria Umberto I** (p89) e raggiungete **Ranzini** (p95) per un caffè veloce, dopodiché sarete pronti per la visita al **MAO** (p90). Prima di pranzo, date anche un'occhiata alla **Porta Palatina** (p88), passando per la **Casa del Pingone** (p88).

☀️ Se l'atmosfera del mercato vi ha stregati, tornate a pranzo alla **Pescheria Gallina** (p95), altrimenti optate per **Cianci** (p97), in **Largo IV Marzo** (p90). Abbandonatevi al fascino della storia e percorrete le stradine del **Quadrilatero Romano** (p84), passando di piazza in piazza, cercando di scovare le chiesette nascoste e raggiungendo prima **Palazzo Falletti di Barolo** (p91) e poi il **Santuario** e la **Piazza della Consolata** (p104). Dopo un *bicerin* (p40), ricavate uno spazio al termine del pomeriggio per la visita al **Polo del '900** (p94).

🌙 L'aperitivo al **Pastis** (p99) sarà rilassante, una cena al **Consorzio** (p98) deliziosa e raffinata, un concerto al **Folk Club** (p101) ricco di emozioni e il bicchiere della staffa alla **Cricca** (p99) molto divertente, soprattutto d'estate nel grande giardino, dopo una bella partita a ping pong.

👁 Da non perdere

Porta Palazzo e il Balôn (p82)

Quadrilatero Romano (p84)

Santuario e Piazza della Consolata (p104)

❤️ Il meglio

Musei

MAO – Museo d'Arte Orientale (p90)

Polo del '900 (p94)

Palazzo Falletti di Barolo (p91)

Pasti
Pescheria Gallina (p95)

Ranzini (p95)

Cianci Piola Caffè (p97)

Ristorante Consorzio (p98)

Shopping
Born in Berlin (p101)

Les Coquettes (p101)

Damarco (p102)

Trasporti

Spostatevi a piedi nelle vie del cosiddetto 'Quadrilatero' oppure salite sui numerosi mezzi pubblici che viaggiano tra Piazza Castello e Piazza Statuto per coprire distanze maggiori.

Da non perdere
Porta Palazzo e il Balôn

Una delle esperienze che più condensa tutti gli aspetti autentici di Torino è la spesa mattutina al mercato di Porta Palazzo (che pare sia il mercato all'aperto più grande d'Europa), tra banchi fitti fitti, contadini che arrivano dalla campagna piemontese, immigrati che portano colori e sapori lontani. Se poi si prosegue curiosando tra le bancarelle dell'usato e nelle botteghe dei commercianti d'antiquariato del Balôn e del Gran Balôn, il viaggio nella città di ieri e di oggi, concentrata e pulsante tra antichi palazzi e abitazioni popolari, sarà ancora più intenso e memorabile.

- Cartina p86, G1
- 11, 27, 51, 57,
- 3, 4, 6, 16

Il mercato di Porta Palazzo

Porta Palazzo e il Balôn

In primo piano

Porta Palazzo
Dal lunedì al sabato, all'alba arrivano i furgoni e in pochi minuti i quattro spicchi dell'enorme Piazza della Repubblica, progettata da Juvarra, si riempiono di banchi colorati, pronti per l'assalto dei clienti. Dopo la chiusura, una distesa impressionante di cassette e di rifiuti invade lo spazio, ma, passati i netturbini, tutto scompare per lasciare posto alla movida serale e infine al silenzio della notte. Il mattino dopo si ricomincia. Dal 1825, il ciclo profondamente urbano e molto suggestivo della vita quotidiana di questo grande mercato all'aperto si ripete ininterrotto, punto di riferimento imprescindibile della vita commerciale – e culturale – della città. A prima vista sembra inevitabile perdersi; in realtà le coordinate sono fisse e facili da imparare: nell'esedra a sud di Corso Regina Margherita ci sono i fiori, la frutta e la verdura, i venditori di pesce e di formaggi; a nord, la **Tettoia dell'Orologio**, un padiglione liberty del 1916, ospita, oltre a formaggiai e macellai, anche i celebri banchi dei contadini, che arrivano dalla campagna con i loro prodotti di stagione; di fronte, il **Centro Palatino** è il padiglione dell'abbigliamento progettato da Fuksas e inaugurato nel 2011.

Balôn e Gran Balôn
Dietro Porta Palazzo, proseguendo in Via Borgo Dora verso il fiume, ogni sabato si entra nel regno dell'antiquariato e del *brocantage* del Balôn, che la seconda domenica del mese si estende e diventa Gran Balôn. Qui c'è di tutto: rarità, curiosità, pezzi di valore, opere d'arte, chincaglierie e merce rubata, quindi siate pronti. Ma, soprattutto, preparatevi ad abbandonarvi a un'esperienza unica, quasi a perdervi in essa.

☑ Consigli

▶ Anche se non dovete fare acquisti, entrate nel **Centro Palatino** (9.30-19.30) e date un'occhiata alle antiche ghiacciaie (p88).

▶ Gli acquisti di primo mattino sono i migliori, ma le offerte di fine giornata sono insuperabili.

▶ Non solo Balôn: Via e Piazza Borgo Dora sono luoghi unici, pieni di edifici e curiosità interessanti. Approfondite a p152.

✗ Una pausa

Per una pausa dagli acquisti, ma non dal mercato, fermatevi alla **Pescheria Gallina** (p95) o allo stand 71 della **Cucina Popolana di Marco Brusconi** (351 173 50 59; Tettoia dell'Orologio) per un panino o un piatto della tradizione popolare, dal Piemonte alla Sicilia. Nella zona del Balôn, la scelta è ampia: un piatto veloce al **Tartifla Bistrot** (p153), un gelato alla **Gelateria Popolare** (p217), un pasto piemontese nello storico **Valenza** (p153).

Da non perdere
Quadrilatero Romano

Confidenzialmente noto come 'il Quadrilatero', questo reticolo di viuzze ortogonali, oggi denso di case, negozietti, atelier, locali e ristoranti, è la traccia ben visibile e ordinata dell'accampamento militare romano del I secolo a.C., la colonia su cui fu fondata Julia Augusta Taurinorum. La struttura regolare ha influenzato lo sviluppo urbanistico successivo della città: quando un torinese cambia città e incontra curve, salite e discese, è molto probabile che perda la bussola! Immaginate di attraversare le antiche porte del *castrum* (ne è rimasta una sola) e scoprite dove tutto ha avuto inizio.

◉ Cartina p86, F2

Le stradine di sanpietrini del Quadrilatero sono da esplorare a piedi, perché a ogni angolo vi aspetta una vetrina interessante, una chiesetta da visitare o una pausa in un locale.

🚌 11, 27, 46, 49, 51, 52, 57, 72, Star 2,
🚋 3, 4, 6, 10, 16

Via Garibaldi

Quadrilatero Romano

In primo piano

Storia e geografia
Correva l'anno 58 a.C. e il proconsole Giulio Cesare tracciava i primi confini del *castrum* in posizione strategica ai piedi delle Alpi e verso la Gallia, destinato a diventare la colonia Julia Taurinorum nel 44 a.C. Per individuarne il perimetro, basta tracciare una linea immaginaria tra le quattro porte che permettevano l'accesso attraverso le mura: la **Porta Praetoria**, che si trovava dove ora sorge Palazzo Madama e che è stata da esso inglobata; la **Porta Principalis Dextera** (anche Palatina o Doranea), l'unica sopravvissuta; la **Porta Principalis Sinistra**, che sorgeva all'angolo tra le attuali Via Santa Teresa e Via San Francesco d'Assisi; e la **Porta Decumana**, all'angolo tra Via Garibaldi e Via della Consolata. Il *decumanus maximus*, la via principale, corrispondeva all'attuale Via Garibaldi e, all'altezza di Via San Tommaso/Via Porta Palatina, incrociava l'altra arteria, il *cardus maximus*.

Ieri, oggi... e domani
Densamente popolata nei secoli e abbellita da splendidi palazzi soprattutto nel Seicento e Settecento, la zona ha poi subìto un processo di graduale decadenza, che l'ha portata a diventare quasi off-limits, con abitazioni fatiscenti mal frequentate o del tutto abbandonate. Questo fino agli anni '90 del Novecento, quando la speculazione edilizia da un lato e la generale ondata di rinnovamento dall'altro hanno cambiato l'immagine del quartiere, che agli inizi del nuovo millennio è diventato il centro della movida, 'il' luogo dove andare a vivere o aprire un'attività (con tutti i problemi e gli eccessi del caso); destino poi toccato a San Salvario e, in tempi recenti, a Vanchiglia. Oggi le acque si sono calmate e l'equilibrio tra vivacità e vivibilità è decisamente migliorato.

☑ Consigli

▶ Tenete presente che, quando un torinese vi parla del Quadrilatero, si riferisce a un'area più ampia del *castrum* originale: i confini si estendono fino a Corso Regina Margherita a nord e Corso Palestro a ovest.

▶ Fate caso alla targa sul palazzo di Via Barbaroux 20: svela che qui Silvio Pellico scrisse *Le mie prigioni*, edito nel 1832.

▶ Alcuni dei negozi storici e delle boutique più interessanti si trovano nella Contrada dei Guardinfanti, nome ottocentesco dell'area intorno a Via Barbaroux. Armatevi di tempo e curiosità!

✗ Una pausa

Un caffè da **Ranzini** (p95), un gelato da **Vanilla** (p95), un piatto di pasta fresca al pastificio-gastronomia **Sapori** (p102), una cena raffinata al **Consorzio** (p98). Più una miriade di altri locali e localini attraenti: c'è solo l'imbarazzo della scelta.

86 Verso Piazza Statuto

Descrizioni
- 👁 Da non perdere p82
- 👁 Da vedere p88
- ✕ Pasti p95
- Locali p99
- ⭐ Divertimenti p101
- 🔒 Shopping p101

Da vedere

Porta Palatina PORTA ROMANA

 Cartina p86, H2

A nulla sono valsi i secoli, le intemperie, l'incuria, l'aggiunta ingiustificabile di brutti edifici o costruzioni disarmoniche nelle vicinanze: una delle quattro porte originali del *castrum* romano del I secolo a.C. è ancora lì, perfettamente conservata e più imponente che mai. E oggi si è conquistata il suo spazio scenografico grazie al progetto di riqualificazione dell'area firmato Aimaro Isola, che include il **Parco Archeologico**, con l'antica via romana fiancheggiata da alberi e colonne in mattoni rossi, le rovine del teatro romano e un piacevole prato su cui rilassarsi. (Piazza Cesare Augusto; ☻parco: 9-23 mag-set, 9-20 ott-apr; ☐11, 27, 51, 57, ☐4, 6, 7)

Casa del Pingone EDIFICIO STORICO

 Cartina p86, G2

Si nota per il bel colore rosso acceso della facciata, per il loggiato di archi a tutto sesto all'ultimo piano, per le finestre cinquecentesche di cui c'è ancora traccia sul lato di Via Porta Palatina. Si nota anche perché è un'interessante sovrapposizione di stili ed epoche, dal Quattrocento al Settecento, ben riassunta dalla presenza dell'unica torre medievale conservatasi in città, anche se inglobata e mimetizzata. Insomma, la Cà 'd Monsù Pingön, ossia Emanuele Filiberto Pingone, storico di corte del duca Emanuele Filiberto, si fa finalmente notare, dopo secoli di abbandono e il restauro del 2000. Gli interni, che conservano i soffitti lignei decorati e le pareti dipinte con grottesche, si affittano per eventi e feste. (Via della Basilica angolo Via Porta Palatina; ☐11, 27, 51, 57, Star 2, ☐4, 6)

Conoscere
Con o senza ghiaccio?

Chissà se chi frequenta i locali di Piazza Emanuele Filiberto (p90) si è mai interrogato sulla storia del ghiaccio che riempie il suo bicchiere? Probabilmente no. Ma nel caso sia colto da curiosità, sappia che Torino nasconde un segreto sotto la piazza: le antiche ghiacciaie pubbliche, accessibili dal parcheggio sotterraneo. Quando i congelatori non esistevano, tra il XVIII e il XX secolo, era in questi grandi e suggestivi 'coni' scavati nel terreno e rivestiti di mattoni che si accumulava il ghiaccio utilizzato per conservare il cibo. In tutta la zona, chiamata 'contrada delle ghiacciaie', esisteva una vera e propria rete: sotto l'odierno Centro Palatino progettato da Fuksas in Piazza della Repubblica, è visibile un'altra ghiacciaia, che era utilizzata dai commercianti di Porta Palazzo (p82).

Da vedere

Galleria Umberto I   GALLERIA

 3 Cartina p86, G1

Meno elegante e più popolare delle altre gallerie cittadine (p46), ha il fascino irresistibile dei luoghi di mezzo: collega le stradine intorno a Largo IV Marzo e i loro splendidi edifici con la bocca vorace di Porta Palazzo e il viavai multietnico di Piazza della Repubblica, conservando entrambe le atmosfere nei piacevoli bar (fate un salto al **Caffè della Basilica**), nei negozi un po' trasandati e soprattutto nella struttura, che ancora corrisponde a quella dei corridoi dell'Antico Ospedale Mauriziano, situato qui fino al 1884, prima della trasformazione della galleria in spazio commerciale a opera dell'ingegner Rivetti. I nostri consigli: un'occhiata alla farmacia, qui dal 1575, un panino indimenticabile con lampredotto o porchetta da **Marco Brusconi** (anche a Porta Palazzo, v. p83) e un salto nell'insolita piazzetta romboidale progettata da Juvarra, su Via Milano, dove s'affaccia la **Basilica Mauriziana**, costruita fra il 1679 e il 1699. (Collega Piazza della Repubblica a Via della Basilica; 🚌 11, 27, 51, 57, 🚋 4, 6)

Piazza Palazzo di Città   PIAZZA

 4 Cartina p86, F2

Rettangolare e simmetrica, scandita dal disegno elegante dei portici progettati da Benedetto Alfieri nel 1756, è sempre stata la sede del potere e del commercio. In epoca romana c'era il Foro, dal 1472 il Palazzo Civico, sede dell'amministrazione cittadina, che si

Casa del Pingone (p88)

affaccia imponente su Via Milano e ha un meraviglioso Cortile d'Onore. Fino al Settecento era la Piazza delle Erbe e ospitava il mercato, oggi una volta al mese accoglie le bancarelle dei produttori agricoli (p76). La sua sobrietà delicata è interrotta solo dalla **Statua del Conte Verde**, che immortala Amedeo VI di Savoia nell'atto di uccidere un infedele durante le Crociate, e dal *Tappeto volante*, l'installazione luminosa di Daniel Buren che fa parte della serie delle Luci d'Artista (p18). Se ci passate in un giorno di pioggia, vedrete che il gioco delle lanterne che si riflettono sul bagnato crea un'illusione ottica molto suggestiva. Per un salto nel presente (e nel futuro!) della città, visitate l'**Urban Center Metropolitano** (📞 011 553 79 50; Piazza Palazzo di Città 8/f; ⏰ 11-18 mar-sab),

 **Vita in città**

Largo IV Marzo

Come altre piazze di Torino, rinfrescate dagli alberi e animate dai dehors di bar e ristorantini, **Largo IV Marzo** (cartina p86, G2) piacerebbe molto ai surrealisti francesi, che respirerebbero aria di casa, ammirando la bellezza degli edifici, gli spazi intimi e accoglienti, le tracce del passato, tra archetti medievali e facciate secentesche; per poi rifocillarsi da **Cianci** (p97) o da **La Cuite Bistrot** (329 373 78 45; pranzo da €7, cena da €25; Via IV Marzo 8; 12-15 e 18-23 mar-dom), giovane figlio de **La Cuite** (p118) di San Salvario. (11, 27, 51, 57, Star 2, 4, 6, 7)

con informazioni e materiale interattivo molto interessante sulle trasformazioni urbane degli ultimi anni (v. anche p132). (11, 27, 51, 57, Star 2, 4, 6)

Palazzo Scaglia di Verrua PALAZZO

 Cartina p86, E2

Se, dopo aver ammirato la facciata splendidamente affrescata in tonalità calde, vi accorgete che il giorno e l'ora sono giusti e il portone è aperto, entrate nel cortile a loggia quadrata di questo incantevole palazzo realizzato fra il 1585 e il 1604 (p79), all'epoca una delle tante abitazioni di questo tipo ma l'unica a essere giunta intatta fino a noi, e indugiate ad ammirarne gli affreschi delicati, le finte nicchie decorate, la semplicità e il silenzio. (Via Stampatori 4; 9-12 gio feb-giu e set-nov; Star 2)

MAO – Museo d'Arte Orientale MUSEO

 Cartina p86, F2

Nella splendida cornice di Palazzo Mazzonis si raccontano la storia e la cultura millenarie dei popoli d'Oriente e si costruisce un ponte tra la città, che ha una forte tradizione di studi di orientalistica e una solida presenza di comunità di origine asiatica, e l'arte di questa zona del mondo. L'allestimento, firmato nel 2008 da Andrea Bruno, l'architetto del Museo d'Arte Contemporanea di Rivoli, comprende più di 2200 opere divise in cinque aree tematiche (Asia Meridionale, Cina, Giappone, Regione Himalayana e Paesi Islamici), che vanno dall'iconografia buddhista a quella hinduista, dai paraventi del periodo Edo agli antichi manoscritti del Corano. Ammirate i giardini giapponesi al piano terra e non perdete le mostre temporanee sui temi più vari, dal rapporto dei Beatles con l'Oriente alle spade dei samurai. (011 443 69 27; www.maotorino.it; Via San Domenico 11; collezioni permanenti interi/ridotti €10/8; 10-18 mar-ven, 11-19 sab e dom, la biglietteria chiude 1 h prima; Star 2, 4, 6, 7)

Piazza Emanuele Filiberto PIAZZA

 Cartina p86, F1

I piacevoli locali con dehors sotto gli alberi, i ristoranti, gli splendidi edifici, l'antico nucleo sotterraneo delle ghiacciaie pubbliche (p88): cuore della movida di inizio millennio, oggi la piazza mantiene il suo fascino mondano, al centro della storia e all'incrocio tra le strade più belle del quartiere. (📱11, 27, 51, 57, Star 2, 🚌4, 6)

Palazzo Falletti di Barolo PALAZZO

 Cartina p85, E2

Uno dei palazzi più belli di Torino (p79) è anche testimone silenzioso della storia architettonica della città a partire dal XVI secolo e dell'intenso intreccio di felicità e tragedia nelle vite dei suoi illustri abitanti. All'architetto Baroncelli, allievo di Guarini, si deve il primo rifacimento secentesco, a Benedetto Alfieri il secondo, di metà Settecento. La facciata su Via Corte d'Appello è novecentesca, ma porta ancora la traccia in mattoni grigi di quella che fu l'estensione del palazzo fino al 1706. A sinistra del portone ci sono dei putti sorridenti, a destra dei putti che piangono: furono aggiunti alla facciata da Alfieri per volere di Ottavio Falletti di Barolo, figlio addolorato di Elena Matilde Provana, che nel 1701 si uccise gettandosi da una finestra dopo la fine del matrimonio con l'amato marchese Falletti di Barolo. Nel Salone delle Feste spesso si organizzano eventi: potrebbe essere un'occasione per ammirarne lo sfarzo, dopo aver dato un'occhiata all'incredibile atrio progettato per accogliere le carrozze e all'infilata di cortili scenografici. Nel palazzo ha sede anche il **MUSLI**, curioso museo dedicato al mondo della scuola tra XIX e XX secolo, anch'esso parte della fondazione Opera Barolo. (📞011 263 61 11; www.operabarolo.it; Via delle Orfane 7; interi/ridotti €5/3 compresa la visita guidata; ⏱10-12.30 e 15-17.30 mar-ven,

---

Conoscere
Seminario metropolitano

Percorrendo l'ultimo tratto di Via XX Settembre prima di Piazza San Giovanni, forse vi interrogherete sull'identità di quel grosso palazzone che occupa un intero isolato. Trattasi dell'antico Seminario Metropolitano, costruito per volere del teologo Giampietro Costa, che, trasferitosi a Torino con il fratello, aveva sofferto le pene dell'inferno studiando teologia sotto una tenda, alla luce delle attività commerciali. Completato nel 1718, poteva accogliere fino a 170 seminaristi; fu ampliato alla fine dell'Ottocento, all'epoca del rifacimento di Largo IV Marzo. Oggi è sede della **Biblioteca del Seminario Arcivescovile** e della **Facoltà di Teologia** (Via XX Settembre 83; segreteria della Facoltà: ⏱14.30-17.45 lun-ven; biblioteca: ⏱14-19 lun-gio, anche 10-12 ven; chiuso agosto; 📱11, 27, 21, 57, Star 2, 🚌4, 6, 7); se è possibile, entrate dal grande portone e ammirate la corte di rappresentanza, che presenta un caratteristico porticato su due livelli, ideato in origine per permettere lo spostamento tra le aule al pianterreno e per ospitare il dormitorio e lo spazio ricreativo in caso di maltempo al primo piano.

15-17.30 sab, 15-18.30 dom, la biglietteria chiude di 1 h prima; 📺52, Star 2; Museo della Scuola e del Libro per l'Infanzia; 📞011 19 78 49 44; Via Corte d'Appello 20/c; interi/ridotti €6/4; ⏱9.30-12.30 lun-ven, 15.30-18.30 dom, ultimo ingresso 45 min prima della chiusura)

Piazza Savoia PIAZZA

 Cartina p86, E2

Non cadete nel tranello che vi tende il nome: questa bella piazzetta molto piemontese, che interrompe dolcemente Via della Consolata, si chiama così in onore della regione oggi appartenente alla Francia, non della casa regnante. Quattro sezioni alberate, qualche dehors, il profilo magnifico di Palazzo Saluzzo Paesana e dello juvarriano Palazzo Martini di Cigala, e, soprattutto, l'**Obelisco** centrale, costruito nel 1853 per celebrare le Leggi Siccardi, che abolivano il foro ecclesiastico. (📺52, Star 2)

Conoscere
Di chiesa in chiesa

Sono tante, grandi e piccole, spesso mimetizzate tra gli edifici. In realtà raccontano molto della ricchezza storica e culturale del quartiere attraverso i secoli, quindi aguzzate la vista e provate a esplorare la zona con un occhio diverso.

Basilica del Corpus Domini (Piazza Corpus Domini) Costruita in tributo a un miracolo avvenuto, secondo la leggenda, nel giorno del Corpus Domini del 1453, fu progettata nel 1607 da Ascanio Vittozzi. La decorazione interna di marmo rosso e nero fu invece aggiunta da Benedetto Alfieri un secolo e mezzo dopo.

Chiesa dei Santissimi Martiri (Via Garibaldi 25) Edificata nel 1577 e ricca d'oro, marmi e stucchi. Di Juvarra l'altare maggiore, la sagrestia e il lavamani.

Chiesa della Misericordia (Via Barbaroux 41) Barocca, del 1751, fu acquistata dalla Confraternita della Misericordia, che aveva l'incarico di assistere i condannati a morte. È una delle chiese italiane in cui si celebra la Messa in latino.

Chiesa della Santissima Trinità (Via Garibaldi angolo Via XX Settembre) Di nuovo Vittozzi, che nel 1598 ne concepì la struttura a pianta circolare e che qui è sepolto, e di nuovo Juvarra, cui si devono la veste marmorea dell'aula e l'altare.

Chiesa di San Domenico (Via San Domenico angolo Via Milano) L'unica chiesa medievale sopravvissuta e, insieme al Santuario della Consolata, uno dei luoghi di culto più antichi della città. Conserva preziosi frammenti di affreschi trecenteschi. Fu ricostruita nel 1776; la facciata subì un restauro a inizio Novecento.

Chiesa di San Rocco (Via San Francesco d'Assisi 1) Fu costruita nel 1667 in onore del santo protettore dei luoghi infetti, dopo le epidemie di peste che avevano colpito Torino nel 1598 e nel 1630.

Da vedere

Palazzo Saluzzo Paesana
PALAZZO

 Cartina p86, E2

L'ingresso non è su una strada principale, la facciata è sobria (una legge di inizio Seicento vietava ai nuovi edifici di averne una più appariscente di quella di Palazzo Reale), con due colonne che enfatizzano il portone e un balconcino al primo piano, in corrispondenza del salone principale. Varcato l'ingresso, dalla grandiosità della corte, che è un po' la summa dei cortili torinesi dell'epoca, con un doppio loggiato, un doppio portico e un doppio scalone d'onore, e dallo sfarzo degli interni si capisce che il desiderio di stupire di Baldassarre Saluzzo Paesana fu pienamente soddisfatto dall'architetto Gian Giacomo Plantery, il cui progetto portò alla costruzione, tra il 1715 e il 1722, della residenza nobiliare più vasta e articolata della città (p79). Oggi è sede di uno spazio per eventi e mostre d'arte contemporanea ed è ancora abitato. Ai residenti va tutta la nostra invidia. (www.palazzosaluzzopaesana.it; Via della Consolata 1 bis; 52, Star 2)

Museo della Sindone
MUSEO

 Cartina p86, E1

È un museo sulla Sindone, dove però non troverete il Sacro Lino, che è custodito nella Cappella della Sacra Sindone del Duomo (p39), bensì fotografie, video, documenti e informazioni varie sulla storia e i misteri legati al celebre sudario. L'edificio

Chiesa di San Domenico (p92)

fu fondato nel 1937 dalla Confraternita del Santissimo Sudario, per diffondere il culto. (011 436 58 32; www.sindone.it; Via San Domenico 28; interi/ridotti €6/5 con audioguida; 9-12 e 15-19, ultimo ingresso 1 h prima della chiusura; 52, Star 2)

Museo Civico Pietro Micca
MUSEO

12 Cartina p86, B3

Le sale del museo, che raccontano l'assedio di Torino del 1706 da parte delle truppe francesi e la strenua resistenza dei soldati a suon di mine sistemate nell'imponente sistema di tunnel sotterranei cittadini lungo 14 km, avrebbero davvero bisogno di una rinfrescata; ma, quando la guida prenderà in mano la torcia e vi accompagnerà nel labirinto di gallerie a 14 m di profondità, dimenticherete il mondo in superficie: qui il giovane Pietro Micca, un muratore fedele al duca Vittorio Amedeo II di Savoia, perse la vita per fermare il nemico e divenne un eroe. Il museo sorge subito fuori dal fossato dell'antica **Cittadella**, un'area fortificata di cui oggi sopravvivono il Maschio (in Via Cernaia, visibile solo dall'esterno), il pozzo e circa 500 m delle suddette gallerie. (☏011 54 63 17; www.museopietromicca.it; Via Guicciardini 7/a; interi/ridotti €3/2; ⏱10-18 mar-dom, ultimo ingresso 1 h prima della chiusura, visite guidate 10.30, 14.30 e 16.30 mar-sab, anche 15.30 dom; ⓂPorta Susa, 🚋Star 2, 🚌7, 10; ♿)

Piazza Solferino PIAZZA

13 🎯 Cartina p86, E4

Grande, ariosa, elegante, con bellissime architetture ottocentesche, il vivace Teatro Alfieri (p101) e un'ampia zona alberata scandita dalla statua del patriota risorgimentale La Farina, da quella di Ferdinando di Savoia a cavallo e dalla **Fontana Angelica**; quest'ultima è una rappresentazione delle quattro stagioni le cui figure pare nascondano significati legati alla simbologia esoterica (p211). (🚌14, 29, 59, 67)

Conoscere
Il Polo del '900

Un unicum imperdibile, nato nel 2016 negli isolati juvarriani degli ex Quartieri Militari, formati dai palazzi San Celso e San Daniele. Un museo, mostre permanenti e temporanee, una bellissima biblioteca, uno spazio per eventi, un grande cortile, aule didattiche, sale per conferenze e proiezioni e, soprattutto, un archivio sterminato di monografie, audiovisivi e fotografie: la città di Torino ha dedicato alla storia e alla cultura del secolo scorso una piccola città nella città, che ha unito il patrimonio di 19 enti culturali (tra cui l'Istituto Gramsci, l'Istituto Salvemini, l'Associazione Nazionale dei Partigiani) in 8000 mq di spazi rinnovati e accessibili a tutti. Palazzo San Celso ospita il preesistente **Museo Diffuso della Resistenza** (☏011 01 12 07 80; www.museodiffusotorino.it; ⏱10-18 mar-dom, 14-22 gio; €5/3), con installazioni al tempo stesso struggenti e ipertecnologiche e un rifugio antiaereo a 12 m di profondità al termine della visita. Altri spazi per i servizi del Polo sono **Casa Gobetti** in Via Fabro 6, la sede del **Fondo Tullio de Mauro** in Via Paolo Borsellino 17/c e l'**Unione Culturale Franco Antonicelli** in Via Cesare Battisti 4. (cartina p86, D1; www.polodel900.it; Corso Valdocco angolo Via del Carmine; ⏱Palazzo San Daniele: 9-21 lun-dom, fino alle 22 gio; 🚌52, Star 2)

Pasti

Vanilla   GELATERIA   €

 Cartina p86, G3

Piccola gelateria artigianale con grandi numeri: ingredienti naturali, materie prime selezionate, ottime granite siciliane, i gusti classici come il cioccolato fondente, ma soprattutto quelli originali come (primo fra tutti!) ricotta e fichi caramellati. In primavera, autunno e inverno è chiuso nei giorni di pioggia. (☏011 436 27 45; www.vanilla creams.it; Via Palazzo di Città 7/b; ⏱12.30-24 dom-gio, fino all'1 ven e sab, orario serale ridotto in inverno; 🚌11, 27, 51, 57, Star 2, 🚋4, 6, 7)

Ranzini   CAFFÈ/VINI   €

 Cartina p86, G2

Formaggi, salumi, antipasti, panini, vino e caffè: qui tutto ha un sapore diverso, quello della *piola* piemontese. La saletta con tante bottiglie e quadretti alle pareti e il delizioso cortiletto estivo sono pieni di tavolini e gente che chiacchiera. Non partite senza farci un salto: vi perdereste un pezzo di città. (☏011 765 04 77; Via Porta Palatina 9/g; pasti €10; ⏱9.30-20.30 lun-ven, 10.30-15.30 sab; 🚌11, 27, 51, 57, Star 2, 🚋4, 6, 7)

Pescheria Gallina   CUCINA DI MARE   €

 Cartina p86, H1

Finalmente anche Torino ha il suo angolo di Boqueria. Nel grande mercato barcellonese si vende, si compra e soprattutto si mangia, cosa che fino a poco tempo fa non avveniva a Porta

Vita in città

Arte urbana a Campidoglio

Se vi appassionano le deviazioni geografiche, culturali e paesaggistiche, allungate il passo verso nord-ovest, oltre Piazza Statuto e il quartiere San Donato, e raggiungete il Campidoglio, nato a fine Ottocento come quartiere operaio, che conserva intatta una struttura fuori dal tempo, con le casette basse e le strade dall'atmosfera di paese.

In questo insolito contesto nel 1995 è nato il **M.A.U. – Museo d'Arte Urbana** (www.museoarte urbana.it; Ⓜ Bernini o Racconigi, 🚌2, 59, 65, 71, 🚋9, 13, 16), uno dei primi esperimenti italiani nel suo genere, che in oltre vent'anni è diventato un vero e proprio museo di arte contemporanea all'aperto in un centro urbano. Ospita 90 artisti, 107 opere murarie, 35 installazioni (la Galleria Campidoglio) protette da teche di plexiglass ed esposte in Via Nicola Fabrizi, e le Panchine d'Autore, per un totale di circa 150 interventi. L'insediamento artistico è stato progettato grazie all'interazione con gli abitanti e i negozianti e con lo scopo di favorire la comunicazione: un dialogo non sempre facile, ma il cui risultato è divenuto parte integrante del tessuto sociale e architettonico della zona.

Il museo è visitabile autonomamente; consultate il sito internet per informazioni su visite guidate, anche in compagnia degli artisti o in bicicletta.

Conoscere
La cucina piemontese

La produzione casearia delle montagne e quella di riso delle pianure, la cura del cibo che risale ai sontuosi banchetti di corte, le risorse del territorio langarolo (nocciole, tartufi e vini): quella piemontese è una cucina solida e ricca, indubbiamente tra le migliori della penisola.

La varietà degli antipasti
Vitello tonnato, insalata russa, salumi, peperoni con la *bagna caôda*, *capunet* (involtini di verza), tomini e acciughe al verde, antipasto piemontese... e sarebbe già un pasto.

L'eccellenza della carne
In ogni menu che si rispetti non manca mai il mitico fassone, che si può gustare all'albese (cioè crudo, con olio, sale, limone e pepe), come carne cruda battuta al coltello o cotto nei classici vitello tonnato, bollito misto, brasato al Barolo (o al Barbera).

I formaggi
Per assaggiare tutte le tome prodotte sul territorio piemontese non basterebbe una vita intera. Se poi aggiungete le varie ricotte, i caprini e, naturalmente, i DOP del territorio (Castelmagno, Raschera, Bra, Murazzano ecc.), allora conviene fare un patto con il colesterolo. Da non perdere i banchi dei formaggiai che scendono dai monti in occasione dei mercati gastronomici.

Piatti tipici
Da una parte ci sono i ricchi piatti che derivano dalla tradizione nobile della cucina di corte dei Savoia, tra i quali il cioccolato (v. anche p42), il *bonèt*, lo zabaione, il fritto e il bollito misto alla piemontese (da assaggiare possibilmente nella versione completa, che prevede sette diversi tagli di carne con altrettante salsine). E dall'altra ci sono i piatti poveri, che derivano invece dalla tradizione contadina, tra i quali la *panissa* (una pietanza vercellese a base di fagioli, riso e salame della *duja*), la *bagna caôda* (il tipico piatto a base d'olio, acciughe e aglio in cui si intingono le verdure dell'autunno, dal peperone al cardo gobbo e al topinambur), la finanziera cosiddetta alla Cavour (pare che lo statista ne andasse ghiotto), ossia una pietanza a base di frattaglie, e infine gli agnolotti (nella versione langarola del *plin*, cioè del pizzico, chiusi a mano pizzicando la pasta, e in quella quadrata di tradizione monferrina) e i *tajarin* (tagliolini).

Palazzo. Grazie a questo eccellente banco/ristorantino, ora il pesce freschissimo di Beppe Gallina si può anche gustare cucinato, e ottimamente, pure da asporto o dentro un panino. Se ci venite il sabato, armatevi di pazienza: c'è da aspettare. (☏ 011 521 34 24; www.pescheriagallina.com; Piazza della Repubblica 14/b; pasti €15, panini €7; ⏱ 7-15 lun-ven, fino alle 19 sab; 🚌 11, 27, 51, 57, 🚊 3, 4, 6, 16)

Sovietniko GASTRONOMIA/BISTRÒ RUSSO €

 17 Cartina p86, A1

Interessante esperienza etnica nel piemontesissimo quartiere liberty di Cit Turin: si approda in una divertente gastronomia e ci si rilassa ai tavoli di legno con aringhe, riso uzbeco, gulasch o borsch. E ancora cene a tema, presentazioni di libri ed eventi. (☏ 011 071 21 18; Via Cibrario 9; pasti €8,90-10; ⏱ 11-15 e 18-22 lun-ven, 11-15 e 19-23 sab; 🚌 71, 🚊 13)

Soup&GO SELF SERVICE BIO €

18 Cartina p86, E2

Naturale, biologico, vegano, con un cortiletto ombreggiato e un ambiente interno gradevole. Si è inserito benissimo nella scena alimentare salutista degli ultimi anni questo self service che propone zuppe rassicuranti, insalate, macedonie, frullati e centrifugati, e che ha anche un servizio delivery e takeaway. Lo trovate anche in Via Susa 5/b, vicino alla Stazione Porta Susa. (☏ 011 19 88 76 04; www.soupandgo.it; Via San Dalmazzo 8/a; menu €7,50-13,50; ⏱ 12-15 lun, 12-22 mar-sab, 12-15 e 19-22 dom; 🚌 5, 52, 67)

Cianci Piola Caffè PIOLA €

19 Cartina p86, G2

Cianci vince sempre: i piatti sono pochi, ma discreti ed economici, e il dehors su Largo IV Marzo è sempre affollato anche d'inverno, quando si riduce alla zona vetrata. Il tutto innaffiato da un buon vino della casa. (☏ 388 876 70 03; Largo IV Marzo 9/b; pasti €20; ⏱ 12.30-15.30 e 18.30-23; 🚌 11, 27, 51, Star 2, 🚊 4, 6, 7)

La Deutsche Vita
GASTRONOMIA E RISTORANTE TEDESCO €/€€

20 Cartina p86, E3

Non capita spesso di assaggiare piatti tedeschi in Italia e l'idea può destare diffidenza. Ma le tedesche Claudia e Sabine hanno colto la sfida e aperto questo locale piacevole, con un dehors interno e uno esterno con tavoloni da Oktoberfest, che è ristorante, gastronomia, negozio. Tra un succo di rabarbaro, un'ottima birra e gli immancabili würstel, non resta che augurarvi *Guten Appetit*! (☏ 011 562 08 76; www.ladeutschevita.it; Via Stampatori 10; menu a pranzo €6-15, pasti €15-25; ⏱ 11-23 mar-sab, la cucina chiude 1 h prima; 11, 27, 51, 57, 92, Star 2, 🚊 4)

È Cucina RISTORANTE €/€€

21 Cartina p86, E3

Gli chef Cesare Marretti e Corrado Cassoni hanno fatto centro. Le grandi vetrine di questo ristorante colorato e vivace invitano ad accomodarsi a un tavolo tra gli oggetti di design che arredano l'interno, e lo stesso fa l'enorme dehors estivo, sempre affollato. Poi basta scegliere un menu (di carne, di pesce o vegetariano) e aspettare quello che arriverà dalla cucina. E i prezzi aiutano. (☎011 562 90 38; www.cesaremarretti.com; Via Bertola 27/a; menu a pranzo €10-20, a cena €20-30; ⊗12.30-15.30 e 20-24; ☒11, 27, 51, 57, 67, Star 2, ☒4, 6)

Tobiko

CUCINA COREANA E GIAPPONESE €/€€

22 Cartina p86, E4

Profumi e gusti da Corea e Giappone, in un ambiente che sa di Oriente elegante, tutto bambù, lanterne e oggetti artigianali della tradizione. Sushi e sashimi ottimi, nel solco del 'new style' giapponese; il *kimchi* (verdura marinata e aromatizzata), le zuppe e il pesce alla coreana da non perdere. (☎011 53 79 23; www.tobiko.it; Via Alfieri 20; menu a pranzo €10-20, a cena €30; ⊗12.30-14.30 e 19.30-23 lun-sab; ☒29, 59, 67)

Chen Lon

CUCINA CINESE €€

 23 Fuori cartina p86, A2

Per un'ottima cucina cinese che osa sperimentare, in un ambiente curato e gradevole dove dar sfogo all'intenso bisogno di ravioli e noodles fatti a mano che a volte può coglierci, si può fare qualche passo in più, fino alle porte di Cit Turin. (☎011 434 54 41; www.ristorantechenlon.it; Via Principi d'Acaja 35/h; pasti €20-30; ⊗12-14.45 e 19-23.30 mar-dom; Ⓜ XVIII Dicembre e Principi d'Acaja, ☒56, 94)

Ristorante Consorzio

CUCINA CREATIVA €€

24 Cartina p86, F3

Indossate i jeans, il vostro budget è modesto, ma volete mangiare e bere bene? Venite qui: animelle con albicocche e scalogni, *tajarin* alle verdure e *bagna caôda*, ravioli di finanziera, brasato di fassone al Ruchè e ottimi piatti della tradizione piemontese in chiave moderna (l'arredamento sembra sintetizzare il connubio), tutto garantito da Slow Food. (☎011 276 76 61; www.ristoranteconsorzio.it; Via Monte di Pietà 23; menu degustazione €34; ⊗12.30-14.30 e 19.30-23 lun-ven, 19.30-23 sab; ☒11, 27, 51, 57, Star 2, ☒4)

Tre Galli

VINERIA/RISTORANTE €€

25 Cartina p86, F1

Attrae perché si propone a chi passa per strada con un bel dehors, oltre il quale si intravedono i caldi interni vintage. Convince perché i piatti sono del territorio, parenti di quelli dello storico **Tre Galline** (☎011 436 65 53; Via Bellezia 37; ⊗19.45-22.15 lun-ven, 12.30-14.15 e 19.45-22.30 sab, 12.30-14.30 dom set-mag), a due passi. Rende fedeli perché è stato uno dei primi locali della rinascita della zona, quasi 20 anni fa, è sopravvissuto alle mode e i vini sono tanti e ottimi. (☎011 521 60 27; www.3galli.com; Via Sant'Agostino 25; pasti €31-37; ⊗12.30-14.30 e 18.30-24 lun-mer, fino alle 2 gio-sab, cucina: 19.30-23.30; ☒11, 27, 51, 52, 57, Star 2, ☒3, 4, 6, 16)

Enoteca Bordò ENOTECA CON CUCINA €€

26 Cartina p86, F1

Toscana, Piemonte e Sicilia sono protagonisti assoluti dei piatti delle sorelle toscane Bordonaro, con qualche deviazione: si va dagli agnolotti e dalla tartare di fassone al cacciucco alla livornese, passando dalla pappa al pomodoro e dal veneto baccalà mantecato. La cura, l'ambiente moderno e informale, l'eccellente carta dei vini vi faranno tornare e venir voglia di fare un salto da Sodo (p49), il nuovo nato. (☎011 521 13 24; www.enotecabordo.it; Via Carlo Ignazio Giulio 4/g; pasti €35-40; ⏱19.30-23.30 mer-lun, anche 12.30-14 dom; 🚊52, Star 2, 🚍3, 16)

Ristorante Toscano CUCINA TOSCANA €€/€€€

27 Cartina p86, E2

Sembra impossibile, ma ci si può stancare anche dei *tajarin* e della tagliata di fassone. Perché dunque non buttarsi su un piatto di maltagliati al ragù di cinghiale o azzannare una gustosissima costata di chianina? Rustico, verace, profondamente toscano. Ed economico a pranzo, con il menu a €11. (☎011 562 89 53; Via della Misericordia 4; pasti €22-43; ⏱12-14.30 e 19.30-22 lun-gio, fino alle 22.30 ven, solo cena sab; 🚊52, 67)

Tre Galli (p98)

Locali

La Cricca CIRCOLO ARCI

28 Fuori cartina p86, E1

Anche Torino ha il suo *biergarten*. D'estate il grande cortile con gli alberi, tavoli di legno dove chiacchierare con gli amici davanti a un panino e una birra, ping pong per socializzare. In inverno, tutti all'interno per giocare a calciobalilla. Atmosfera calda e informale tutto l'anno. (☎011 521 16 53; www.arcipiemonte.it; Via Carlo Ignazio Giulio 25/b; ingresso con tessera Arci; ⏱20-2 dom-gio, 20-3 ven e sab; 🚊52, 72, 🚍10)

Pastis BAR/BISTRÒ

29 Cartina p86, F1

Forse il più amato dei locali della zona, pronto a farsi amare anche da voi con lo stile anni '50 dell'interno e un dehors che ormai è un'istituzione, dove si mangia, si beve e si tiene d'occhio il movimento nella piazza. (☎011 521 10 85; Piazza Emanuele Filiberto

Hafa Café

9/b; 9-15 lun, 9-2 mar-dom; 11, 27, 51, 57, 4)

Bar Pietro BAR

30 Cartina p86, D1

Sfugge a ogni definizione, autodefinendosi 'piola-bacaro sardo-veneziano' e puntando sull'atmosfera provinciale fuori dal tempo, sulla clientela fissa di ogni età, sui prezzi bassissimi. Poi, con guizzo geniale, si concentra sul connubio tra spritz, vini piemontesi e aperitivi sardi, e organizza mostre, concerti, feste ed eventi curiosi. Potrebbe diventare una casa anche per voi. (011 521 35 22; www.facebook.com/piola.sardo.veneziana; Via San Domenico 34/f bis; 8-22 mar-sab, 8-13 e 17.30-22 dom; 52, Star 2)

Bazaaar BAR/RISTORANTE

31 Cartina p86, E3

Aperto tutto il giorno, sette giorni su sette, 365 giorni all'anno: dal mattino presto alla notte potrete mangiare, bere, chiacchierare nel dehors d'estate o lavorare al computer nella sala interna. Vivace e coloratissimo come un bazar con tre 'a'. (348 361 78 93; www.bazaaar.it; Via Stampatori 9; 7-24 lun-ven, 9-24 sab e dom; 11, 27, 51, 57, Star 2, 4)

Hafa Café BAR/RISTORANTE MAROCCHINO

32 Cartina p86, F1

Un'oasi nel deserto, un miraggio tra le dune, un riad? Dopo il vostro trekking metropolitano, rilassatevi su un cuscino colorato o un pouf in pelle di cammello sorseggiando un tè bollente alla menta o una grappa di fichi tunisina e magari assaggiando del cuscus. Chiudete gli occhi: vedrete ondeggiare una palma. (011 436 70 91; www.hafacafe.it; Via Sant'Agostino 23/c; 17.30-2 lun-ven, 16-3 sab, 16-1.30 dom; Star 2)

Il Bacaro OSTERIA VENEZIANA

33 Cartina p86, F1

Torino come Venezia. Nelle salette al piano superiore si cena, ma è con un aperitivo a base di *cicheti* al piano inferiore o nel delizioso dehors su Piazza della Consolata (p104) che il felice spaesamento aumenta e pare di essere in un campo veneziano. (011 436 90 64; www.bacaropanevino.com; Piazza della Consolata 3; 12-15 e 18-2 mar-dom; 52, Star 2)

Divertimenti

Folk Club MUSICA LIVE
34 Cartina p86, D2

Club sotterraneo piccolo piccolo, ma grandissimo per le proposte musicali dall'Italia e dal mondo (folk, blues, world, con incursioni nel rock e nel pop, sempre d'autore), per l'atmosfera intima e conviviale, per la passione che vi si respira e che trasmette da quasi 30 anni. V. anche p208. (☏011 571 27 91; www.folkclub.it; ingresso con tessera; Via Perrone 3/b; ⊙inizio concerti 21.30 ven e sab, ma consultare il sito; 🚌52, Star 2)

Teatro Alfieri TEATRO
35 ⭐ Cartina p86, E4

Teatro ottocentesco che fa parte del circuito della compagnia Torino Spettacoli, con Gioiello (p148) e Teatro Erba (p210). Ha una tra le sale teatrali più grandi d'Italia per i concerti e i grandi spettacoli (comici e attori televisivi, musical, musica pop) e una seconda sala, più intima e accogliente, che ospita le rassegne della compagnia. (☏011 562 38 00; www.torinospettacoli.it; Piazza Solferino 4; 🚌14, 29, 59, 63, 67)

Shopping

Born in Berlin MODA
36 Cartina p86, E2

La giovane stilista Judith è di Berlino dove ha studiato fashion design, ma negli anni gli abiti asimmetrici e le borse in pelle lavorate a mano sono diventati parte integrante di un certo stile torinese. Tutto è iniziato nel negozio in Via delle Orfane e tutto continua nel grande e bello spazio di Via San Dalmazzo, un antico negozio di pianoforti con tanto legno, antichi arredi restaurati e il laboratorio a vista. Ottime le svendite, tutti gli anni a settembre. (☏392 927 95 74; www.borninberlin.com; Via San Dalmazzo 9/a; ⊙11-19.30 lun-sab; 🚌5, 52, 67)

Hole SCARPE/BORSE/GIOIELLI
37 Cartina p86, E3

Si entra per provare un paio di tronchetti in pelle MOMA o Strategia, poi si nota un paio di sandali Ixos. Si esce con due paia di scarpe italiane lavorate a mano, un vistoso anello al dito e una collana originale al collo. Non sentitevi in colpa: questo negozio è tra i migliori in città, caro ma di altissima qualità. (☏011 517 66 02; Via Botero 19; ⊙15.30-19.15 lun, 10.30-14 e 15.30-19.15 mar-ven, 10.30-12.30 e 15.30-19 sab; 🚌15, 51, 56, 67, 🚋13)

Les Coquettes ABBIGLIAMENTO/ACCESSORI/VINTAGE
38 🔒 Cartina p86, F3

La gentile proprietaria vi accoglie pregandovi di curiosare nei cassetti pieni di gioielli di giovani designer. Pare d'essere in un appartamento parigino anni '20, dove giocare alla *coquette* e provare un abito o un cappello vintage americano, una catenina romantica, un paio di orecchini con delicate perline colorate. Tra pezzi d'antiquariato, valigie, cappelliere e lampade, viene voglia di sedersi sulla poltrona rosa del camerino e non andare più via. (☎011 531 943; www.lescoquettes.it; Via Barbaroux 12/l; ⏲10.30-13.30 e 15.30-19.30 mar-sab; 🚌1, 11, 15, 27, 51, 52, 56, 57, 72, 92, Star 2, 🚋4, 7, 13)

Brodo ACCESSORI/MODA

39 Cartina p86, G3

Stili e influenze diverse, bigiotteria raffinata, scarpe, abiti, oggetti per la casa: tutto fa Brodo, in questa raffinata boutique. Ma ciò che più lo insaporisce sono le sublimi borse in pelle. (☎011 19 91 29 97; www.ibrodo.it; Via Palazzo di Città 14; ⏲10.30-13 e 15.30-19.30 mar-sab; 🚌11, 27, 51, 57, Star 2, 🚋4, 6, 7)

Ditta Ceni DROGHERIA

40 Cartina p86, G1

La selezione di alimenti naturali, farine, risi e cereali tra i più esclusivi, e poi spezie, frutta disidratata, tisane, fagioli, lenticchie, biscotti, come in uno spaccio alimentare d'altri tempi, fanno di questo grande negozio storico a Porta Palazzo un vero 'mercato nel mercato'. (☎011 436 21 49; www.dittaceni.com; Piazza della Repubblica 5/h; ⏲9-13 e 15.30-19.15 mar-gio, 9-19.15 ven e sab; 🚌11, 27, 51, 57, 🚋4, 6)

Damarco VINERIA/ALIMENTARI

41 Cartina p86, G1

Ci si perde in questo negozio tappezzato di scaffali, prodotti ed etichette dove nomi e prezzi sono scritti con precisione maniacale dal 1959. Ancor più quando si scopre la varietà di vini e liquori qui proposti, come in un piccolo labirinto, anche se fuori il mercato chiama. (☎011 436 10 86; www.damarco.it; Piazza della Repubblica 4/h; ⏲8.30-13 e 15.30-19.30 lun-mar e gio-ven, 8.30-13 mer, 8.30-19.30 sab; 🚌11, 27, 51, 57, 🚋4, 6)

Sapori PASTIFICIO/RISTORO

42 Cartina p86, F3

Classico pastificio piemontese, regno delizioso di agnolotti, *plin* langaroli e gastronomia saporita, con qualche deviazione geografica e un buon senso del business: ci si può sedere a un tavolino davanti al bancone e gustare un piatto fumante di pasta fresca fatta a mano. (☎011 53 03 47; Via San Tommaso 12; ⏲9-19 mar-sab; 🚌1, 15, 51, 56, Star 2, 🚋13)

Magnifica Preda – The Vintage Way VINTAGE

43 Cartina p86, F1

Regno del vintage torinese, è un grande loft di 500 mq per amanti dello stile retrò. Molti dei capi anni '50, '60, '70 e '80 non sono mai stati indossati, e lo spazio espositivo, in cui s'incontrano moda, arte e design, ospita anche mo-

Il consiglio

Via Garibaldi (cartina p86, D1), già Contrada di Dora Grossa, ovvero 963 m di negozi, caffè e tanta gente, soprattutto il sabato pomeriggio: sulla seconda via pedonale più lunga d'Europa, tra Piazza Castello e Piazza Statuto, farete acquisti a prezzi decisamente abbordabili e non sarete mai soli!

Shopping

stre, eventi e un cocktail bar. (✆333 867 27 56; www.magnificapreda.it; Via Sant'Agostino 28/e; ⊙15.30-19.30 lun-gio, 15.30-23 ven, 11-23 sab; ☐11, 12, 27, 51, 52, 57, Star 2, ☐4)

Cosimo di Lilla GIOIELLI
44 Cartina p86, F3

'Gioielli imprevedibili', creazioni artigianali inconsuete, piene di dettagli raffinati che si fanno notare. Non turbano chi ama il classico, non annoiano chi è abituato a osare. (✆011 562 76 80; www.cosimodililla.com, www.gioielliimprevedibili.it; Via dei Mercanti 15; ⊙9.30-13 e 15.30-19.30 mar-sab; ☐1, 15, 51, 56, Star 2, ☐13)

WEEW Smart Design OGGETTI DI DESIGN
45 Cartina p86, G2

Un orologio, un portadocumenti, un ombrello o una borsa possono avere un denominatore comune? Il 'design democratico' degli oggetti di WEEW, per esempio: accessori e arredi per la casa colorati e accattivanti, semplici e utili, a prezzi contenuti. (✆011 436 23 72; www.weew-design.com; Via Porta Palatina 9; ⊙10.30-13 e 15.30-19.30 lun-ven, 10-19.30 sab; ☐11, 27, 51, 57, Star 2, ☐4, 6, 7)

L'Orlando Furioso SARTORIA
46 Fuori cartina p86, A1

Fate un salto nel grande atelier, dove fervono le attività di taglio e confezione di capi casual molto portabili, e dove si cuce e si ricuce non solo la stoffa: il progetto è infatti nato nel 2004 per coinvolgere donne in condizioni di

Les Coquettes (p101)

disagio psichico o emotivo. Molto frequentati i corsi, aperti a tutti. (✆011 437 69 78; www.lorlandofurioso.it; Via Le Chiuse 6; ⊙10-13 e 15-19 mar-ven, 9-14 sab; ☐71, ☐13)

Juventus Store MODA SPORTIVA
47 Cartina p86, G3

Tifosi bianconeri! È tempo di mettere da parte giornali e TV, e onorare la vostra fede con un giro nello store della vostra squadra del cuore: ci troverete tutti i gadget possibili e immaginabili, anche per i vostri baby-tifosi. Qui, al Centro Commerciale Area12 (Strada Altessano 141), allo Juventus Stadium (solo nei giorni di partita; p196) o all'8 Gallery (p131). (✆011 656 38 51; www.juventus.com; Via Garibaldi 4/e; ⊙10-19.30; ☐11, 27, 51, 57, Star 2, ☐4, 6, 7)

Da non perdere
Santuario e Piazza della Consolata

Trasporti

Se siete nel Quadrilatero o nei dintorni, godetevi una passeggiata fino alla piazza.

- **Autobus** 52, Star 2
- **Tram** 3, 16

Torino, il Piemonte, la fede ufficiale e quella popolare, l'architettura religiosa e quella civile, le stratificazioni storiche e culturali. C'è tutto in questa chiesa bizzarra e deliziosamente ingombrante che sorge al posto dell'antica Chiesa di Sant'Andrea, di cui sopravvive solo la torre campanaria. La pianta a sei lati del santuario fu innestata fra il 1678 e il 1704 da Guarino Guarini su una cappella rettangolare romanica. E c'è tutto nell'esile e raffinata piazzetta antistante: un piccolo paradiso pedonale e silenzioso, dove si passeggia meditabondi ma inclini al piacere.

Santuario della Consolata

Santuario e Piazza della Consolata

In primo piano

Religiosità piemontese

Il Santuario della Consolata porta la firma di grandi nomi dell'architettura in Piemonte: oltre al citato Guarini, di cui oggi rimane evidente lo spirito solo nella cupola e nella scenografica **Cappella delle Grazie** seminterrata, anche Filippo Juvarra, che progettò l'altare, e Carlo Ceppi, a cui furono commissionate alcune cappelle. Ciò che invece è curioso è il lato 'popolare' del culto della Consolata: la raccolta degli ex-voto dedicati alla Vergine Consolatrice (sopra la facciata, la scritta latina *Augustae Taurinorum Consolatrix Patrona* chiarisce il motivo del nome della chiesa) è impressionante, e le storie che raccontano rapiscono e commuovono. A destra dell'ingresso principale che immette alla guariniana **Aula di Sant'Andrea** c'è la cappella dove riposa il Beato Cafasso (1811-60), il santo formatore del clero torinese che accompagnava i condannati a morte al vicino Rondò della Forca (p211). Uno dei luoghi di culto più antichi e importanti della città, dunque, sintesi perfetta del sentire religioso della regione.

I piaceri della piazza

Uscendo dalla chiesa, lo sguardo è rapito dalla torre campanaria dell'XI secolo, alta 40 m e unico resto di monumento romanico a Torino, e dalla bellezza dei palazzi che circondano Piazza della Consolata. La vetrina dell'**Antica Erboristeria della Consolata** (011 436 87 89; Piazza della Consolata 5; 15.30-19 lun, anche 9-13 mar-sab) promette un acquisto che non turba il sapore del luogo. I dehors estivi attirano come le poltrone di un intimo salottino, mentre in inverno, in alcune ore del giorno, il silenzio è rotto solo dal rumore dei passi di chi cammina infreddolito. Il profumo antico di questo luogo unico non lascia dubbi: ci tornerete.

Cartina p86, F1

011 483 61 11

www.laconsolata.org

6.30-19.45

☑ Consigli

▶ Rivolgetevi al santuario per prenotare le **visite guidate** (011 483 61 25) gratuite.

▶ Dietro il Santuario, all'incrocio tra Via della Consolata e Via Carlo Ignazio Giulio, ammirate i resti di una torre angolare romana.

▶ Per rimanere in tema religioso, girate l'angolo e tuffatevi nell'incredibile **Bottega del Presepe** (011 436 26 94; Via delle Orfane 21/f; 10-12 e 15.30-18.30 lun-sab), che vende articoli natalizi tutto l'anno.

▶ Date un'occhiata alla colonna nella piazza: fu eretta nel 1835 per grazia ricevuta, in seguito all'imperversare di un'epidemia di colera.

✗ Una pausa

Al Bicerin (p40) per una dolce sosta, al **Bacaro** (p100) per un *cicheto* nel dehors.

Scoprire

San Salvario

A due passi dal centro dei musei e delle residenze nobiliari, nutrito dal verde del Parco del Valentino, è la quintessenza del quartiere storico, popolare, cool, multietnico, giovane e nottambulo: qualità spesso imprescindibili in una zona dove la gentrificazione ha prodotto una metamorfosi profonda, pur mantenendo in vita i caratteristici punti di partenza. Esploratelo con calma, sia di giorno sia di notte.

In un giorno

Pronti per un viaggio nel piccolo Kreuzberg torinese? Iniziate con una bella sveglia al profumo di terre lontane da **Orso Laboratorio del Caffè** (p113) o con una deliziosa fetta di torta da **Teapot** (p115), prima di dedicare la mattinata alla tripletta di musei più curiosi della città: Il **Museo 'Cesare Lombroso'** (p111), il **Museo della Frutta** (p111) e il **Museo di Anatomia Umana 'Luigi Rolando'** (p112).

Dopo una pausa gustosa con un kebab (p115), una crêpe di **Adonis** (p114) o un piatto da **Cibo Container** (p116), vi aspetta una rilassante passeggiata alla scoperta del **Parco del Valentino** (p108). Se la stagione lo permette, fate merenda con un gelato di **Mara dei Boschi** (p113) e sarete pronti per lo shopping, passando di bottega in bottega e di atelier in atelier, almeno fino al tramonto.

 La scelta all'ora dell'aperitivo è ardua. Perché non provare le ottime tapas di **Affini** (p117) o il buffet etnico dei **Bagni Municipali** (p120)? Anche la cena può essere declinata in tanti modi diversi: un pasto senza fronzoli da **Coco's** (p115), la cucina raffinata di **Scannabue** (p117) o quella a base di pesce della **Gallina Scannata** (p117). Conservate un po' di energie la notte di San Salvario: oltre ai locali, potrebbe esserci uno spettacolo interessante al **Cineteatro Baretti** (p119), un bel concerto alle **Lavanderie Ramone** (p120) o un ottimo DJ-set all'**Astoria** (p119).

Scoprire

 Da non perdere

Parco del Valentino (p108)

 Il meglio

Divertimenti

Cineteatro Baretti (p119)

Astoria (p119)

Shopping

Atelier Nina Tauro (p121)

Si Vu Plé (p121)

Trasporti

È il quartiere della stazione ferroviaria di Porta Nuova. Ve ne accorgerete per il continuo viavai e per la quantità di mezzi pubblici in transito. Le strade perimetrali di San Salvario sono Corso Vittorio Emanuele II, Via Nizza, Corso Marconi e Corso Massimo d'Azeglio; Via Madama Cristina taglia il quartiere in due.

Autobus Il n. 61 per Via Nizza, 67 e 18 per Via Madama Cristina, 42 per Corso Dante, 52, 61, 67 e 68 per Corso Vittorio Emanuele II, 34 e 45 per Corso Massimo d'Azeglio.

Metropolitana Fermate Porta Nuova, Marconi, Nizza e Dante.

Tram Il n. 9 e il n. 16 percorrono Corso Massimo d'Azeglio.

San Salvario

Da non perdere
Parco del Valentino

Il polmone verde della città, il suo parco più grande e frequentato, è un tesoro da vivere: partendo all'altezza del Ponte Umberto I e passeggiando fino al ponte successivo; andando in bicicletta lungo il fiume; visitando il Castello e il Borgo Medievale; sdraiandosi su un prato o meditando sotto gli alberi. I 550.000 mq di verde disegnati dal paesaggista Barillet-Deschamps fanno di questo parco reale (divenuto pubblico tra il 1854 e il 1864 e ampliato fino al Ponte Isabella nel 1871) il luogo ideale per una dolce giornata.

- Cartina p110, C4
- 18, 42, 52, 67, 9, 16

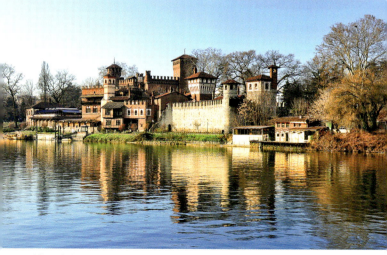

Il Borgo Medievale

Parco del Valentino

In primo piano

Castello del Valentino
Patrimonio dell'Umanità UNESCO e sede della facoltà di Architettura del Politecnico di Torino, è stato la splendida villa fluviale cinquecentesca di Emanuele Filiberto e poi una delle residenze di Cristina di Francia, la madama reale che nel Seicento ne commissionò l'ampliamento di gusto francese (osservate i tetti con due piani mansardati) agli architetti Castellamonte e che forse vi nascondeva gli amanti. Fu stravolto, ulteriormente ampliato e definitivamente inurbato nell'Ottocento. (Viale Mattioli 39)

Orto Botanico
Nato nel 1729 come Regio Orto Botanico, ha avuto sin dall'inizio finalità didattiche. Ristrutturato e aperto al pubblico nel 1995, è un'istituzione universitaria del Dipartimento di Biologia e si compone di un boschetto, un alpineto, un giardino, una serra tropicale, una serra di succulente (piante da clima arido) e una serra di piante sudafricane. Offre un percorso tattile per ipo e non vedenti. (☎011 670 59 70/80; www.ortobotanico.unito.it; Viale Mattioli 25; interi/ridotti €5/3; ⏱9-12 lun-ven, 15-19 sab, 10-13 e 15-19 dom metà apr-metà ott, visite guidate ogni ora sab e dom; ♿)

Borgo e Rocca Medievale
Medievali ma non troppo: il borgo e la rocca sono ricostruzioni (molto fedeli!) realizzate nel 1884 da Alfredo d'Andrade per l'Esposizione Generale Italiana, sul modello dei castelli piemontesi e valdostani. Numerosi gli eventi, soprattutto d'estate nel bel Giardino Medievale. (☎011 443 17 01/02; www.borgomedievaletorino.it; Viale Virgilio 107; Rocca: interi/ridotti €6/5, Borgo: ingresso libero, Giardino: €3; ⏱Rocca: mar-dom visite accompagnate ogni ora 10-18 in inverno, 10-19 in estate, Borgo: 9-19 in inverno, fino alle 20 in estate, Giardino: metà apr-metà ott; ♿)

☑ Consigli

▶ Passeggiate fino alla **Fontana dei Dodici Mesi**, realizzata in stile liberty da Carlo Ceppi nel 1898.

▶ Alla **Palazzina della Società Promotrice delle Belle Arti** spesso ci sono mostre interessanti. Date un'occhiata anche allo spazio di **Torino Esposizioni**, progettato da Ettore Sottsass nel 1938 e ampliato da Pier Luigi Nervi negli anni '50.

▶ Fate caso ai 'cottage' sulle sponde del fiume: sono le sedi delle società di canottieri.

▶ Talvolta il parco ospita eventi come la versione 'diffusa' di Terra Madre – Salone del Gusto (p17): non perdeteveli.

✗ Una pausa

Bar, chioschi, locali sul fiume... ma niente è meglio di un picnic sul prato o su una panchina. Per un drink: **Fluido** (p120) o **Imbarchino** (p118).

110 San Salvario

Descrizioni
- 🎯 Da non perdere — p108
- 👁 Da vedere — p111
- 🍴 Pasti — p113
- 🍷 Locali — p117
- ⭐ Divertimenti — p119
- 🛍 Shopping — p121

Da vedere

Museo di Antropologia Criminale 'Cesare Lombroso' MUSEO

 Cartina p110, A5

In un solo edificio, tre musei per un viaggio unico nella scienza dell'Ottocento. Si comincia con quello dedicato allo studioso Cesare Lombroso, un vero figlio dell'epoca, che nel 1870, riponendo nel metodo scientifico una fede cieca e ostinata, sostenuta dalla pretesa di comprendere e controllare i misteri della mente umana, elaborò la teoria dell'atavismo, collegando la predisposizione a delinquere a caratteri genetici ancestrali. Si viene accolti da un video toccante sui pazienti dell'Ospedale Cottolengo di Torino (p157) e congedati dalla ricostruzione dello studio privato dello scienziato, inizio e fine di un percorso a tratti agghiacciante, fatto di fotografie, documenti, preparati anatomici, strumenti e materiale 'umano', che stupisce, affascina, scuote. (☏ 011 670 81 95; www.museounito.it/lombroso; Via Giuria 15; interi/ridotti €5/3, cumulativi con Museo di Anatomia Umana e Museo della Frutta €10/6, gratuito mer; ⏱ 10-18 lun-sab, ultimo ingresso 17.30; 🚌 18, 67, 🚋 9)

Museo della Frutta MUSEO

 Cartina p110, A5

Quando la passione diventa ossessione. E quando l'ossessione si perdona perché produce qualcosa di straordinario. La collezione di 1021 frutti artificiali plastici, impeccabilmente ordinata nelle vetrine originali, fu realizzata dall'estroso artigiano Francesco Garnier Valletti, che sognava un Museo Pomologico (mai realizzato) e si portò nella tomba il segreto della formula della sostanza della pomologia artificiale. Riflettete sul tema della biodiversità, notando la dimensione delle pesche ricostruite da Valletti prima dell'avvento degli OGM. Nelle sale introduttive, cogliete invece l'opportunità unica di conoscere la storia della botanica e dell'agronomia torinese da inizio Settecento a metà Novecento. (☏ 011 670 81 95; www.museodellafrutta.it; Via Giuria 15; interi/ridotti €5/3, cumulativi con Museo di Anatomia Umana e Museo Lombroso €10/6, gratuito mer; ⏱ 10-18 lun-sab, ultimo ingresso alle 17.30; 🚌 18, 67, 🚋 9)

Conoscere
Una casa alberata

Un giardino botanico? Una casa sull'albero di fanciullesca memoria che occupa un intero isolato? Non esattamente. La 'foresta abitata' di Via Chiabrera 25, all'estremità sud del quartiere, è un palazzo dove il verde sbuca da ogni parte: piante sui terrazzi, alberi sui balconi, strutture che ricordano i tronchi. Un grande condominio che ha messo radici nel 2011, su progetto firmato dall'architetto Luciano Pia.

Museo di Anatomia Umana 'Luigi Rolando' MUSEO

3 Cartina p110, B5

Non si possono scattare fotografie, perché, oltre che di curiosità, bisogna essere dotati di sensibilità e rispettare i resti di quella che un tempo era vita. L'allestimento in perfetto stile ottocentesco, privo di luci artificiali e didascalie, permette di osservare senza inutili filtri le grandi vetrine affollate di crani, feti, cervelli essiccati (con una sezione dedicata a quelli dei delinquenti, *ça va sans dire*), denti, bulbi oculari e animali sotto formalina. Nella grande sala con colonne e volte tutto è rimasto immutato fin dal 1898, anno in cui il Museo di Anatomia Umana di Torino fu trasferito in questo Palazzo degli Studi Anatomici. (011 670 78 83; Corso Massimo D'Azeglio 52; www.museounito.it/anatomia; interi/ridotti €5/3, cumulativi con Museo della Frutta e Museo Lombroso €10/6, gratuito mer; 10-18 lun-sab, ultimo ingresso alle 17.30; 18, 67, 9)

Sinagoga LUOGO DI CULTO

4 Cartina p110, B1

L'edificio in stile neomoresco, con torrioni, cupole e pietroni a vista, fu costruito nel 1884 dopo che la comunità ebraica aveva bocciato le dimensioni esagerate e i costi insostenibili della Mole, commissionata ad Antonelli per

---

Conoscere
Il borgo di San Salvario

Alla fine del Seicento, Torino è racchiusa dalle mura e San Salvario è una porzione della pianura alluvionale del Po il cui elemento più significativo è la Strada Reale di Nizza (l'attuale Via Nizza). Nell'Ottocento si abbattono i bastioni e la compatta città dell'*ancien régime* viene delineata dal perimetro dei boulevard alberati, che attenuano la distinzione tra città e campagna. Nel 1846 si avvia il piano regolatore, compilato in versione definitiva nel 1852, e da quel momento in poi l'edificazione della zona si fa molto densa: San Salvario si riempie di case, chiese, esercizi commerciali, istituzioni scientifiche e culturali, benefiche e di rappresentanza, e nascono la Stazione Porta Nuova (1860), che favorisce lo sviluppo della zona come quartiere della piccola e media borghesia, e nel 1885 i quattro isolati della Città della Scienza Universitaria. A fine secolo, dunque, l'integrazione del borgo con il resto della città può dirsi compiuta. All'inizio del XX secolo San Salvario è in pieno sviluppo: la ricchissima borghesia industriale vive nei palazzi che si affacciano su Corso Massimo d'Azeglio, mentre l'interno del quartiere è caratterizzato da luoghi di vita e cultura operaia. Caratteristica da sempre la convivenza dei templi valdese, cattolico e israelitico, a cui si sono aggiunti in anni recenti gli appartamenti adibiti a moschee. Oggi San Salvario è ancora il quartiere multietnico torinese per eccellenza.

Museo della Frutta (p111)

celebrare l'emancipazione ottenuta grazie allo Statuto Albertino del 1848. La struttura massiccia sopravvisse ai bombardamenti del 1942, che fortunatamente distrussero solo gli elementi interni, risistemati poi nel 1949. (☎011 650 83 32; www.torinoebraica.it; Piazzetta Primo Levi 12; ⊗visite su prenotazione, preferibilmente per gruppi: segreteria@torinoebraica.it; MPorta Nuova, ☒34, 52, 61, 67, 68, ☒7, 9)

Pasti

Orso Laboratorio del Caffè   TORREFAZIONE/CAFFÈ €

5 ✖ Cartina p110, C2

I distributori di miscele dietro il bancone sono collegati a una grande mappa del mondo disegnata sulla parete: il caffè arriva dal Nicaragua, dal Nepal, dall'Honduras, dall'Etiopia (ma durante l'anno si alternano specie, provenienze e varietà), si può consumare in piedi o a uno dei tavolini (la lotta è dura: sono sempre affollati!), magari in una tazza da acquistare e lasciare qui per la pausa successiva. Originale, cool, molto 'San Salvario'. (www.giulianocaffe.it; Via Berthollet 30/g; ⊗7-18 lun-sab, 8-18 dom; ☒18, 67)

Mara dei Boschi   GELATERIA €

6 ✖ Cartina p110, C2

La Mara del nome è quella *des bois*, una varietà di fragola, che è solo uno dei tanti gusti artigianali, prodotti con materie prime fresche, di questo 'laboratorio del gelato' affacciato sulla piazza del mercato di San Salvario. Le pareti sono coperte di lavagna: da un

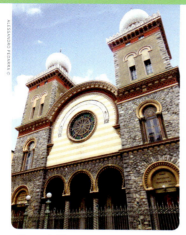

Sinagoga (p112)

lato ci sono i gusti, dall'altro i contributi di amici e clienti. Provate il gusto zenzero o ciliegia, oppure affogate i dispiaceri in una Coppa di Mara, a base di gelato e caffè o gianduia caldo. (☏011 076 95 57; www.maradeiboschi.it; Via Berthollet 30/h; ⊙12-24 lun-mer, fino all'1 gio-sab, 11.30-24 dom in estate, 15-23 lun-mer, fino alle 24 gio-ven, 12-24 sab, fino alle 23 dom in inverno; 🚍18, 67)

Greek Food Lab   CUCINA GRECA   €

 Cartina p110, A1

Nel melting pot del quartiere, tra Europa, Africa e Asia, poteva mancare un po' di Mediterraneo? Una deliziosa pita con pollo, poi *saganaki* (feta fritta), *dolmades* (involtini di foglie di vite ripieni di riso), *souvlaki* (spiedini) e l'ottimo yogurt: tutti i piatti tipici della cucina greca si possono ordinare da asporto o consumare in questo locale gradevole e luminoso. (☏011 583 39 92; www.greekfoodlabtorino.com; Via Berthollet 6; piatti €3,50-15,50; ⊙12-15 e 19-24; 🚍24, 61)

Eria   CAFFÈ/RISTORO   €

 Cartina p110, B1

Si passa davanti al bell'edificio ottocentesco, ristrutturato fra il 2012 e il 2015 e oggi sede di una residenza che offre **alloggi temporanei** (www.luoghi comuni.org), si nota la splendida terrazza con dehors, si entra nell'accogliente caffè e ci si trova bene. Ideale per la prima colazione o la merenda, con gli ottimi dolci preparati dalla giovane cuoca. (☏339 589 06 98; Via San Pio V 11/f; piatti €5,50-7,50, menu €10; ⊙7-18 lun-ven, 8-13 sab; 🚍24, 52, 61, 64, 68, 🚋9)

Adonis   CRÊPES E QUICHES   €

 Cartina p110, A1

In Largo Saluzzo, un angolo di Francia: oltre alle crêpes tradizionali, provate le *galettes bretonnes* fatte con il grano saraceno, sbizzarrendovi con le farciture (bottarga di tonno, ricotta di bufala, dulce de leche...), da accompagnare con un bicchiere di sidro. Ottimo e creativo il brunch della domenica. Ogni mattina, breakfast internazionale. (☏011 076 94 91; www.adoniscreperie.com; Largo Saluzzo 25/e; pasti €15; ⊙8.30-14.30 e 19.30-23 mar-sab, 11.30-15 dom; Ⓜ Marconi, 🚍1, 24, 35, 61)

Coco's

CUCINA PIEMONTESE €

10 Cartina p110, C1

Può una vecchia *piola* piena di ricordi mettere d'accordo gli amanti del cibo della nonna e chi non sbaglia un colpo in fatto di locali trendy? Sì, soprattutto se propone cibo buono, ha un'atmosfera sempre rilassata e riesce a mantenere la genuinità da localaccio storico e insieme il passo con i tempi. (011 19 32 39 18; Via Galliari 28; pasti €15-20; 6.30-19 lun-mer, 6.30-24 gio-sab; 18, 24, 52, 61, 64, 67, 9, 16)

Lo Sbarco

PIOLA €

11 Cartina p110, B1

Giovani, carini e disoccupati? Lo Sbarco si occuperà di voi. Essendo al centro della movida di San Salvario, il dehors affollato e le sale interne con archi e mattoni a vista sono l'ideale per socializzare; la cucina casalinga è buona ed economica. Dopo cena, indugiate nelle chiacchiere proseguendo la serata con qualche drink. (348 498 30 19; Via Silvio Pellico 0; pasti €15-20; 18.30-ultimo cliente, fino alle 3 ven e sab, la cucina chiude alle 23; 1, 18, 24, 35, 61, 67)

Teapot

TISANERIA CON CUCINA €

 Cartina p110, B2

Peccato abbia un orario di chiusura. Altrimenti ci trasferiremmo qui, tra i tavolini, i divanetti, i cuscini, il caminetto, la cucina e il dehors di questo nido accogliente, dove si inizia con la prima colazione del mattino, si passa al brunch e non si può dir di no a una merenda con tè e muffin o a un po' di relax con un'ottima tisana. Consultate la pagina Facebook. (011 19 78 14 81; Via Silvio Pellico 18; pasti €10-18; 8-19 mar-ven e 9-19 sab e dom in inverno, 8-18 mar-ven e 9-15.30 sab e dom in estate; 18, 67)

Barbagusto

 €/€€

13 Cartina p110, A3

Potete anche solo passare per un caffè o un digestivo dopo cena, ma sarebbe un peccato. La romana Alessandra e il piemontese Andrea sono bravi a mescolare materie prime freschissime per creare piatti piemontesi, laziali, liguri. Ogni prima domenica del mese, approfittate del menu a €15. (011 276 02 33; www.barbagusto.it; Via Belfiore 36; pasti €20-25; 12-15 e 19-23 mer-sab, 17-23 dom, 1ª dom del mese aperto a pranzo; 18, 67, 16)

Vita in città
Kebab, che passione!

Non è San Salvario senza un kebab. Nel quartiere dove sono stati aperti i primi ristoranti/takeaway di carne arrostita, la scelta è ampia. Potete per esempio andare da **Horas** (cartina p110, B2; 347 862 20 72; Via Berthollet 24; 10-1, fino alle 5 ven e sab; 18, 67), gestito dall'egiziano Bibo e ormai una vera istituzione, o da **El Shesh** (cartina p110, A4; 011 650 75 50, 333 853 77 97; www.elshishkebab.altervista.org; Via Bidone 21/e; 11.30-1 lun-gio, fino alle 4 ven e sab; 18, 67, 9, 16), a nostro parere uno dei migliori.

Cibo Container
BISTRÒ/GASTRONOMIA €/€€

14 Cartina p110, B3

Qui è tutto curato: le due salette luminose, il dehors estivo e le pietanze della buona gastronomia piemontese preparate con ingredienti del territorio, pronte da portar via o da gustare seduti. Ottima la carne, deliziosi i piatti con formaggio. (011 650 67 49; Corso Marconi 33/b; pranzo €12-20, cena €25-35; 11.30-15 lun-sab, anche 18.30-22.30 mer-sab; 18, 67, 9, 16)

Le Putrelle
OSTERIA €/€€

15 Cartina p110, A3

Appena fuori dalle vie della movida più intensa, dunque più autentica e popolare anche nella location e amata dagli *habitués*. Il Piemonte impera: antipasti di Langa, agnolotti con burro e nocciole, peperoni con *bagna caôda*, da innaffiare con del buon Barbera. Se vedete transitare un piatto di capocollo di Martina Franca non agitatevi: le incursioni pugliesi sono frequenti. (011 659 96 30; www.leputrelle.it; Via Valperga Caluso 11; menu a pranzo €10, pasti €24-28; 12-14.15 e 19.30-22.30 lun-sab; 1, 24, 35, 18, 67, 9, 16)

Spazio Mouv'
CUCINA CREATIVA €€

16 Cartina p110, B1

Si definisce 'natural bistrot' perché la curatissima *merenda sinoira*, il menu a pranzo e a cena, i dolci della merenda e i vini dell'aperitivo sono tutti a base di materie prime selezionate di agricoltori biologici, contadini e allevatori piemontesi dell'Alta Langa. Si definisce 'art gallery' perché nell'ambiente raffinato e profondamente urbano del locale si organizzano mostre ed eventi. (011 669 38 80; www.spaziomouv.it; Via Silvio Pellico 3; pasti €25, merenda sinoira €15; 12-24 mar-ven, dalle 10 sab e dom; 18, 67)

Ristorante Alba
RISTORANTE €€

17 Cartina p110, B1

Uno di quei ristoranti che ci sono da sempre (è centenario: avviato da albesi, oggi è gestito dalla stessa famiglia dal 1978), ma che non fanno clamore. La location è semplice, ma la cucina abruzzese tipica e la competenza dei proprietari si distinguono eccome, tra arrosticini, grissinopoli, pasta alla chitarra. La bacheca con le foto dei VIP del cinema e del teatro lo testimonia. (011 669 20 54; Via San Pio V 8; pasti €25-30; 11.30-15 e 19-24 mer-lun; Porta Nuova, 1, 18, 33, 35, 52, 61, 64, 67, 68, 9)

La Sartoria
CUCINA CREATIVA €€

18 Cartina p110, B2

Un'idea originale: offrire cucina 'su misura', cucita dallo chef per ogni cliente in base alla misura del piatto (medio o large), un ambiente creativo, con vecchie macchine per cucire esposte in una minuscola ex sartoria, un menu sfizioso tra mare e montagna, di qualità ma a prezzi accessibili. (011 046 16 83; ristorantelasartoria.com; Via Sant'Anselmo 27/a; pasti €30-40; 12-14.30 mar-ven, 20-23 lun-sab; 18, 67)

Locali

Scannabue
CUCINA PIEMONTESE €€

19 Cartina p110, A2

L'angolo più solido di Largo Saluzzo: solido come i suoi pavimenti di legno scuro, solido come la certezza di mangiare piatti cucinati con carne piemontese di ottima qualità, pesce freschissimo, ricette impeccabili. Continua a essere alla moda dopo tanto tempo, forse ancora di più da quando ha un nuovo vicino di casa e di dehors: **La Gallina Scannata** (☏011 650 57 23; Largo Saluzzo 25/f; pasti €40; ⊙19-23 mar-sab, 12.30-15.30 e 19-23 dom), aperto in collaborazione con la Pescheria Gallina (p95) e specializzato in cucina di mare, ma con qualche piatto di carne. (☏011 669 66 93; www.scannabue.it; Largo Saluzzo 25/h; pasti €35; ⊙12.30-14.30 e 19.30-23; MMarconi, ☒1, 24, 35, 61)

Welcome Cargo
CUCINA CREATIVA €€€

20 Cartina p110, B2

In controtendenza con la regola ormai imperante del km0, qui i chilometri sono 'illimitati': il 'cargo' gira per il mondo e porta i migliori ingredienti da ogni parte del mondo (black cod dell'Alaska, ostriche di Bretagna, bue di Kobe, vini francesi) in un locale appena nato nel cuore di San Salvario che di internazionale ha anche lo stile elegante (pare d'essere a New York o a Shanghai). (☏011 020 69 29; www.wcargorestaurant.it; Via Principe Tommaso 18/a bis; pasti €40-45; ⊙19-1 mar-dom; ☒18, 67)

Eria (p114)

Locali

Affini
TAPAS/COCKTAIL BAR

21 Cartina p110, A2

Questi muri portano fortuna. Attigui a quelli dell'ex Vermouth Anselmo (dove si beveva il vino liquoroso piemontese preparato secondo l'antica ricetta), dal 2016 ospitano un bar raffinato ma non pretenzioso, oggi uno dei migliori locali per l'aperitivo, a base di ottime tapas (vegane, vegetariane, di carne, di pesce). Ogni drink viene servito con olive, grissini e frittatine, e la parete dietro il bancone, luminosa e piena di bottiglie, è una gioia per gli occhi e per la gola assetata. (☏011 024 01 62; Via Belfiore 16/c; ⊙18-2 dom-gio, 18-3 ven e sab; ☒1, 24, 35, 61)

DDR

La Cuite — VINERIA/TAPAS

22 Cartina p110, B2

Qui le tapas sono piccole e molto gustose, ma ciò che incatena agli sgabelli del minuscolo locale sono i vini buoni e l'atmosfera: non appena si entra o ci si accomoda nel dehors, sembra di esserci sempre stati. Il vivace team ha aperto anche il delizioso **La Cuite Bistrot** (p90), dalla posizione invidiabile in Via IV Marzo 8/b. (☎327 104 93 73; Via Baretti 11/g; ⏱16.30-2; 🚌18, 67)

DDR — COCKTAIL BAR

23 🚇 Cartina p110, B1

Un bellissimo bancone di legno, muri scrostati, divani e sedie di ogni età e stile, oggetti di design e opere d'arte ovunque, anche nel bagno di piastrelle rosse e gialle, dove, sopra il lavandino, una mela e un cartello ricordano che 'una mela al giorno toglie il medico di torno'. È una Germania dell'Est riveduta e corretta quella che ispira questo locale suggestivo, molto piacevole all'ora dell'aperitivo, anche nel lungo dehors estivo. (☎011 036 03 83; www.ddrtorino.com; Via Berthollet 9; ⏱17-1 mar-dom; 🚌24, 61)

Imbarchino del Valentino — BAR

24 🚇 Cartina p110, D3

Ci si immerge nel verde del parco e quasi si sfiorano le acque del Po in questo storico imbarco aperto tutto il giorno, che più torinese di così non si può, costruito su piccole terrazze piene di scalette, alberelli, panche in legno e tavoli con vista panoramica, dove bere un caffè o una birra, mangiare qualcosa e chiacchierare con gli amici. Per ovvi motivi, è consigliato nella bella stagione. (Viale Umberto Cagni 37; ⏱orario variabile; 🚌52, 64, 🚌7, 9, 16)

Brasserie Bordeaux — BRASSERIE

25 🚇 Cartina p110, B2

Resiste negli anni questo locale molto frequentato, grazie alla qualità del cibo proposto all'aperitivo e a cena, recentemente migliorata. L'atmosfera è franco-piemontese, scaldata dal legno e dalla luce soffusa, dagli arredi vintage e dal buon vino. Il dehors è affollato anche in inverno, fatto che non desta stupore in questo tratto di Via Baretti. (☎011 553 97 93; Via Baretti 15/f; ⏱18-2 lun-gio, 18-3 ven e sab; Ⓜ Marconi, 🚌1, 18, 24, 35, 61, 67)

Lanificio San Salvatore APERITIVI/COCKTAIL BAR

26 Cartina p110, B2

La formula rodata di molti locali di San Salvario: apericena, drink notturno, brunch domenicale. È ormai difficile emergere, ma per chi ci riesce il gioco è fatto; come per il Lanificio, che ha uno dei buffet preserali migliori del quartiere, serate a tema e la clientela giusta che segue anche la programmazione musicale. La pecora nel logo e quelle sul bancone ricordano il vero lanificio che un tempo occupava questi locali. (☎011 086 75 68; www.facebook.com/lanificiosansalvatore; Via Sant'Anselmo 30; ⊗18-2 dom-gio, 18-3 ven e sab; ☐18, 67)

Rossorubino ENOTECA/ENOTAVOLA

27 Cartina p110, B2

Si è un po' intimoriti guardando dalle vetrine l'infilata di sale piene di bottiglie, quasi si fosse all'ingresso di una pregiatissima cantina per esperti sommelier. E in fondo è così, con più di 1600 etichette e un numero imbarazzante di vini piemontesi e champagne. Ma il menu dell'enotavola, dove il cibo è sempre abbinato al vino, e la cortesia e competenza dei proprietari vincono ogni imbarazzo. (☎011 650 21 83; www.rossorubino.net; Via Madama Cristina 21; ⊗negozio 10.30-21 lun, fino alle 23.30 mar-ven, 10-23.30 sab, enotavola 12-14.30 e 18-20.30, cena 19-22.30 mar-sab; ☐18, 67)

Biberon RUMERIA

28 Cartina p110, B2

Altro che lattanti e poppate! Qui si tratta di bere (*bibere*) rum (*ron*) in un localino vivace e alternativo dove è impossibile calcolare il numero di etichette, di avventori che si danno il cambio fino a tardissima notte e di bicchierini di rum al miele caldo consumati ogni giorno. Apericena sette giorni su sette. (☎328 281 79 54; Via Silvio Pellico 2/f; ⊗18-2.30 dom-gio, 18-4 ven e sab; Ⓜ Marconi, ☐18, 67)

Divertimenti

Cineteatro Baretti CINEMA/TEATRO

29 Cartina p110, A2

Coraggioso, inossidabile, alternativo. Così è questo teatro di quartiere, da frequentare e sostenere con tutte le forze per la sua programmazione (festival e rassegne cinematografiche, spettacoli fuori dai circuiti maggiori) e per il suo cuore multiculturale e popolare. Rossy de Palma, la picassiana e folgorante attrice di Almodóvar, sceglie questo palcoscenico quando arriva in città. (☎011 65 51 87; www.cineteatrobaretti.it; Via Baretti 4; Ⓜ Marconi, ☐1, 24, 35, 61)

Astoria BAR/DJ-SET/MUSICA LIVE

30 Cartina p110, B1

Si beve e si chiacchiera in superficie, si scende sottoterra 'in the basement' per alcuni dei migliori DJ-set della città e per i concerti di artisti indie,

Vita in città
Più spazio per tutti!

Gli abitanti di San Salvario (e non solo) hanno trovato casa in questi ex bagni municipali. La **Casa del Quartiere** (cartina p110, A3; 011 668 67 72, 393 459 10 27 (bar); www.casadelquartiere.it, www.bagnimunicipali.org; Via Morgari 14; 9-24 dom-gio, fino alle 2 ven e sab; 1, 18, 24, 35, 67, 16;) è oggi un grande spazio multiculturale nella proposta e nell'atmosfera, con il bar aperto tutto il giorno gestito dalla cooperativa Tavola di Babele, uno squisito buffet per l'aperitivo (cuscus, falafel, insalate di riso basmati), attività e corsi di ogni genere, rassegne cinematografiche ed eventi. Fiore all'occhiello è la babysitter condominiale, vale a dire il grande cortile con i giochi per i bambini, che d'estate si occuperà dei vostri figli. Simile nella forma ma diverso negli intenti il polo culturale **Lombroso 16** (cartina p110, B2; 393 219 18 38; www.lombroso16.it; Via Lombroso 16; 9-23; 18, 67, 9, 16), nato dalla collaborazione tra associazioni, biblioteche civiche torinesi e Circoscrizione 8 per realizzare progetti e attività, in particolare nell'ambito del libro, dell'arte e del design: corsi, mostre, spettacoli e incontri, anche nella graziosa terrazza.

rock, punk, electro italiani e internazionali. (345 448 31 56/349 135 39 78; www.astoria-studios.com; Via Berthollet 13; 18.30-2 mar e mer, 18.30-4 gio-sab; Marconi, 1, 16, 24, 35, 18, 67)

Teatro Colosseo — TEATRO

 Cartina p110, A4

L'immensa sala di questo teatro, ristrutturata di recente, è una delle poche a poter accogliere, in una zona centrale, tutti gli spettatori dei concerti di star italiane e internazionali e la ressa che affolla gli show di attori famosi o i musical leggendari. (011 669 80 34/650 51 95; www.teatrocolosseo.it; Via Madama Cristina 71; biglietteria 10-13 e 15-19 lun-sab; 18, 67)

Fluido — COCKTAIL BAR/DISCOTECA

 Cartina p110, D2

Un bello spazio coperto per un ricco apericena a buffet, terrazze panoramiche sul Po dove fare colazione o pranzare, una discoteca al piano di sotto dove ballare nel weekend, un prato dove sedersi sulle stuoie a bere una birra o sdraiarsi per riprendersi dalle esagerazioni notturne prima di tornare a casa. Il regno del Fluido si estende fuori e dentro le mura, dal fiume alle dolci collinette antistanti, e conquista dal mattino al mattino dopo. (011 669 45 57; www.fluido.to; Viale Cagni 7; 10-2.30 mar e mer, 10-4 gio-sab, 10-1 dom; 18, 24, 52, 61, 64, 68, 7, 9, 16)

Lavanderie Ramone — CIRCOLO

 Cartina p110, B1

Da dove iniziare? Per esempio, associandosi. Poi la strada sarà in discesa e vi guiderà durante il giorno tra il bar, la sala prove, lo studio di registrazione e i corsi di musica e fotografia, per condurvi felici la sera nella sala concerti ad ascoltare ottima musica dal vivo. Consultate la pagina Facebook. (Via Berthollet 25/f; ⊙sala concerti 22-3 ven e sab; 🚌34, 52, 🚋7, 9, 16)

Cacao

DISCOTECA

34 ⭐ Cartina p110, C4

Sappiamo che in discoteca si va per ballare. Se poi un locale di quasi 3000 mq è a cielo aperto, ha cinque bar (da scegliere a seconda di che cosa volete bere, dall'aperitivo a notte fonda), due consolle, serate a tema per tutti i gusti e piacevoli spazi nel verde del Parco del Valentino (p108), allora il ritmo è ancora più coinvolgente. Dress code: casual, ma senza esagerare. (☎011 650 21 40; www.cacao torino.com; Viale Ceppi 6; ⊙20-4 mar-dom mag-set; 🚋7, 9, 16)

Teatro Nuovo

TEATRO

35 ⭐ Cartina p110, B5

Teatro dedicato esclusivamente alla danza: spettacoli di balletto classico, danza contemporanea, danza africana, flamenco, tango, teatro-circo… insomma, se si tratta di ballare bisogna farlo su questo palcoscenico. La grande tradizione riguarda però soprattutto la formazione: qui si organizzano stage, laboratori, corsi professionali e ha sede persino un liceo coreutico-teatrale. (☎011 650 02 11; www.teatronuovo.torino.it, www.liceogermanaerba.it; Corso Massimo D'Azeglio 17; ⊙8-22; 🚌67, 9)

Shopping

Atelier Nina Tauro

CAPPELLI

36 Cartina p110, B2

Teste calde, teste matte, diavoli nei capelli troveranno pace in questo atelier dove regna incontrastato l'accessorio più amato dalle amanti degli accessori: il cappello, in tutte le fogge, realizzato a mano. Che cosa chiedere di più? Forse un delizioso copricapo da cerimonia? Non vi preoccupate, troverete anche quello. (☎329 977 5271; www.9style.it; Via Sant'Anselmo 26/c; ⊙11-13 e 16-20 mar-sab; 🚌18, 24, 61, 67)

Si Vu Plé

PETITE ÉPICERIE/BISTRÒ

37 Cartina p110, B1

Qui tutto è Francia: le bottiglie di vino, le mostarde, i paté, le marmellate e le leccornie che riempiono gli scaffali di una vecchia panetteria, l'incredibile numero di formaggi invitanti nel banco frigo e i deliziosi piatti proposti da Elsa e Lauren nella minuscola zona bistrò, che per metà è dentro e per metà, com'è ovvio, *dehors* (primavera ed estate). (☎011 427 98 54; www.si-vu-ple .com; Via Berthollet 11; ⊙13-23 lun, 10-23 mar-sab, 11.30-20 dom; 🚌18, 24, 61, 67)

Trebisonda

LIBRERIA

38 Cartina p110, B1

Corsi, mostre, laboratori e incontri con gli autori, che si concludono spesso con un bicchiere di vino e chiacchiere: quando la letteratura esce dai libri creando occasioni di confronto. Frequenti

San Salvario

Sugo Lab (p123)

le aperture serali per presentazioni di libri. (☏ 011 790 00 88; www.trebisondalibri.com; Via Sant'Anselmo 22, angolo Via Silvio Pellico; ⏱ 10-13 e 16-20 mar, gio-sab, 16-20 mer; 🚍 18, 24, 61, 67)

Ficini — PANETTERIA

39 🛍 Cartina p110, B2

Focacce farcite, schiacciata toscana, pane casereccio, di farro, pizza, dolci regionali: esce di tutto dal forno-laboratorio di Ficini. Prendete il numero, mettetevi in fila e scatenatevi. La lievitazione è naturale, e il pane di cereali senza farine e senza lievito piacerà ai vegani. (☏ 011 669 95 58; www.facebook.com/PanificioFicini; Via Berthollet 30; ⏱ 7-19.30 lun-sab; 🚍 18, 67)

Rrriot Shop — ABBIGLIAMENTO/ACCESSORI

40 🛍 Cartina p110, B1

Qual è il 'look giovane da San Salvario'? Se dovessimo dare una risposta, la troveremmo qui: uno stile un po' minimal, un po' eccentrico, molto alla moda (nordic fashion, nello specifico). A ogni modo, uno zaino in pelle Topman piacerà a chiunque, al di là dell'età e delle mode. (☏ 011 19 50 02 39; www.rrriotshop.com; Via Berthollet 25/a; ⏱ 15.30-19.30 lun, 10.30-13.30 e 15.30-19.30 mar, mer e ven, 10.30-19.30 gio e sab; 🚍 18, 67)

Elenab. — MODA VINTAGE

41 🛍 Cartina p110, A2

Nel grande negozio dell'esuberante Elena troverete vintage nuovo e usato, accessori, cappelli, abbigliamento rivisitato come le giacche militari decorate con fiorellini o i maglioncini di cachemire lavorati con coloriture artigianali. Un viaggio nel tempo che si può fare anche di notte, nel fine settimana, quando l'apertura a volte fino alle 24 rende tutto più suggestivo. (☏ 011 790 05 28; www.facebook.com/elenab.vintage; Via Saluzzo 40; ⏱ 16-20 mar e mer, 11.30-20 gio, 16-23 ven e sab; 🚍 1, 24, 35, 61)

La Marchigiana — SCARPE E BORSE

42 🛍 Cartina p110, A2

In questa attività familiare, le scarpe Wild Shoes sono fatte a mano da Gabriele e Filomena in quel di Ascoli Piceno con materiali naturali e in edizione limitata. Quanto ci costano questi pezzi unici? Il giusto. Allora entrate e comprate anche una borsa Souvenir d'Italie, fatta dalla figlia Daniela, che vive a Torino e vi accoglie in negozio. (📞338 674 90 74; www.facebook.com/wild shoes; Via Saluzzo 33; ⏱10.30-13 e 16-20 mar-sab; Ⓜ Marconi, 🚌1, 24, 35, 61)

Sugo Lab
MODA CREATIVA

43 🔒 Cartina p110, B2

È sempre nascosta dietro la macchina per cucire la fantasiosa Esia, sommersa di stoffa e di lavoro. Ogni tanto, però, si alza e vi illustra le T-shirt, gli zaini in stoffa, i marsupi e le felpe in vendita nel suo laboratorio, fatti a mano all'insegna del riciclo di materiali e della qualità, anche in versione baby. (📞393 161 3258; www.sugolab.com; Via Ormea 38/b; ⏱11-19.30 mar-sab; 🚌18, 67, 🚋7, 9, 16)

Giunone Couture
SARTORIA

44 🔒 Cartina p110, B2

Cinzia e Sabina hanno iniziato con le riparazioni sartoriali e qualche creazione originale. Poi hanno aperto un atelier, e oggi i loro corsi di taglio e cucito sono tra i più seguiti e le loro gonne ripiene di tulle tra le più riconoscibili. Domani e dopodomani continueranno a confezionare abiti dalla linea inconsueta, che tengono in poco conto la taglia del corpo (l'armonia delle forme è universale) ma in grande considerazione la vestibilità e l'originalità. (📞011 582 92 91; www.giunone couture.com; Via Principe Tommaso 27/a; ⏱10-20 mar-sab; 🚌18, 67)

Vinarium
ENOTECA

45 🔒 Fuori cartina p110, A5

Non badate all'orologio che spicca tra gli antichi scaffali di legno, stipati di bottiglie fin quasi al soffitto. Prendetevi il tempo necessario per farvi consigliare, poi sorseggiate un bicchiere seduti a un tavolone di legno, magari accompagnato da un assaggio di salumi o formaggi, e, se siete fumatori, chiudete il cerchio con una sigaretta di piacere nel cortiletto di questa ricca enoteca, un po' spostata rispetto al cuore infuocato di San Salvario, che organizza anche degustazioni. (📞011 650 52 08; www.facebook.com/Vinarium Enoteca; Via Madama Cristina 119; ⏱10-21.30 mar-sab, 15-21.30 lun; Ⓜ Dante, 🚌1, 18, 24, 35, 42, 67)

🔴 Vita in città
San Salvario Emporium

Poteva San Salvario non celebrare a modo suo la moda, l'artigianato, il design, l'editoria indipendente e la grafica? No. Il quartiere della creatività emergente per eccellenza la promuove e le dà spazio con un mercato (laddove ogni giorno si vendono frutta e verdura, sotto le tettoie di Piazza Madama Cristina) per gli amanti dell'handmade che dal 2013, per sei volte all'anno, ospita 100 espositori, tra bancarelle, workshop, musica e spettacolo, oltre che un po' di festa. Tutte le informazioni su www.sansalvario emporium.com.

Scoprire

Lingotto e Nizza Millefonti

Ecco il luogo che ha segnato il destino e l'identità della Torino novecentesca. Ieri polo industriale, oggi hub polifunzionale, il Lingotto ha incarnato per primo la vocazione all'avanguardia e alla metamorfosi ormai radicata nello spirito della città. E, intorno, Nizza Millefonti, un tempo zona ricca d'acqua e oggi 'barriera' popolare e commerciale, dove l'area metropolitana sfuma verso sud.

In un giorno

 L'enorme e modernissimo **MAUTO – Museo dell'Automobile di Torino** (p127) vi darà il buongiorno e vi accompagnerà in un lungo viaggio, affascinante anche per chi non è fanatico di motori. Al termine, scendete dall'auto d'epoca dei vostri sogni e raggiungete **Eataly** (p131), per un altro tipo di viaggio: nel gusto, nell'eccellenza italiana, nell'enogastronomia. Approfittate dell'occasione per un pranzo in uno dei ristorantini tematici o con le delizie di **Casa Vicina** (p130).

 Ristorati dal cibo e dallo shopping, dedicatevi all'arte nella **Pinacoteca Giovanni e Marella Agnelli** (p127) e provate il brivido di camminare sulla pista di collaudo del **Lingotto** (p128). Raggiungete infine la **Passerella** (p128), così il quadro di tutte le trasformazioni della città, dall'epoca industriale a quella olimpica, sarà completo.

Gustate il sapore più autentico del quartiere cenando all'**Osteria del F.I.A.T.** (p130) o all'**Osteria di Pierantonio** (p129), poi tornate al Lingotto per un concerto nella splendida sala dell'**Auditorium** (p130).

 Il meglio

Pasti
Casa Vicina (p130)

Per i bambini
MAUTO – Museo dell'Automobile di Torino (p127)

Pista del Lingotto (p128)

Shopping
Eataly (p131)

 Vita in città

Torino cambia volto (p132)

Trasporti

Autobus Dal centro le linee utili per il Lingotto sono il n. 18, 34 e 35 (anche se la metropolitana è molto più comoda e veloce).

Metropolitana Il Lingotto è servito dal ramo M1 della metropolitana (che va da Porta Nuova al Lingotto stesso). È in costruzione un prolungamento verso Piazza Bengasi con altre due fermate, che dovrebbe entrare in funzione entro l'estate 2018.

126 Lingotto e Nizza Millefonti

Descrizioni
- 👁 Da vedere — p127
- ✖ Pasti — p129
- ⭐ Divertimenti — p130
- 🔒 Shopping — p131

LINGOTTO

Via Zino Zini · Sottopasso (in costruzione) · Via Chisola · Via Nizza · Via Genova · Ospedale Molinette e Cliniche Universitarie · Via Abegg · Via Cherasco · Corso Dogliotti · Via Tepice · Via Busca · Via Alassio · Via Demonte · Via Stellone · Via Bizzozero · Via Thonon · Via Varazze · Corso Spezia · M Spezia · Corso Spezia · Piazza Bozzolo · Via Broni · Via Varaita · Piazza Polonia · Via Bisalta · Ospedale Sant'Anna · Via Nizza · Ellero · Via P. Baiardi · Via Ventimiglia · Ospedale Infantile Regina Margherita · Via San Giuseppe · Via Zuretti · Via P. Baiardi · Via Biglieri · Piazza Giacomini · Via Biglieri · Centro Traumatologico Ortopedico · Via Lavagna · Via Genova · Via Pettinati · Via Finalmarina · Via G. Richelmy · Corso Unità d'Italia · Via Spotorno · Via Garessio · Piazzale F.lli Ceirano · Po · Via Vado · Via Genova · Via Cortemilia · Via Ventimiglia · Via Nizza · Via Millefonti · Largo Millefonti · Corso Unità d'Italia · Viale Paolo Thaon di Revel

NIZZA MILLEFONTI

0 — 200 m
0 — 0.1 miglia

Da vedere

MAUTO – Museo dell'Automobile di Torino   MUSEO

1 Cartina p126, D4

Inaugurato nel 1960 per volere del torinese Carlo Biscaretti di Ruffia, uno dei musei dell'automobile più antichi del mondo, con una delle collezioni più ricche e rare, inizia a sorprendere prima di mettervi piede: l'immagine dell'immenso edificio semicircolare affacciato sul Po è preludio a un enorme atrio metallico e 'spaziale', da cui si parte per un lungo viaggio tra i motori nei tre piani allestiti nel 2011 dal visionario François Confino (lo stesso del Museo Nazionale del Cinema, p60). Dai primi tentativi di locomozione fino agli incredibili prototipi frutto della tecnologia contemporanea, i 160 modelli sono esposti e raccontati in una scenografia interattiva di luci, suoni e video, in cui spiccano le prime 'accelerate' degli anni '20 e '30, lo stile lussuoso delle Cadillac americane, le commoventi creature FIAT del boom economico, la lucida follia delle auto da corsa. (☎011 67 76 66/7/8; www.museoauto.it; Corso Unità d'Italia 40; interi/ridotti €12/8; ⊙10-14 lun, 14-19 mar, 10-19 mer, gio e dom, 10-21 ven e sab, la biglietteria chiude 1 h prima; 🚌17, 34, 42, 45, 74; ♿)

Pinacoteca Giovanni e Marella Agnelli   PINACOTECA

2 Cartina p126, A4

Nello *Scrigno* di Renzo Piano in cima al Lingotto c'è un tesoro di 25 capolavori donati alla città da Giovanni e Marella Agnelli. Immerso nella luce che filtra dalle vetrate, vi dà il benvenuto *Velocità astratta* di Balla (1913), seguito da sei dipinti del Canaletto, le vedute su Dresda di Bellotto, un alabardiere di Tiepolo, due danzatrici di Canova, sette coloratissimi Matisse, *La Négresse* di Manet e tele di Modigliani e Picasso. Visitate anche il livello delle interessanti mostre temporanee e sbucate sulla pista di collaudo delle auto tenendo per mano i vostri bambini: sono stati pazienti, si meritano un po' di divertimento. (☎011 006 27 13; www.pinacoteca-agnelli.it; Via Nizza 230, accesso dall'8 Gallery, p131; interi/ridotti mostra permanente €8/7, cumulativi con mostra temporanea €10/8; ⊙10-19 mar-dom, ultimo ingresso alle 18.15; Ⓜ Lingotto, 🚌1, 18, 24, 35)

Conoscere
Sempre più in alto

Lo vedete, subito a sud del Lingotto, quel grattacielo firmato Fuksas ancora incompleto, con una gru a testimoniare i ritardi e le polemiche? Nella primavera-estate 2017, quando dovrebbe essere inaugurato, diverrà la sede della Regione Piemonte e sarà l'edificio più alto di Torino (205 m), ancora di più del nuovissimo Grattacielo Intesa Sanpaolo (p143) e della Mole Antonelliana (p60), e il terzo grattacielo più alto d'Italia.

Lingotto

3 Cartina p126, A4 — EDIFICIO

È dal 1916, quando fu costruito per ospitare lo stabilimento FIAT (oggi FCA) di Giovanni Agnelli su progetto di Matté Trucco, che il grande comprensorio di edifici in cemento color crema e vetro, oggi fulgido esempio di archeologia industriale, segna la vita della città. Magistralmente riconvertito da Renzo Piano a partire dagli anni '80, è ben visibile nella sua imponenza arrivando da Via Nizza davanti ai grandi padiglioni di Lingotto Fiere, che da sempre ospitano i più grandi saloni di Torino (v. anche p14). Entrando nel centro commerciale 8 Gallery si può ammirare con il naso all'insù la fenomenale rampa elicoidale che porta all'autodromo, mentre raggiungendo la Pinacoteca si può uscire a calpestare il cemento della pista di collaudo delle auto, rarissimo esempio lodato anche da Le Corbusier, su cui svetta in sorprendente equilibrio la celebre **Bolla** (la sala riunioni in cristallo) e da cui si ammira un panorama a 360° sulla Passerella e l'Arco Olimpico (p128) a nord, la collina (p172) a sud e la Basilica di Superga (p177) a est. All'interno ci sono anche un centro congressi, un auditorium (p130), gli alberghi NH Lingotto e NH Lingotto Tech (p223), le 11 sale dell'UCI Cinemas e un supermercato. (☎ 011 664 41 11; www.lingottofiere.it; Via Nizza 294; Ⓜ Lingotto, 🚍 1, 18, 24, 35)

Passerella e Arco Olimpico

4 Fuori cartina p126, A4 — MONUMENTI

A volte, anche i progetti partiti bene non hanno fortuna. A Torino, questo è successo al **Villaggio Olimpico**, costruito per ospitare 2500 atleti in occasione dei Giochi Olimpici Invernali del 2006: le casette colorate, distribuite su una superficie di 100.000 mq, sono oggi in gran parte occupate da immigrati e profughi e non versano in buone condizioni. Ciò, però, non deve trattenervi dal percorrere i 400 m della Passerella che collega il Lingotto e la storica struttura del MOI, gli ex mercati generali (anch'essi oggetto di studi per una riqualificazione), al confine con il Villaggio, passando sotto l'Arco alto 69 m, progettato dall'architetto Hugh Dutton, che ha contribuito a modificare lo skyline della città a inizio millennio. Passerete sopra la ferrovia, avrete alle spalle l'imponente sagoma del Lingotto, sempre più silenziosa man mano che ci si allontana, e davanti lo scenario al tempo stesso triste e conturbante del Villaggio: un quadro profondamente metropolitano. (ingresso dall'8 Gallery o da Via Giordano Bruno 191; ⏱ 6-24, fino all'1.30 ven-dom; 🚍 1, 14, 18, 24, 63)

Palavela e Palazzo del Lavoro

5 Fuori cartina p126, C5 — EDIFICI

Due storie iniziate insieme ma conclusesi diversamente, due edifici simbolo dell'expo Italia '61, sorti in occasione delle celebrazioni per il centenario

MAUTO – Museo dell'Automobile di Torino (p127)

dell'Unità d'Italia, con diversi destini. Il Palazzo delle Mostre, noto come Palavela per la silouhette ardita, è stato ripensato da Gae Aulenti per i XX Giochi Olimpici Invernali; oggi ospita eventi e attività per lo più sportivi, e dalla nascita non ha quasi mai smesso di essere utilizzato. Ben diversa la condizione attuale del Palazzo del Lavoro, capolavoro architettonico firmato da Pier Luigi Nervi nel 1959 (con la collaborazione di Giò Ponti e Gino Covre). Per un attimo è parso dovesse essere trasformato in centro commerciale, ma il progetto è sfumato e ora ci si interroga sul destino di quello che all'epoca fu salutato come un brillante esempio di spazio espositivo di grande innovazione tecnologica. (☏011 616 45 42/366 600 67 83; www.palavelatorino.it; Via Ventimiglia 145; 🚌 34, 45, 74)

Pasti

Silvano GELATERIA €

6 Cartina p126, C1

Il pluripremiato Silvano è un pezzo di storia: in molti si spingono fino a quest'angolo di Via Nizza per gustare il suo 'gelato d'altri tempi', scegliendo un cono di creme o una coppa al tavolo. (☏011 667 72 62; www.gelateriasilvano.it; Via Nizza 142; ⊗8-24 lun-ven, 9-24 dom; Ⓜ Carducci, 🚌 1, 17, 18, 24, 35)

Osteria di Pierantonio OSTERIA €

7 Cartina p126, B2

Un'altra opportunità 'alternativa' di quartiere, a base di buona cucina piemontese tradizionale, menu fissi e prezzi convenienti. Occhio alle serate

Eataly (p131)

tematiche (con funghi o menu a €10): controllate su Facebook. Il mercoledì sera, musica dal vivo al pianoforte. (☎011 67 45 28; Via Bizzozero 15; menu €7-20; ⊙12-14.30 e 19-23 lun-sab; MSpezia Nord, ☐1, 17, 18, 24, 35)

Osteria del F.I.A.T.   OSTERIA €

 Cartina p126, B3

Il vero omaggio alla nota fabbrica sono gli interni stipati di oggetti e decorati con foto del Lingotto e di auto d'epoca e una serie infinita di 500 in miniatura; perché qui F.I.A.T. sta in realtà per 'Fate In fretta A Tavola'. Cibo semplice e casalingo e un'atmosfera da trattoria di periferia, per un pasto veloce fuori dai templi del gusto che si ergono dirimpetto. (☎011 696 26 51; Via Biglieri 2; menu €11-16; ⊙12-15 e 19-23 lun-sab, solo pranzo dom in inverno; ☐1, 17, 18, 24, 35)

Casa Vicina   CUCINA PIEMONTESE €€€

 Cartina p126, B3

Al piano inferiore di Eataly (v. p131), in fondo all'enoteca a sinistra, la tradizione gastronomica di una celebre famiglia della ristorazione piemontese, quella dei Vicina, si esprime con piatti perfetti in cui l'attenzione alle materie prime è maniacale e la presentazione impeccabile. Se sul menu leggete 'giardiniera', 'insalata russa', 'agnolotti', '*bagna caôda*', ricordatevi che qui la semplicità è stata premiata con una stella Michelin. (☎011 19 50 68 40; www.casavicina.com; Via Nizza 224; menu €40-60, pasti €80; ⊙12.30-14 mar-dom, 20-22 mar-sab; MLingotto, ☐1, 18, 24, 35)

Divertimenti

Auditorium Giovanni Agnelli   SALA CONCERTI

 Cartina p126, A4

La sala da 1901 posti è interamente rivestita di pannelli di ciliegio con un'acustica perfetta; ospita le stagioni concertistiche di **Lingotto Musica** (☎011 667 74 15; www.lingottomusica.it), altri appuntamenti musicali, convention e congressi. Situata all'interno del **Centro Congressi Lingotto** (☎011 631 17 11; www.centrocongressilingotto.it), è stata ricavata in uno dei cortili interni dell'ex stabilimento FIAT Lingotto. Inaugurata nel 1994, è stata realizzata su progetto dell'architetto Renzo Piano nell'ambito della conversione del comprensorio industriale in modernissimo centro polifunzionale. (Via Nizza 280; MLingotto, 1, 18, 24, 35)

Lingotto Fiere POLO FIERISTICO

 Cartina p126, A5

Nel corso degli anni milioni di visitatori sono passati nei 50.000 mq del principale polo fieristico torinese, in occasione di alcuni importanti eventi culturali e commerciali come il Salone Internazionale del Libro (p14), il Salone del Gusto e Terra Madre (p17), questi ultimi ora riuniti e diffusi tra San Salvario, il Parco del Valentino e il centro, Artissima (p18) e, da qualche anno, anche il festival di musica elettronica Club To Club (p18). (011 664 41 11; www.lingottofiere.it; Via Nizza 294; MLingotto, 1, 18, 35)

Shopping

Eataly GASTRONOMIA

12 Cartina p126, B3

Ha ammiratori e detrattori, ma la creatura dell'imprenditore di Alba Oscar Farinetti, nata a Torino e diffusasi rapidamente nelle maggiori città italiane e all'estero (Tokyo, New York, Istanbul, Dubai ecc.) ha avuto un tale successo che è d'obbligo entrare a fare acquisti o gustare delizie gastronomiche di qualità (v. anche p51). Nel grande mercato del gusto che occupa gli ex stabilimenti della Carpano ci sono irresistibili ristorantini (Il Pesce, La Carne, Le Verdure, I Salumi e i Formaggi, La Pasta, La Pizza, Il Fritto e la Birra, L'Aperitivo, La Pasticceria, L'Agrigelateria San Pé) e spazi per la didattica (10 aree tematiche, tre aule, il Museo Carpano, ovvero del Vermouth, biblioteca e libreria). Al piano inferiore, la ricca cantina con oltre 5000 etichette dall'Italia e dal mondo, il nuovo wine bar 'Pane e Vino' (vini al calice, tapas, stuzzicherie e selezioni di formaggi e salumi), e la Birreria, con le eccellenze della tradizione brassicola italiana. Insomma, un parco giochi della gola in cui è piacevole perdersi. (011 19 50 68 01; www.eatalytorino.it; Via Nizza 230/14; 10-22.30; MLingotto, 1, 18, 24, 35)

8 Gallery CENTRO COMMERCIALE

13 Cartina p126, A4

Anche qui c'è lo zampino di Renzo Piano: l'8 Gallery conserva la struttura storica su cui è stato innestato (il Lingotto), prime fra tutte la splendida rampa elicoidale (p128) all'ingresso. I 90 negozi, i 300 mq di spazio giochi per i bambini, i 14 ristoranti, le 11 sale dell'UCI Cinemas, il giardino interno dall'aspetto tropicale o l'accesso diretto alla Pinacoteca Agnelli (p127) l'hanno reso un centro commerciale di tutto rispetto. Presto le cose cambieranno: sono previsti un restauro e un restyling di grandi proporzioni (inizio dei lavori entro il 2017), intesi a rendere l'8 Gallery e il Padiglione 5 del Lingotto un polo commerciale di rinnovata importanza. (011 663 07 68; www.8gallery.it; Via Nizza 262; 10-21 lun-gio, 10-22 ven-dom, ristoranti e cinema fino alle 24; MLingotto, 1, 18, 24, 35;)

Vita in città
Torino cambia volto

Una città abituata a cambiare: perché costretta alle metamorfosi dal corso della storia, perché culturalmente e geograficamente propensa a guardarsi intorno, ad accogliere e a metabolizzare le influenze e gli stimoli, perché capace di sfruttare il suo grande potenziale storico, architettonico, industriale e creativo per intraprendere nuove strade. Fatto sta che oggi Torino è in una nuova fase di fermento: finita l'era industriale e passata l'euforia delle Olimpiadi, cerca di procedere nell'innovazione architettonica, urbanistica e culturale, infondendo nuova vita a edifici e quartieri che in passato ne avevano un'altra. Non è semplice essere esaustivi, ma si può tracciare uno schizzo dei vari elementi che nel recente passato hanno modellato un nuovo corpo per la città e che sono il fulcro del cambiamento di oggi e domani.

Lingotto
La vocazione alla riqualificazione è nata qui. Nel 1982, la svolta: il ciclo produttivo nello stabilimento FIAT viene interrotto. Inizia una nuova era per la città, e la rifunzionalizzazione dello spazio industriale anticiperà molti dei processi di restyling e riqualificazione a cui Torino andrà incontro (p128).

Italia '61
In occasione dell'Expo 1961, nel centenario dell'Unità d'Italia, Torino si è agghindata per stupire: con il Palazzo delle Mostre (oggi Palavela), il Palazzo del Lavoro, la monorotaia ALWEG, il Circarama (che proiettava film a 360°), la funivia tra il Parco del Valentino e il Parco Europa. Non tutto è sopravvissuto o gode di ottima salute, ma ottimi esempi di riqualificazione sono il **Palavela** (p128), riprogettato da Gae Aulenti per le Olimpiadi del 2006, e la **Stazione Nord** della monorotaia, oggi casa di accoglienza per le famiglie dei bambini ricoverati nella Città della Salute. Una nuova stazione della metropolitana (Italia '61-Regione Piemonte) è in costruzione in corrispondenza del grattacielo.

Torino sud
Andiamo a sud, ma oltre il Lingotto: al di là del nucleo dell'ex fabbrica e delle costruzioni olimpiche, tutta l'area è interessata da importanti mutamenti: la salita al cielo del **Grattacielo della Regione Piemonte**, che ha contribuito a cambiare il paesaggio e il profilo della città; il grande progetto

Torino cambia volto

L'ex MOI (mercato ortofrutticolo all'ingrosso)

della **Città della Salute**, nei terreni adiacenti al grattacielo, che ospiterà le nuove sedi di tutti gli ospedali e le strutture sanitarie più importanti, e contemplerà dunque l'espansione del polo sanitario più grande d'Europa; e, al di là della ferrovia, verso ovest, la ristrutturazione delle **arcate dell'ex MOI**, il mercato ortofrutticolo all'ingrosso (p128), che ospiteranno il futuro polo scientifico-tecnologico interuniversitario per la ricerca biomedica.

Mirafiori
L'ex area industriale FIAT in Corso Settembrini, dov'è stata scritta la storia italiana dell'automobile e del design, oggi ospita il nuovo **campus della Mobilità e del Design** del Politecnico di Torino e in estate si trasforma nello **Spazio MRF**, con concerti, eventi sportivi ed enogastronomici, un lunapark, due discoteche. Nel 2016 nell'area di 50.000 mq si è svolta anche la prima edizione della **Torino Fashion Week**.

Eredità olimpica
Oltre al Villaggio, alla Passerella e all'Arco Olimpico (p128), Torino ha ricevuto in eredità alcuni importanti impianti sportivi, che dopo il 2006 hanno conosciuto un nuovo destino: l'ex **stadio** comunale, divenuto olimpico per i Giochi Invernali, oggi è dedicato al Grande Torino e ospita le partite della squadra granata; il **Palasport Olimpico** (anche PalaAlpitour o PalaIsozaki), costruito per ospitare le gare di hockey

su ghiaccio, è la sede di grandi concerti; e il **Palasport Tazzoli**, edificato su una struttura preesistente all'aperto, è ancora oggi utilizzato per gli sport su ghiaccio. Una storia non sportiva è quella della **Casa del Teatro Ragazzi e Giovani** (p210), edificio degli anni '30 risorto a nuova vita durante i lavori per le Olimpiadi.

La Spina 1

Tre corsie per senso di marcia, ampi marciapiedi, piste ciclabili, aiuole spartitraffico, opere d'arte contemporanea (dall'*Opera per Torino* di Per Kirkeby all'*Igloo Fontana* di Mario Merz, v. cartina p140, B3), antiche locomotive e una serie di imponenti pali bianchi per l'illuminazione che danno la sensazione di trovarsi in una città di mare nel sud della Spagna d'estate o a Berlino d'inverno: si presenta così la Spina 1, la prima a essere stata ultimata delle quattro previste dall'architetto Vittorio Gregotti nel suo ambizioso progetto Spina Centrale, che sta trasformando l'assetto e la viabilità di Torino dagli anni '90, sull'asse nord-sud un tempo occupato dal passante ferroviario.

La Spina 2

2016: la Spina 2 si apre in tutto il suo splendore. Corre lungo Corso Inghilterra, passa per la nuovissima Stazione Porta Susa e per il Grattacielo Intesa Sanpaolo (p143).

La Spina 3 e 4

La Spina 3 e la Spina 4 prevedono la costruzione di aree verdi e parchi, e la riconversione di fabbriche dismesse.

A tutt'oggi sono stati realizzati l'**Environment Park**, il **centro commerciale Dora**, il **Parco Dora** e numerosi edifici residenziali nella Spina 3, mentre l'area della Spina 4, che si sviluppa lungo Corso Venezia nella zona nord della città ed è inserita nel progetto più ambizioso, ha già visto la nascita del **Museo Ettore Fico** (p157), del **Parco Spina 4** e il recupero dell'ex fabbrica **Incet**, oltre a essere luogo di fermento culturale e urbanistico per eccellenza.

Dall'industria alla cultura

Qualora si dimenticasse che Torino è stata governata dall'industria, alcuni dei progetti museali e culturali più interessanti, ospitati in ex spazi industriali, sono lì a ricordarlo. Tra questi: le **OGR – Officine Grandi Riparazioni** (p142), antiche officine ferroviarie diventate un centro per la cultura (con un destino attualmente da definire); le **Fonderie Limone** (p199) di Moncalieri, un bellissimo teatro; la centrale termica delle Officine Lancia, un edificio razionalista degli anni '30, ora museo d'arte contemporanea della **Fondazione Merz** (p142); lo spazio industriale di Via Modane, ora la mondanissima **Fondazione Sandretto Re Rebaudengo** (p142); il **Parco Arte Vivente** (PAV), centro per l'arte contemporanea ideato nel 2008 dall'artista Piero Gilardi in una zona di installazioni industriali; la **Lavanderia a Vapore** (p199) di Collegno, affascinante spazio per la musica ricavato in un'ex lavanderia al confine del Parco della Certosa.

Torino cambia volto

Il Parco Dora (p134)

Ristrutturazioni museali

Per potersi dire polo culturale del nuovo millennio, bisogna saper individuare i propri assi nella manica e valorizzarli. Quasi tutti i musei più importanti di Torino sono stati rinnovati o sono nati dal recupero di edifici storici dei generi più diversi: si è iniziato nel lontano 1984 con l'inaugurazione del Museo d'Arte Contemporanea presso il **Castello di Rivoli** (p192), splendida residenza sabauda, e si è proseguito con il recupero della **Reggia di Venaria Reale** (p188), il restauro della **Palazzina di Caccia di Stupinigi** (p194), il restyling del **Museo dell'Automobile** (p127), del **Museo Egizio** (p34), dei **Musei Reali** e di **Palazzo Madama** (p36), e l'apertura del **MAO** (p90), del **Polo del '900** (p94) e del **Museo del Carcere 'Le Nuove'** (p143).

Torino Città Universitaria

L'Università di Torino ha già iniziato a rinnovarsi e a espandersi con il sorprendente **Campus Einaudi** (p171), adagiato lungo il fiume Dora, il **Centro del Design** a Mirafiori (p133), la riqualificazione dei grandi spazi della **Manifattura Tabacchi** in Corso Regio Parco, che fu la Regia Fabbrica del Tabacco da metà Ottocento al 1996, e del palazzo di **Torino Esposizioni** (p109), dove sono state inaugurate alcune aule didattiche. Il programma di espansione e ammodernamento sta trasformando Torino in una città universitaria di primissimo livello.

Scoprire

Crocetta, San Paolo e Cenisia sud

Aspettatevi netti cambiamenti di paesaggio e d'atmosfera, da un quartiere all'altro: la tranquillità, le villette e i palazzi altoborghesi della Crocetta, il più immobile nel tempo; il vivace carattere popolare di Borgo San Paolo, che continua a parlare del suo passato operaio (Lancia, Ansaldo, Pininfarina); l'ex area industriale di Cenisia, con il Politecnico a delimitarne il confine sud-orientale.

In un giorno

Appassionati di arte contemporanea, è il vostro momento. Fate il pieno di energia svegliandovi con un buon caffè con panna da **Testa** (p144), poi visitate la collezione permanente e le mostre temporanee (sono sempre interessanti) della **GAM** (p138). Passate davanti al grande complesso delle **OGR** (p142), quindi rifocillatevi con un veloce piatto di sushi e sashimi da **Japs!** (p144): il pesce crudo fa bene al cervello.

Nel pomeriggio vi aspetta una doppietta eccezionale: la **Fondazione Merz** (p142) e la **Fondazione Sandretto Re Rebaudengo** (p142), interessanti contenitori d'arte ed esempi di riqualificazione di ex spazi industriali. Nella seconda potrete anche prendere un aperitivo, chiacchierando delle ultime tendenze artistiche. In alternativa, potete aspettare l'ora di cena visitando il suggestivo **Museo del Carcere 'Le Nuove'** (p143).

Se vi siete mossi per tempo e volete vivere un'esperienza di lusso, potete cenare al ristorante **Piano 35** nel Grattacielo Intesa Sanpaolo (p143), da dove dominerete la città illuminata. Se invece soffrite di vertigini, optate per l'ottima cucina di mare di **Civassa** (p146) o per un classico fuori dal tempo come **Al Gatto Nero** (p146). Dopo, avrete tutto il tempo per trascorrere una serata davvero insolita al circolo culturale polacco **Polski Kot** (p147).

 Da non perdere

GAM (p138)

 Il meglio

Architettura
Grattacielo Intesa Sanpaolo (p143)

La Spina 1 (p134)

OGR (p142)

Arte
Fondazione Merz (p142)

Fondazione Sandretto Re Rebaudengo (p142)

Storia
Museo del Carcere 'Le Nuove' (p143)

Relax
QC Termetorino (p147)

Trasporti

Autobus 2, 5, 11, 12, 14, 33, 42, 55, 56, 58, 60, 63, 64, 66, 68, 91, 92, 94

Metropolitana Porta Nuova, Re Umberto e Vinzaglio

Tram 4, 10, 15, 16

Da non perdere
GAM

Se le 47.000 opere d'arte, tra quelle esposte e quelle conservate, per una collezione permanente tra le più antiche e importanti d'Italia, e le mostre temporanee che richiamano visitatori da tutta Italia non vi bastano, sappiate che la Galleria Civica d'Arte Moderna e Contemporanea di Torino non è solo un museo: è un pilastro nella storia museale della città (ha più di 150 anni!), è simbolo di innovazione nel modo di gestire l'arte e di goderne, e promuove lo studio, la formazione e la divulgazione attraverso corsi, incontri, progetti inediti. Benvenuti!

- Cartina p140, F1
- 011 442 95 18
- www.gamtorino.it
- Via Magenta 31
- 10-18 mar-dom, la biglietteria chiude 1 h prima
- interi/ridotti €10/8 collezione permanente, ingresso gratuito 1° mar del mese
- M Vinzaglio, 5, 64, 68, Star 1, 7, 9

Una sala del museo

GAM

In primo piano

La collezione permanente

Ovvero l'Ottocento, il Novecento e il mondo contemporaneo raccontati da una collezione di oltre 47.000 opere tra dipinti, fotografie, video, sculture, installazioni, incisioni e disegni. Dal 2009, grazie all'allestimento dell'allora direttore Danilo Eccher, il percorso non è più cronologico ma è diventato tematico, suddiviso in quattro sezioni: **Infinito** (con opere di Fontana, Boetti, Schifano e altri), **Velocità** (dove si passa da Picasso a Scarpitta, da Renoir a Capogrossi), **Etica** (un busto di Canova seguito da un volto femminile di Modigliani, per arrivare a un interno di Felice Casorati) e **Natura** (i materiali organici di Burri, la natura morta di De Chirico, lo studio della luce di Fontanesi).

Le mostre temporanee

Tra il 2013 e il 2014, una grande mostra su Renoir ha fatto formare code infinite davanti al museo, dando inizio a una nuova stagione di eventi di grande successo di pubblico, proseguita, tra le altre cose, con l'esposizione delle opere di Monet provenienti dalle collezioni del Musée d'Orsay (ottobre 2015-febbraio 2016). La stagione espositiva sotto la guida della nuova direttrice Carolyn Christov-Bagargiev è stata invece inaugurata nel 2016 dalla mostra *Organismi*, che esplorava la relazione tra art nouveau e contemporaneità.

La GAM partecipa all'Art Project del Google Cultural Institute, grazie al quale si possono approfondire la storia e ammirare le collezioni con una visita virtuale; al fondo della homepage del sito internet del museo, sotto 'Google Art Project', cliccate su 'Scopri il progetto'.

☑ Consigli

▶ Rivolgetevi alla **Cooperativa Teathrum Sabaudiae** (☎011 521 17 88) per le visite guidate (€5).

▶ Siete alle porte dell'isola pedonale della Crocetta, il cuore tranquillo e benestante del quartiere, con splendide ville, giardini nascosti, viali alberati. Usciti dal museo, fate dunque una passeggiata fino a Corso Duca degli Abruzzi: al civico 24, un enorme edificio razionalista ospita la sede principale del **Politecnico di Torino**, fiore all'occhiello della città dal 1958.

▶ Non perdetevi le mostre temporanee, ma ricordate che è sempre meglio comprare il biglietto online e in anticipo, onde evitare lunghe attese.

✕ Una pausa

La **Caffetteria** è aperta negli stessi orari del museo e dal 2016 ospita gigantesche formiche nere sui muri rosa shocking, opera dell'artista americana Erin Hayden.

Da vedere

Fondazione Sandretto Re Rebaudengo ARTE CONTEMPORANEA

1 Cartina p140, A3

'The place to be' per l'arte contemporanea in città: non solo perché i grandi spazi bianchi, corredati di bookshop e caffetteria trendy, ospitano sempre almeno tre o quattro mostre dei più importanti artisti italiani e internazionali, ma anche perché la Fondazione, nata nel 1995, ha sempre avuto l'occhio più attento alle novità e agli emergenti, svolgendo un'attività molto influente di sostegno e promozione della contemporaneità tramite incontri con gli artisti, conferenze, attività didattiche, eventi speciali affollatissimi. La sede, ricavata in un'area industriale in disuso, è divenuta museo nel 2002 grazie all'incontro tra la presidente Patrizia Sandretto Re Rebaudengo e il direttore artistico Francesco Bonami. (☏011 379 76 00; www.fsrr.org; Via Modane 16; interi/ridotti €5/3, ingresso gratuito gio; ⏱20-23 gio, 12-19 ven-dom; 🚌58/)

Fondazione Merz ARTE CONTEMPORANEA

2 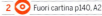 Fuori cartina p140, A2

Nel 2005 l'ex centrale termica della Lancia, affascinante edificio degli anni '30 nel cuore di Borgo San Paolo, è stata trasformata in un museo d'arte contemporanea di 3200 mq da Beatrice Merz, allo scopo di conservare ed esporre il fondo di opere del padre Mario e mettere in atto un brillante progetto di connessione tra mostre dedicate al grande protagonista dell'arte povera e progetti temporanei site-specific di artisti italiani e stranieri. Visitate anche la ricca biblioteca al piano superiore (non serve il biglietto della Fondazione) e non perdetevi il giardino, dove d'estate si svolge la rassegna musicale 'Meteorite in Giardino' e dove potrete affacciarvi alla vasca esterna degli ex serbatoi, la traccia più evidente della passata attività industriale. Scendendo le scale dell'enorme cavità potrete raggiungere anche da qui lo spazio espositivo del piano interrato, che talvolta ospita eventi, tra cui

---

Conoscere
OGR – Officine Grandi Riparazioni

In occasione del 150° anniversario dell'Unità d'Italia si è potuta celebrare la rinascita di questo capolavoro dell'architettura industriale torinese (Corso Castelfidardo 22; 🚌55, 68, 🚋9), costruito fra il 1885 e il 1895 e dismesso all'inizio degli anni '90, nei cui 190.000 mq si costruivano e riparavano treni, come ricordano la locomotiva e il vagone al centro della rotatoria antistante. Dopo il periodo di rinnovato splendore, in cui hanno ospitato mostre, concerti ed eventi, oggi sono nuovamente in restauro, con lo scopo di diventare un polo di produzione e ricerca culturale, in collaborazione con imprese e università.

spettacoli del Festival delle Colline (p16). (📞011 197 194 37; www.fondazionemerz.org; Via Limone 24; interi/ridotti €6/3,50; ⏱museo: 11-19 mar-dom, biblioteca: 14-18 mar-ven e 1° sab del mese; 🚌55, 56, 64)

Museo del Carcere 'Le Nuove'

MUSEO

 Fuori cartina p140, C1

Il Carcere 'Le Nuove' (attivo tra il 1870 e il 2003) è un'importante testimonianza a livello europeo della nuova concezione di organizzazione carceraria sviluppatasi a fine Ottocento; ma ciò che conta davvero, quando si entra tra le sue mura, è l'inevitabile immedesimazione: si prova un improvviso e potente senso di empatia per i partigiani e gli ebrei che, caduti nelle mani dei tedeschi dopo l'8 settembre 1943, furono condannati a morte e da qui passarono prima di partire dal binario 17 di Porta Nuova alla volta dei lager. Oltre a questo, il ricordo dell'ultima esecuzione capitale avvenuta in Italia, delle rivolte, del terrorismo. La visita guidata di due ore è dunque interessante ma soprattutto emozionante: vi porterà negli angusti spazi delle celle della sezione femminile, del **Primo Braccio** tedesco e dei condannati a morte, così come nei cubicoli che si affacciano sulla cappella, accompagnati lungo il percorso dalle varie testimonianze. Si può visitare anche il **Ricovero Antiaereo**, formato da due lunghe gallerie a 18 m di profondità, scovato per caso da alcuni idraulici nel 2010 e aperto al pubblico nel 2012 dopo duri lavori di scavo. Il Carcere è stato per alcuni anni la sede

Vita in città
Il Grattacielo Intesa Sanpaolo

Gesto di prepotenza? Simbolo del potere del denaro? Espressione di creatività architettonica? Entusiasmi e critiche hanno toccato i torinesi mentre negli ultimi anni vedevano crescere il grattacielo progettato da Renzo Piano. Nel 2015, il gigante di acciaio e cristallo alto 166 m (per rispetto nei confronti dei 167,5 della Mole) e affacciato sulla Spina 1, davanti alla Stazione Porta Susa, si è riempito di uffici e persone, mentre nel 2016 ha aperto le porte al pubblico, che partecipa agli eventi speciali, cena nel lussuoso ristorante panoramico **Piano 35** (Corso Inghilterra 3; 📞011 438 78 00/04; https://secure.prenota-web.it/piano35; ⏱12.30-14.30 e 20-22.30 mar-sab, solo cena lun, su prenotazione), beve un drink nel lounge bar **Panorama** (📞011 438 78 37; ⏱18-24 lun-sab) e visita l'auditorium e la serra bioclimatica all'ultimo piano. Dall'interno è più facile apprezzare l'alta tecnologia e le prospettive sorprendenti dell'opera: i piani sono 37 fuori terra e sei sotterranei, il progetto avveniristico a basso impatto ambientale prevede un complesso sistema di riscaldamento con pannelli fotovoltaici, raffreddamento estivo con acqua di falda e controllo dell'illuminazione naturale con un sistema motorizzato. Dai 150 m della terrazza dominerete la città godendo di una vista del tutto inedita.

suggestiva di *The Others*, la prima fiera italiana dedicata all'arte emergente (p18), che nel 2016 si è spostata nell'ex Ospedale Regina Maria Adelaide, in Lungo Dora Firenze 87. (☏011 760 48 81; www.museolenuove.it; Via Borsellino 3; interi/ridotti per ciascun percorso €6/4; ⊙visite guidate al museo: 15 lun-sab, 15 e 17 dom, 9, 15 e 17 la 2ª dom del mese, visite guidate al Ricovero Antiaereo: 17.15 sab e dom su prenotazione tramite il sito; ☐55, 68, ☐9)

Pasti

Il Siculo
GELATERIA €

Il locale è ricco: di oggetti, d'atmosfera, di persone, di gusti di granita siciliana (mandorla, gelsi, fichi, violetta, arancia...) tra le più buone in città e di scelte per il gelato, i sorbetti, le mousse. Esagerate con la panna montata, godetevi la cortesia dei gestori e tornate presto, perché adesso conoscete il segreto di questo più che trentennale successo. (☏011 54 25 29; Via San Quintino 31; ⊙12-24 mer-dom; ☐55, 57, 60, 68, ☐7, 9)

Testa
GELATERIA/CAFFÈ €

È nata nel 1938 come latteria. Ha inventato la crema chantilly (quella all'italiana), ossia l'unione celestiale tra panna montata e crema pasticcera che rende indimenticabili alcuni pasticcini piemontesi. Certo non è più come un tempo, nonostante la collezione di diplomi, ma, se volete aggiungere un cucchiaio di panna al caffè o al gelato al cioccolato fondente senza latte, noi vi incoraggiamo senz'altro a farlo. Oggi trovate il gelato e la panna di Testa anche in Corso Racconigi 20 (quartiere Cenisia), alla pasticceria Visconti. (☏011 59 97 75; Corso Re Umberto 56; ⊙7-20 lun-sab; Ⓜ Re Umberto, ☐11, 14, 63, ☐15)

Pane e Companatico
PANINI €

Il locale è spartano, ma come potrebbe essere altrimenti? Qui regna incontrastato il sovrano del pasto senza fronzoli: il panino. Entrate, prendete il numero, scegliete il tipo di pane e il companatico dalla ricchissima varietà di ingredienti da gastronomia (salame, funghi, peperoni, acciughe al verde, formaggi freschi...), pagate a peso e il gioco è fatto, semplice e delizioso. Chiedete conferma alla folla di studenti del Politecnico che qui si sazia ogni giorno. (☏333 466 96 52; Via San Paolo 6 bis; panini €3-5; ⊙9-20.30 lun-ven, 10-14.30 sab; ☐68)

Japs!
SUSHI BAR €

Nostalgia dei sushi places frequentati durante il vostro viaggio in Giappone? Ritrovatene l'atmosfera, i colori, lo stile e soprattutto il gusto in questo sushi bar della Crocetta (che ha sedi anche in Via Sant'Anselmo 19 a San Salvario, in Via Carlo Alberto 27 e presso il centro commerciale Le Gru a Grugliasco), sotto lo sguardo protet-

Japs! (p144)

tivo di un enorme lottatore di sumo dipinto sul muro. (☏ 011 434 96 24; www.japs.it; Corso Alcide De Gasperi 8; sushi/sashimi misti €8-19,40; ⊙12.15-15 e 18.30-22.30 lun-sab, 18.30-22.30 dom; 🚌5, 11, 42, 64, 🚊15, 16)

Osteria Le Ramin-e   CUCINA PIEMONTESE €/€€

8 Fuori cartina p140, A1

Cucina piemontese creativa tra modernità e tradizione, materie prime provenienti dalle valli pinerolesi e il calore di una vecchia trattoria di provincia in versione cittadina. Ormai è chiaro che si tratta di una formula di tendenza, ma non sempre la realizzazione effettiva è vincente come in questo caso. (☏ 011 380 40 67; www.leramine.it; Via Isonzo 64; menu degustazione a pranzo €12, a cena €28; ⊙12-14.30 e 19.30-22 lun-ven, 19.30-22 sab; 🚌2, 64, 🚊15)

Osteria Antiche Sere   CUCINA PIEMONTESE €€

9 Fuori cartina p140, A1

Per scaldarsi in una fredda sera d'inverno, con un piatto di agnolotti e uno stinco cucinato a dovere, oppure per godere di un po' di fresco nella *topia* (il cortile interno con il pergolato di vite) e ritrovare la pace a suon di tomini al verde o rossi, salame crudo e zabaione al moscato quando l'afa estiva non lascia scampo. Una vera osteria di città, che accoglie, nutre e rilassa come una piemontesissima *piola* di campagna. (☏ 011 385 43 47; Via Cenischia 9; pasti €25-35; ⊙20-22.30 lun-sab; 🚌68)

Ristò Civassa

CUCINA DI MARE €€/€€€

 Fuori cartina p140, A1

Se sentite il rumore delle onde tra Cenisia e Borgo San Paolo, vuol dire che il Plateau Royal di frutti di mare vi dev'essere proprio piaciuto. O è stata la lotta all'ultimo sangue con quel granchio fresco a darvi alla testa? Noi ci siamo inebriati di spaghetti allo scoglio e branzino, e ci è sembrato quasi di respirare la brezza del mare. Insomma, qui il pesce è molto fresco e buono, ancora di più a pranzo, con il menu a €15. Provate anche l'**Osteria Civassa**, in Via Castegnevizza 7, nel quartiere di Santa Rita. (011 382 13 28; Via Martiniana 14/c; menu degustazione €32-44; 12-14 e 19.30-22 mar-sab; 22, 55, 56, 92)

Kido – Ism

CUCINA FUSION €€€

 Cartina p140, D5

L'amore, si sa, dà i suoi frutti, anche in cucina. Nasce infatti dall'idea di una coppia italo-giapponese (lui, lo chef Takashi Kido, di Kyoto, lei di Aosta) questo raffinato ristorante dove si reinventano ricette giapponesi, spagnole e italiane per creare interessanti combinazioni di sapori mediterranei e asiatici: agnolotti del *plin* ripieni di radice di loto, guanciale di vitello brasato al miso, filetto di fassone con sale allo yuzu. L'inno alla cucina fusion continua anche nei dolci, che si tratti di una tarte tatin di cachi con gelato al rum e uvetta o di una Sacher al cioccolato fondente, arancia e gelato al latte di soia. *Arigatō* e *arvëdse*! (011 509 65 61; www.kidoism.it; Corso Rosselli 54/a; pasti €45-55; 20-22.30 lun-sab; 5, 42, 64, 66)

Al Gatto Nero

CUCINA CLASSICA D'IMPRONTA TOSCANA €€€

 Cartina p140, F5

L'atmosfera senza tempo, la semplicità e la perfezione dei piatti, i sapori indimenticabili mettono d'accordo tutti e, nella maggioranza dei casi, mettono anche a tacere: non c'è molto da dire quando la pasta con le vongole, la fiorentina o le patate fritte sono semplicemente come devono essere. Un locale storico che appartiene alla stessa famiglia dal 1927, con una cantina eccezionale. (011 59 04 14; www.gattonero.it; Corso Turati 14; pasti €45-70; 12.30-14 e 20-22 lun-sab; 92, 4)

Locali

Casa Manitù

BAR

 Fuori cartina p140, A1

Grande apartment bar su due piani, dove, tra arredi colorati, salottini e lampadari elaborati, Adam Smith vi accoglierà per pranzare e organizzare feste ed eventi, in una cornice stravagantemente britannica. Il punto di forza sono gli ottimi cocktail e il ricchissimo aperitivo a buffet, oltre al resident DJ del venerdì e sabato sera. Consultate la pagina Facebook. Prenotazione consigliata. (011 447 52 71; Via Virle 19; 12-15 lun-ven, 19.30-24 mer e dom, fino alle 2 gio-sab; 56, 94, 16)

Divertimenti

Polski Kot — CENTRO CULTURALE POLACCO

14 ⭐ Cartina p140, G2

Un'idea forte e originale: rassegne cinematografiche, dibattiti, presentazioni di libri, mostre, corsi di lingua, il festival Slavika, concerti, tutto sulla Polonia e per la Polonia. Il bar offre bevande polacche (non perdetevi le degustazioni di vodka), mentre le cene a tema (partecipate a quella a base di *pierogi*, ossia panzerotti ripieni dolci e salati) si preparano con ingredienti che arrivano esclusivamente dalla Polonia. In questo centro culturale dall'atmosfera unica si scopre di non conoscere molto, di questa Polonia, e viene voglia di andarci. (333 520 5763; polskikot.wordpress.com; Via Massena 19/a; 19-2 mer-sab, 15-23 dom; M Re Umberto, 11, 12, 14, 58, 63, 92, 4, 15)

Polski Kot

QC Termetorino — CENTRO BENESSERE

15 ⭐ Cartina p140, G1

Sauna, vasche sensoriali, massaggi, idromassaggi, cascata, docce, bagno turco, sale relax: che ne dite di una pausa benessere nel cuore di Torino, magari seguita da un aperitivo in accappatoio nel giardino? Tutto nella splendida cornice di Palazzo Abegg, edificio storico del 1875. (011 434 50 70; www.qctermetorino.it; Corso Vittorio Emanuele II 77; ingresso lun-ven/sab, dom e festivi €42/52; 10-23 dom-gio, 10-24 ven e sab; M Re Umberto, 14, 33, 52, 64, 67, 68, Star 1, 9, 15)

Cab 41 — CABARET

16 ⭐ Cartina p140, C4

È un teatrino di 160 posti che s'ispira, per intenderci, allo Zelig di Milano, nel solco della stand-up comedy anglosassone, ma con un'anima profondamente locale: i migliori comici piemontesi (cresciuti nel laboratorio Lab 41) e molti attori, maghi e improvvisatori provenienti da tutta Italia riempiono il cartellone e le serate, davvero spassose. (011 50 49 85; www.cab41.it; Via Fratelli Carle 41; 21-fine spettacoli mar-sab; 5, 11, 64, 66, 91, 10)

QC Termetorino (p147)

Teatro Gioiello

TEATRO

17 Cartina p140, D3

Gestito dalla compagnia Torino Spettacoli come il Teatro Alfieri (p101) e il Teatro Erba (p210), dal 2000 è tra i teatri più frequentati della penisola. Per fare alcuni esempi: *Forbici Follia* ha fatto 50.000 spettatori in cinque mesi di repliche, *Swish Swish* ne ha fatti 54.000, *Una notte al bistrot* ha registrato il tutto esaurito per sei mesi. Commedia popolare, cabaret e spettacoli comici: successo e grande pubblico garantiti! (📞011 580 57 68; www.torinospettacoli.it; Via Cristoforo Colombo 31; ⏱biglietteria: 10-17, spettacoli: 21 mar-sab, 16 dcm; 🚌5, 42, 64)

Shopping

Mercato Crocetta

MERCATO

18 Cartina p140, D3

Uno dei mercati più famosi di Torino, soprattutto per le calzature e l'abbigliamento. Cercate di fare un primo giro di perlustrazione e poi partite all'attacco. La seconda domenica del mese, nella sede solita o in altre località del Piemonte, c'è Crocetta Più, in collaborazione con i commercianti di altri mercati della città e di tutta Italia, anche con bancarelle di antiquariato e vintage. (www.mercatocrocetta torino.it; Via Marco Polo, Largo Giandomenico Cassini e Vicolo Crocetta; ⏱8.30-13.45 lun-ven, 8.30-18.45 sab, 8.30-18.45 2ª dom del mese; 🚌5, 11, 42, 64, 🚋15, 16)

Shopping

Verdelilla
MODA/DESIGN

19 Cartina p140, G1

Lo storico palazzo Ceriana Gavotti (1909), con i suoi 400 mq, i soffitti alti 5 m, i decori in gesso, le vecchie porte originali e i pavimenti in parquet, è la nuova sede di Verdelilla e dei suoi laboratori artigianali: una location di grande charme, perfetta per i capi firmati da raffinati designer e scovati dalla proprietaria soprattutto fra Italia e Francia. A farvi perdere definitivamente la testa saranno poi gli accessori, anche nel negozio di Corso Re Umberto 17. (📞011 517 27 01; www.verdelilla.it; Via Assietta 17; ⏱10-19 mar-sab; MRe Umberto, 🚌11, 12, 14, 33, 58, 63, 🚋15)

Pink Martini
OGGETTI DI DESIGN

20 Cartina p140, D3

Lampadari di plastica colorata, specchi di ogni forma e formato, carta da parati, le inconfondibili grandi lettere di alluminio da usare come portaoggetti o solo per celebrare il proprio ego. Si gioca un po' in questo negozio di interior design, mescolando i materiali e i colori della serie infinita di oggetti per l'arredamento e la decorazione. Anche in zona Gran Madre, in Via Monferrato 23/c, e a Rivoli (nei dintorni di Torino), in Via Giolitti 2/e. (📞011 59 95 45; www.pinkmartini.it; Corso De Gasperi 21/c; ⏱10-13 e 15.30-19.30 mar-ven, 10-13.45 e 14.45-19.30 sab; 🚌5, 11, 42, 58, 64, 91, 🚋10)

Pasticceria Sacco
PASTICCERIA

21 Cartina p140, D3

Potete sempre dare la colpa alla gentilezza di chi vi serve da dietro il bancone o alla solidità di una tradizione che continua dal 1956, se oltre a qualche delizioso pasticcino extra aggiungerete ai vostri acquisti anche una manciata di cioccolatini e quell'irresistibile torta ai frutti di bosco e crema pasticcera che sembra chiamarvi dalla vetrina. Se poi passate di qui nel periodo natalizio, non potete perdere il panettone artigianale. (📞011 59 99 91; www.saccopasticceriatorino.it; Corso De Gasperi 9; ⏱8-19.30 mar-sab, 8-13 dom; 🚌11, 42, 58, 91, 🚋10, 15, 16)

Bottega Storica Odilla Bastoni
CIOCCOLATO/PASTA FRESCA

22 Cartina p140, C4

Qui l'arte del cioccolato è una tradizione di famiglia: dalla sapienza artigiana del laboratorio nascono praline, gianduiotti, cremini, tavolette, creati su antiche ricette e con la qualità più pregiata di cacao venezuelano. Il tutto impreziosito dalla piemontesità delle nocciole delle Langhe o declinato in mille varianti creative e originali. Uno spirito artigianale che recentemente ha dato vita all'altra anima della bottega: il Pastificio Baltuzzi di Via Fratelli Carle 40. (📞011 50 48 52; Via Fratelli Carle 38; ⏱8.30-13 e 15-19.30 lun-sab; 🚌5, 11, 64, 66, 91, 🚋10)

Scoprire

Vanchiglia, Vanchiglietta e Aurora

Immergetevi nell'intensa vita diurna e notturna di Vanchiglia, storico borgo popolare ma epicentro di mondanità e nuove tendenze. Respirate l'atmosfera di Vanchiglietta, il *borgh dël fum* dove le fabbriche sono diventate luoghi di creatività alternativa. Curiosate nelle strade di Aurora, dove nuovi musei, gallerie, spazi per la musica e progetti urbanistici stanno delineando la strada verso il futuro.

In un giorno

☀️ Ordinate un cappuccino e un cannolo siciliano alla **Pasticceria Primavera** (p159) per immergervi subito nel mix di Nord e Sud Italia di Vanchiglia. Passeggiate per le vie del quartiere, osservando le bizzarre proporzioni della **Fetta di Polenta** (p156), curiosando nei negozi e in qualche galleria d'arte (p156). Raggiungete la Dora, ammirate il **Campus Einaudi** (p171), attraversate il fiume sulla passerella per dare un'occhiata alla sede della **Film Commission** (p156) e poi rifocillatevi da **Laleo** (p159).

☀️ Spostatevi sui mezzi pubblici fino all'ex cimitero di **San Pietro in Vincoli** (p156), passando tra gli insoliti edifici della **Piccola Casa della Divina Provvidenza** (Cottolengo, p157), prima di godervi una mostra al **Museo Ettore Fico** (p157). C'è ancora tempo per un giro in **Via** e in **Piazza Borgo Dora** (p152), passando davanti alla Scuola Holden ed entrando nel Cortile del Maglio. Tornate in Vanchiglia per un aperitivo alle **Cantine Meccaniche** (p162) o, al di là della Dora, nella piazzetta della **Lumeria** (p164).

🌙 Voglia di pesce? Cenate al **Chiosco dello Zoo** (p162). Ottima cucina vegan? Tutti da **Soul Kitchen** (p161). Grande raffinatezza? **Magorabin** (p162) fa per voi. L'importante è sentirsi carichi: vi aspettano uno spettacolo al **Caffè della Caduta** (p166), chiacchiere e drink fino a tardi al **Margò** (p163) o al **Dunque** (p163), un party techno al **Bunker** (p167) o un concerto allo **Spazio 211** (p166).

Scoprire

 Vita in città

Via e Piazza Borgo Dora (p152)

 Il meglio

Pasti
Il Chiosco dello Zoo (p162)

Soul Kitchen (p161)

Magorabin (p162)

Gelati e granite
Torre (p157)

Gelateria Popolare (p153)

Gasprin (p158)

Shopping
Balôn (p169)

Il Ponte sulla Dora (p169)

Rooster Vanchiglia (p169)

Ombradifoglia (p170)

Divertimenti
Spazio 211 (p166)

Caffè della Caduta (p166)

Bunker (p167)

Trasporti
🚌 **Autobus** 11, 18, 19, 24, 27, 30, 46, 49, 51, 53, 55, 57, 68, 70, 91, 92, 93b, Star 1

🚊 **Tram** 3, 4, 6, 10, 15, 16

Vanchiglia, Vanchglietta e Aurora

Vita in città
Via e Piazza Borgo Dora

Poche zone in città condensano in una manciata di metri il fascino storico e le contraddizioni del presente come questa strada e questa piazza al confine tra la vivacità di Vanchiglia e il volto popolare e autentico di Aurora. Alle spalle di Porta Palazzo (p83), segna anche il passaggio dal centro storico a quello multiculturale. Ritagliatevi del tempo (meglio se il sabato mattina!) per un'indimenticabile passeggiata.

❶ Via Borgo Dora

Merita una lenta passeggiata questa strada acciottolata di rigattieri e antiquari che ogni sabato e la seconda domenica del mese diventa il centro animatissimo del Balôn e del Gran Balôn (p83). Oltre che per le botteghe stipate di oggetti e arredi, e per il viavai degli abitanti provenienti da ogni parte del mondo, si caratterizza

Via e Piazza Borgo Dora

per l'alta concentrazione di ristoranti e locali, molti dei quali pietre miliari della ristorazione torinese e punti di riferimento affettivo, tutti consigliati.

❷ I ristoranti
Si respira un'atmosfera da vecchio Piemonte nell'albergo-ristorante **San Giors** (☎ 011 521 63 57; Via Borgo Dora 3; ⊙12-14.30 e 20-22.30 mar-sab, solo pranzo dom), rinnovato e arricchito di opere d'arte contemporanea; si mangia dell'ottimo gelato artigianale alla **Gelateria Popolare** (☎ 348 670 87 13; Via Borgo Dora 3; ⊙12.30-24 in estate, 13-20 in inverno); ci si gode il locale gradevole e l'ottimo cibo al **Tartifla Bistrot** (☎ 331 735 83 23; Via Borgo Dora 6; ⊙12-15 lun-mer, anche 18-23 gio-sab o su prenotazione per gruppi min 10 persone, 11-19 2ª dom del mese) e al **Cortiletto** (☎ 011 436 71 83; Via Borgo Dora 29; ⊙19.30-22 mar-dom, anche 12.30-14.30 sab); si viaggia in Marocco con un delizioso cuscus da **Al Jazira** (☎ 011 765 07 01; Via Borgo Dora 26; ⊙10-2). Sanno invece di antico e popolare le luci e gli odori della **Trattoria Valenza** (☎ 011 521 39 14; Via Borgo Dora 39; ⊙12-14.30 e 20-22.30 mar-sab), dove da tempo immemore si mangiano piatti tipici spendendo poco.

❸ Piazza Borgo Dora e l'ex Arsenale Militare
Il percorso porta dritti in Piazza Borgo Dora, che a tratti pare la conclusione confusa del vivace calderone della zona di Porta Palazzo, ma che invece ha una storia di tutto rispetto e nasconde segreti interessanti. Per prima cosa, entrate nel **Cortile del Maglio**, la grande piazza coperta ancora dominata dal maglio delle fucine dell'ex Arsenale Militare; da non perdere soprattutto a dicembre, quando trabocca di bancarelle natalizie. Date uno sguardo al **Cortile dei Ciliegi**, poi proseguite verso il fiume cercando la torre con l'orologio dell'ex Caserma Cavalli: l'edificio, splendidamente ristrutturato, oggi ospita la **Scuola Holden** fondata da Alessandro Baricco. Più avanti, prima del ponte sulla Dora, ecco la parte dell'ex Arsenale riattata da Ernesto Olivero per ospitare il **Sermig** (Servizio Missionario Giovani), che da 30 anni promuove la solidarietà, il dialogo, l'educazione alla pace e l'aiuto ai bisognosi.

❹ TurinEye
Dall'altro lato della piazza, in mezzo agli alberi del piccolo giardino, è agganciata la mongolfiera **TurinEye** (☎ 011 436 70 33 www.turineye.com; interi/ridotti €13,50/6,50 lun-ven e €15,50/8 sab, dom e festivi; ⊙consultare il sito, chiuso mar), pronta a salire fino a 150 m di altezza e a offrire ai vostri bambini il divertimento che stavano aspettando.

❺ Stazione di Porta Milano
Alle spalle della mongolfiera si erge la stazione di Porta Milano, nota anche come Ponte Mosca o Ciriè-Lanzo, oggi dismessa. Se nel frattempo vi è venuta fame, fate due passi lungo la Dora: dietro il Sermig troverete la **Bocciofila Mossetto** (☎ 011 521 36 26; Lungo Dora Agrigento 16; ⊙14-19 lun, 10-24 mar-dom), dove potrete pranzare nella *topia* (il pergolato) con i veterani del campo di bocce.

154 Vanchiglia, Vanchiglietta e Aurora

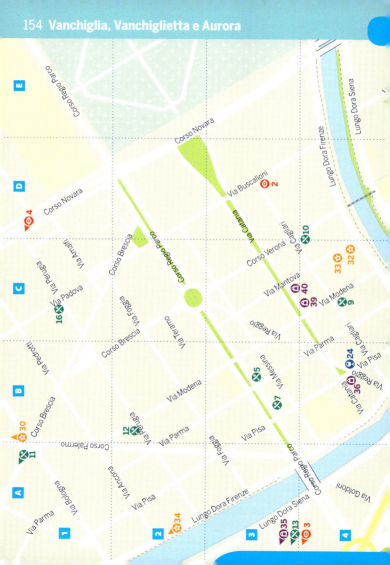

155

Descrizioni

🔴 Da vedere	p156	
🟢 Pasti	p157	
🔵 Locali	p162	
🟠 Divertimenti	p166	
🟣 Shopping	p169	

Da vedere

Fetta di Polenta
EDIFICIO

1 Cartina p154, C8

Potrebbe essere la dimora di un personaggio delle fiabe o parte di un set cinematografico, invece Casa Scaccabarozzi fu progettata da Antonelli (vissuto qui per alcuni anni con la moglie, la nobildonna Francesca Scaccabarozzi) e sorge bizzarra in mezzo ad altre case di quartiere. Niente di strano se la si guarda dal basso del marciapiede; allontanandosi però verso la chiesa di Santa Giulia, si capisce perché sia detta 'Fetta di Polenta': oltre a essere gialla, presenta un lato della sua pianta trapezoidale di soli 54 cm; c'è da rallegrarsi del fatto che la sottile estremità, in piedi dal 1840, continui a esistere. Oggi è un'abitazione privata e, purtroppo, non è visitabile. È qui d'obbligo citare altri due gioielli firmati Antonelli: proseguendo di un isolato verso il fiume su Corso San Maurizio, ecco l'inconfondibile facciata rossa e gialla di Casa Antonelli (1846), che ospita il **Caffè del Progresso** (www.caffedelprogresso.it; Corso San Maurizio 69/b; ⊙chiuso per lavori al momento della stesura della guida). La sede storica del caffè, frequentato da carbonari e rivoluzionari, si trovava in origine dall'altro lato del corso, nella Palazzina Verdi, nata come albergo. (Via Giulia di Barolo 9; 🚌24, 30, 55, 🚋15, 16)

Film Commission Torino Piemonte
CASA DI PRODUZIONE

2 Cartina p154, D3

A testimoniare il ruolo di primo piano della città nel panorama del cinema italiano, c'è anche questo bellissimo spazio voluto dalla Film Commission Torino Piemonte nell'ex lanificio Cologno come sede ufficiale: 9400 mq di uffici, sale costumi, sale casting, sale attrezzi, set per produzioni televisive e cinematografiche, e un caffè-ristorante aperto al pubblico dove (chissà?) potreste incontrare il vostro attore preferito. (📞011 237 92 01; www.fctp.it; Via Cagliari 42; ⊙9-13 e 14-18 lun-ven; 🚌19, 68)

San Pietro in Vincoli
EX CIMITERO

3 Fuori cartina p154, A4

L'architettura neoclassica settecentesca, il grande cortile porticato dall'atmosfera sospesa, che nasconde un

✓ Il consiglio
Il tour delle gallerie d'arte

Per chi è appassionato d'arte, solo curioso o vuole conoscere la realtà dinamica di Vanchiglia, la **Galleria Moitre** (cartina p154, C7; 📞338 142 63 01; www.galleriamoitre.com; Via Santa Giulia 37 bis) organizza un tour delle gallerie del quartiere (poi esportato a San Salvario e in centro), che tocca, oltre alla galleria promotrice, anche la Burning Giraffe Art Gallery, Metroquadro Arte Contemporanea e la galleria Opere Scelte; ma l'itinerario può variare nel tempo.

ossario, i sotterranei e le cripte: non perdetevi la visita al primo cimitero costruito fuori dalla cinta muraria della città, dove venivano sepolti sia i non abbienti (nei pozzi adibiti alla sepoltura comune) sia i nobili (sotto i portici). Oggi ospita eventi culturali, in particolare mostre, spettacoli teatrali e i concerti dai risvolti dark del Varvara Festival (p16; dal nome della principessa russa qui sepolta e poi trasferita, che pare però si aggiri ancora da queste parti). (Via San Pietro in Vincoli 12; 52, 67, 91, 3, 10, 16)

MEF – Museo Ettore Fico

MUSEO

4 Fuori cartina p154, D1

Le mostre ospitate al Museo Fico, aperto alla ricerca e alla sperimentazione dei linguaggi artistici, sono sempre interessanti e ben curate. L'edificio di vetrate, luci suggestive e gradevolezza diffusa aggiunge però quel magico tocco contemporaneo che s'inserisce perfettamente nel contesto della Spina 4, ricco di spazi riqualificati, fermento e voglia di futuro. Frequenti i concerti e le performance di varia natura: dal 2015 il museo offre i suoi spazi anche al TODays Festival (p16) e dal 2016 è la sede principale di **Dreamers** (www.dreamerstorino.it), kermesse di moda contemporanea, a ottobre. (011 85 25 10; www.museofico.it; Via Cigna 114; interi/ridotti €10/8; 14-19 mer-ven, 11-19 sab e dom; 46)

Conoscere

La Piccola Casa della Divina Provvidenza

Come sono profondamente torinesi gli enormi palazzi che si susseguono e quasi incombono misteriosi sulle strade poco frequentate di questo angolo del quartiere Aurora... È una città nella città il **Cottolengo** (Via Cottolengo 14; 52, 67, 3, 16), dal nome del suo fondatore, istituto di carità per portatori di handicap, minori, anziani, tossicodipendenti, extracomunitari e bisognosi in genere, gestito da suore e volontari, con una storia e un'immagine radicate nella cultura della città. Nato nel 1828 per accogliere dementi, epilettici e sordomuti, ha influenzato anche il dialetto piemontese: *cutu* (da *cutulengu*) è il termine spregiativo per indicare uno stupido.

Pasti

Torre

CREMERIA/BAR €

5 Cartina p154, B3

Gelati, dolci siciliani, pasticceria fresca... Tutto è goloso ed estremamente invitante, ma diciamoci la verità: il motivo per cui Torre è insuperabile sono le granite artigianali. Provate quella alla mandorla, al pistacchio, ai gelsi o ai fichi, magari con panna e brioche, e la Sicilia vi sembrerà più vicina. (011 247 62 84; www.facebook.com/torre.cremeriabar; Corso Regio Parco

158 Vanchiglia, Vanchiglietta e Aurora

Cimitero di San Pietro in Vincoli (p156)

28/a; ⏱7-20 lun-sab ott-apr, 7-1 lun-sab, solo gelati e granite da passeggio 15-24 dom mag-set; 🚌19, 24, 27)

Gasprin
GELATERIA €

6 Cartina p154, B7

Nata a Moncalieri (p195) nel 1929 come latteria, parla di tradizione a partire dall'arredamento in legno dietro il bancone. Se però si assaggiano il gelato cremoso (il croccante all'amarena fa girare la testa!), lo yogurt con la frutta fresca, un affogato da passeggio o la coppetta Bicerin (gianduia, caffè espresso e panna montata), anche il futuro sembrerà radioso. (☎011 763 35 87; Corso San Maurizio 49/a; ⏱10-20.30 in inverno, fino alle 23 ven e sab in primavera e autunno, 10-ultimo cliente in estate, chiuso gen; 🚌24, 68, Star 1)

Raspino
PASTICCERIA €

7 Cartina p154, B3

Questa eccellente pasticceria artigianale con dehors dal 1959 sforna brioches, girelle all'uvetta e panettoni (solo nel periodo natalizio) per la prima colazione dei golosi e per la gioia degli appassionati dei dolci di Natale, oltre a preparare paste, pasticcini e marron glacés per i devoti della tradizione piemontese senza tempo. Se poi capitate da queste parti all'ora di pranzo, non perdetevi i suoi panini perfetti. (☎011 85 01 42; www.raspino.eu; Corso Regio Parco 24; ⏱7.30-20 mar-ven, 7.30-13 e 15.30-20 sab, 7.30-19.30 dom; 🚌19, 24, 27)

Pasticceria Primavera
PASTICCERIA/CAFFÈ €

8 Cartina p154, C6

Una cassata o una sfogliatella in miniatura, un cannolo siciliano con ricotta fresca, un arancino o uno sfincione possono rendere felici. In questo caso, sono aiutati dalla qualità degli ingredienti e dal calore della famiglia siciliana che li prepara e li serve, in un locale dall'aria provinciale e rilassata dove sentirsi a casa. Una tappa obbligata, dimostrazione lampante che dove c'è sostanza non serve l'interior design. Da lunedì a sabato, a pranzo, cinque tipi di pasta siciliana (con le sarde, alla Norma...) preparati con ingredienti freschi a €5-7. (☎011 812 22 41; Via Sant'Ottavio 49-51; ⏰7.30-20 lun-sab, 7.30-13.30 e 15-20 dom; 🚌Star 1, 🚌3, 6)

/pai/bikery
CICLOFFICINA E RISTORO €

9 Cartina p154, C4

Un buco nella gomma e tanta fame? Che fortuna! Nella zona oggi universitaria di Via Cagliari c'è un'officina per biciclette annessa a una graziosa caffetteria con slow food. Prime colazioni e merende a base di muffin, cheesecake e torte casalinghe, pranzi con zuppe, hamburger di qualità, panini e insalate, il brunch domenicale a base di pancake dolci e salati, sciroppo d'acero e frutta fresca. La prossima volta ci tornerete anche a piedi. (☎011 036 01 06; www.paibikery.com; Via Cagliari 18/d; pasti €10; ⏰9.30-20 mar-ven e 10.30-19 sab e dom; 🚌19, 68)

Laleo
STREET FOOD DI QUALITÀ €

10 Cartina p154, D4

Uno dei primi locali della rinascita mondana al di là della Dora, questo ristorantino di cibo da passeggio (ma dove si può mangiare anche comodamente seduti ai tavoli) è stato aperto nel 2015 da Eleonora Guerini, critico e autrice del Gambero Rosso che ha dato nomi *cool & chic* ai supplì ('dorate') dagli ingredienti vari e alle tasche di pane farcite ('pocha'), e ha centrato il bersaglio. Propone anche zuppe, estratti di frutta e verdura, ottime torte, tutto gustoso e veloce. (☎011 23 30 12; laleo.co; Corso Verona 38/e; pasti €10-15; ⏰11-23 lun-sab; 🚌19, 68)

Grande Muraglia
CUCINA CINESE €

11 Fuori cartina p154, A1

Più che un ristorante, un'esperienza; soprattutto quando l'enorme sala kitsch, con tanto di finto cielo stellato al soffitto, è stata prenotata in blocco da famiglie cinesi che festeggiano compleanni e battesimi. Anche nei momenti di ordinaria amministrazione, tuttavia, la clientela cinese è sempre numerosa (garanzia di qualità) e gli esperti confermano che il cibo è come quello autentico che si mangia in Cina, qui cucinato con prodotti freschi e cura estrema. Il consiglio è esagerare: ordinate alghe fritte, ravioli brasati e in brodo, taro saltato in padella, *lamian* con verdure, pollo al peperoncino e zenzero e birra cinese: sarete sazi, felici e increduli di fronte al conto bassissimo. (☎ 011 553 94 20; Corso Emilia 2; pasti €10-20; ⏲11-15 e 19-24; ☐11, 50, 51, 92, ☐4)

Trattoria Primavera
CUCINA SARDA €

12 Cartina p154, B2

La signora Monserrata, che vive a Torino da quasi quarant'anni, gestisce questa piccola trattoria molto frequentata, in cui gli arredi saranno forse gli stessi dagli anni '70 ma l'atmosfera casalinga, gli appetitosi *culurgiones* e il conto invitano a badare alla sostanza, che è ciò che conta. Una sorpresa gradita è l'ottimo vino della casa, bianco o rosé, del vitigno Nuragus. (☎ 011 570 95 57; Via Perugia 19; pasti €11,50-18,50; ⏲12-15 e 19-23 lun-sab; ☐24, 27, 93)

Il consiglio
Street art

In genere gli artisti della bomboletta non hanno vita facile, ma a Torino sono stati loro concessi spazi da riempire e in alcune zone la città si è fatta museo a cielo aperto. Tra Vanchiglia e Aurora, cercate l'enorme ratto di Roa in Lungo Dora Savona 30, proseguite in Via Fiochetto con gli animali di Ericailcane e ammirate la coloratissima città di Truly Design in Via Cagliari 15/b; poi, se vi siete appassionati, consultate la mappa su www.inkmap.it e continuate il viaggio.

La Rusnenta
CIRCOLO CULTURALE €

13 Fuori cartina p154, A3

Citofonate, salite al primo piano, entrate nell'appartamento, cenate con buon cibo regionale casalingo mentre un'orchestrina suona ottimo jazz, uscite sul terrazzino a fumare o a bere il bicchiere della staffa. Qualcosa non torna? Siete in un circolo culturale con cucina aperto al pubblico nel cuore della zona del Balôn, non a casa di amici. Anche se sembra proprio così. (☎ 340 186 47 64/333 261 99 29; www.larusnenta.com; Via Andreis 11; pasti €15-20; ⏲20-24 mer-ven, 12-24 sab, 12-16 2ª dom del mese; ☐11, 51, 92, ☐4)

Trattoria Ala
CUCINA TOSCANA €/€€

14 Cartina p154, B6

Se quel che merita è la cucina toscana buona ed economica (pasta casereccia al cinghiale, zuppetta di pesce alla viareggina, funghi o carciofi fritti, seppie alla livornese) e poco contano i tavolini vicini vicini e la concitazione, allora Ala è l'ideale. Locale storico nel cuore di Vanchiglia, oggi è al centro della movida, per cui è bene prenotare. Mercoledì, paella! (☎ 011 817 47 78; www.trattoria-ala.it; Via Santa Giulia 24; pasti €17-29; ⏲12-14.30 e 19-22.30 lun-sab; ☐Star 1, ☐3, 6)

Scalo Vanchiglia
PIZZERIA/RISTORANTE €/€€

15 Cartina p154, B6

Buona la pizza e buoni i piatti italiani, con ricette del Sud, soprattutto siciliane (provate gli spaghetti con colatura di alici o il tonno scottato), rivisitate in chiave contemporanea e omaggio alla tradizione di una Torino 'meridionale' che sopravvive in epoca postindustriale. Il locale, a parte un grosso murales di dubbio gusto, è gradevole e spazioso, con un dehors estivo sterminato. Se poi il personale è simpatico e il conto non sale troppo, il gioco è fatto. (011 88 36 91; www.scalovanchiglia.it; Via Tarino 3; pizze €5,50-13, pasti €24-36; ⏱19.30-23.30, fino alle 24 ven-dom; 🚌24, 🚌16)

Quadre   CUCINA CREATIVA   €/€€

16 Cartina p154, C1

Nelle strade ampie e tranquille di Borgo Dora, tra fabbriche in disuso e loft silenziosi, una gradita sorpresa: la 'rilettura del cibo' di questo giovanissimo ristorante, pulito, ordinato, tutto giallo e grigio, con scaffali colmi di bottiglie di vino da ordinare o acquistare. Il menu del pranzo cambia ogni mese, quello della cena ogni 45 giorni. Noi abbiamo avuto la fortuna di assaggiare sublimi gamberi su crema di avocado, pasta con burro d'acciughe e pan grattato e un biancomangiare con crema di caffè e mandorle caramellate; del resto, grazie agli ingredienti naturali e stagionali, agli ottimi vini e alle birre artigianali, tutti selezionati dai migliori produttori del territorio, è difficile sbagliare. (011 765 03 73/347 800 37 47; www.quadrefood.it; Via Perugia 41; menu pranzo €10-12, pasti €26-35; ⏱12-15 lun, 12-15 e 18.30-22.30 mar-gio, 18.30-24 ven e sab, 14-24 brunch e cena 1ª dom del mese,

Lumeria (p164)

la cucina chiude 30 min prima; 🚌18, 57, 75, 77, 93)

Soul Kitchen   CUCINA VEGANA   €/€€

17 Cartina p154, A5

Nel 2013 è nata una stella nel firmamento vegano e crudista. Il nome fa riferimento a un 'cucina dell'anima' che tanto va di moda, e chi ha visto il film di Fatih Akın, *Soul Kitchen* appunto, potrebbe fantasticare sulle analogie tra questo ristorante e il locale protagonista del film: legno, lavagne, muri imperfetti, eclettismo nello stile. Qui, però, domina una certa *coolness* alla newyorkese e il cibo è eccellente: i cuochi riescono a far apprezzare i piatti vegani anche a chi di solito li sdegna. Prenotate, soprattutto nel weekend. (011 88 47 00; www.

Tapas alle Cantine Meccaniche

thesoulkitchen.it; Via Santa Giulia 2; menu a pranzo €15-20, pasti €30-35; ⊗12.30-14.30 e 19.30-22.30 mar-sab; ☒Star 1)

Il Chiosco dello Zoo

CUCINA DI MARE €€

Si chiama così perché in origine era un chiosco vicino all'ex zoo di Torino. Poi si è spostato qui. Nel 2014 Alberto, l'attuale proprietario giunto dal Lazio pieno di entusiasmo, ha rilevato il locale e l'ha trasformato in un ottimo ristorante di pesce a menu fisso dal costo accessibile. I gamberi crudi vengono da Mazara del Vallo, la battuta di tonno agli agrumi e il tonno rosso scottato sono strepitosi, gli spaghetti alla chitarra con cozze e pomodorini si rivelano un'eccellente combinazione. (☎346 747 07 82; Via Bava 30/g; menu degustazione €25; ⊗20-23 mar-dom, ma dom aperto solo secondo la disponibilità del pescato; ☒30, 55, Star 1, ☒15)

Magorabin

CUCINA CREATIVA €€€

 Cartina p154, C7

Si è conquistato una stella Michelin lo chef Marcello Trentini, grazie alle magie gastronomiche della sua cucina con influenze piemontesi e mediterranee, e alla proposta eccezionale della carta dei vini. Il locale, a due passi dalla Mole, è intimo e raccolto, per una pausa ristoratrice anche dal traffico di Corso San Maurizio. (☎011 812 68 08; www.magorabin.com; Corso San Maurizio 61/b; menu pranzo €40, pasti €70; ⊗19.30-23 lun, 12-15 e 19.30-23 mar-sab; ☒24, 68, 93, ☒16)

Locali

Cantine Meccaniche

VINERIA/TAPAS BAR

 Cartina p154, C7

Ha aperto da poco, ma è difficile trovare difetti a questo gradevole locale tutto bianco, con un bel dehors estivo, che spicca nella selva un po' selvaggia dei locali di Vanchiglia. Il gestore è competente, il vino (spillato direttamente al bancone e venduto anche in pratiche bottiglie da mezzo litro; circa la metà delle etichette è biologica) è ottimo, le tapas per l'aperitivo sono deliziose. Non lo diciamo così per dire: la tripletta di piattini alle acciughe (con burro, crema di peperoni e salsa verde) e le polpette di melanzane e menta creano dipendenza. Si può anche cenare, una volta alla settimana anche a tema. (☎338 322 75 44/348 784 26 78; www.cantinemeccaniche.it; Via Buniva 13/m, angolo Via Santa Giulia; ⊙18-2; 🚌30, 55, Star 1, 🚋15)

Barricata
BAR/BISTRÒ

21 Cartina p154, D6

Sembra strano, ma in Piazza Santa Giulia, dove il mattino c'è il mercato di quartiere e di notte il cuore della movida, ci si può anche rilassare. Il Barricata, alternativo nell'animo e nei prezzi, è una 'casa' accogliente, che propone un aperitivo a buffet semplice ma gustoso, buona cucina casalinga e interminabili serate di chiacchiere sui massimi sistemi nel dehors. (☎011 19 71 41 55; www.facebook.com/barricata.barbistrot; Via Giulia di Barolo 48/m; ⊙18-2 dom-gio, 18-3 ven e sab; 🚌Star 1, 🚋3, 6)

Margò
APERITIVI/COCKTAIL BAR

22 Cartina p154, C7

Volete una dose concentrata di Vanchiglia? Andate al Margò. Per un pranzo, un caffè, un aperitivo, una birra dopo cena, un concerto nel seminterrato, due chiacchiere al bancone o nel dehors, questo posticino coloratissimo è davvero uno dei luoghi imperdibili del quartiere. Notoriamente gay-friendly, è frequentato da gente di ogni tipo e orientamento, ed è anche uno dei (pro)motori della LOVnight (v. lettura p164). Lo trovate su Facebook come Margò Vanchiglia. (☎011 528 10 94; Via Buniva 9; ⊙11-3 lun-ven, 18-4 sab e dom; 🚌24, 30, 55, Star 1, 🚋15, 16)

Dunque
COCKTAIL BAR

23 Cartina p154, B6

Che cos'ha di speciale il Dunque? Come il suo nome, tira le somme, va dritto al punto, coglie l'essenziale, ossia offrire buone cose da bere e

> #### 🔴 Vita in città
> **Le case degli artisti**
>
> Oltre a Fred Buscaglione, musicista originale e tormentato, e alla maestrina dalla penna rossa, personaggio del libro *Cuore* nato dalla fantasia di Edmondo De Amicis, a Vanchiglia hanno vissuto e operato vari artisti torinesi. Sarà l'aria popolare, sarà il mix di miseria e nobiltà, saranno l'incrocio tra i due fiumi e le suggestioni della natura: fatto sta che Carol Rama (1918-2015) e Carlo Mollino (1905-73; p56) hanno scelto Via Napione, rispettivamente al n. 15 e al n. 2, mentre in Via Artisti 39 ci sono la casa e l'atelier di Ottavio Mazzonis. Le visite su prenotazione sono emozionanti, perché offrono la possibilità di immergersi nel mondo privato degli artisti e di scoprirne dettagli commoventi o sconosciuti. E non fermatevi qui: Torino è piena di case-museo tutte da scoprire.

investire sull'atmosfera: i suoi tavolini scarsi e il dehors poco prepotente sono per chi davvero vuole ritrovarsi con gli amici a bere qualcosa e magari ascoltare un ottimo DJ-set. Molto frequentato dai musicisti underground e da chi bazzica nell'ambiente musicale in generale. Consultate la pagina Facebook. (339 696 96 79; Via Santa Giulia 26/a; 17-2 lun-gio e dom, 17-3 ven e sab; Star 1, 3, 6)

Vita in città
Una notte a Vanchiglia

Nel 2009 è nato il progetto **LOV/Vanchiglia Open Lab**, una rete indipendente di artisti, designer, architetti, artigiani e creativi con base a Vanchiglia. Lo sviluppo dell'idea è andato di pari passo con il profondo cambiamento del quartiere: il progetto ha dato voce alla vera anima del borgo, da sempre abitato da operai; ha contribuito alla sua riqualificazione, rendendolo vivace e interessante grazie all'attività di gallerie, studi e laboratori: ha reso una notte di giugno (la LOVnight) uno degli appuntamenti più seguiti della città, con locali e bar affollatissimi, cortili aperti al pubblico, concerti, spettacoli e mostre. Nel 2016 il team si è preso una pausa di riflessione, ma la notte bianca, gli eventi e le attività dovrebbero riprendere nel 2017, rinfrescati e rinnovati. Stay tuned! (www.vanchigliaopenlab.it).

Lumeria VINERIA/COCKTAIL & TAPAS BAR

24 Cartina p154, B4

In una piazzetta che sembra un po' di paese, nel 2016 è stato inaugurato un locale che è un piacere per gli occhi e il palato. Le piccole tapas curate, la buona scelta di vini e cocktail e la dolce armonia tra l'interno e l'esterno lo rendono una tappa da non perdere nel cuore del Borgo Rossini. L'enigma del nome è presto risolto: l'insegna è di un'ex salumeria che ha perso la 'testa'. Consultate la pagina Facebook. (011 1970 76 14; Via Reggio 6/c; 10-2 mar-gio, 10-3 ven e sab, 10-23.30 dom; 19, 68)

Funkiglia COCKTAIL BAR

25 Cartina p154, C7

Se ottimi sono i cocktail, la musica, l'ambiente colorato, il dehors con poltrone e divanetti, e il cibo, unica e preziosa è la misura di questo locale e di chi lo gestisce: non è mai sopra le righe né sovraffollato, condizioni ideali per godersi non solo lo spazio, ma anche le persone. (392 928 03 24; Via degli Artisti 13; 18-2 dom-gio, 18-3 ven e sab; 24, 68, 93, Star 1, 16)

Caffè Rossini BAR/RISTORANTE

26 Cartina p154, B5

Uno dei locali più trasversali di sempre. Dall'inizio degli anni '90, tutti prima o poi sono passati al Rossini, soprattutto all'ora dell'aperitivo, quando un bicchiere di vino o una birra e il cibo del buffet davvero economico possono fare la differenza. Il piattino di gnocchi da anni offerto alle varie generazioni di avventori è un punto di riferimento. Al primo piano c'è il ristorante. (☎011 521 41 05; www.caffe rossinitorino.it; Corso Regina Margherita 80/e; ⊙17-4.30 lun-sab, 18-2 dom, ristorante 18.30-2; 🚌18, 68, 🚋3, 6, 16)

Barbiturici   CAFFÈ/RISTORO/COCKTAIL BAR

27 🍷 Cartina p154, C6

La scelta del nome e gli accenni al mondo ospedaliero degli arredi portano fuori strada: si sta molto bene in questo spazio tutto bianco, con dehors sempre affollato in ogni stagione, a partire dalla prima colazione del mattino in stile anglosassone, passando per il pranzo a base di ottimi club sandwich, hamburger, croques o bagel, e per l'aperitivo di tapas, fino ad arrivare ai drink serali e notturni, spesso con musica. Uno dei locali di maggior successo nel tratto più frequentato di Via Santa Giulia. Lo trovate anche su Facebook. (☎011 276 74 49; Via Santa Giulia 21/bis; ⊙9-23 lun e mer, 9-24 gio, 9-2 ven, 9.30-2 sab, 10.30-22 dom; 🚌Star 1, 🚋3, 6)

Da Emilia   BAR/RISTORO

28 🍷 Cartina p154, B7

Una tigella con un locale intorno. E il locale è fatto di buon cibo (oltre alle tigelle emiliane, si mangiano piatti di formaggi, salumi o verdure e altre sfiziosità), serate di degustazione di vini, live acustici, ascolto di vinili, luci soffuse, arredamento eclettico, molte piante e atmosfera calda. (☎338 914

Insegna dell'ex Dancing Lutrario (oggi Le Roi), p168

34 34; www.facebook.com/daemiliatorino; Corso San Maurizio 47; ⊙18-3; 🚌24, 68, 93, Star 1, 🚋16)

Santa Giulia   COCKTAIL BAR/BIRRERIA

29 🍷 Cartina p154, D7

Soprattutto d'estate, la clientela di giovani e giovanissimi del Santa Giulia invade letteralmente la piazza. Preparatevi a ordinare una birra o un cocktail al bancone e a godervelo in mezzo a una gran folla (fortunatamente, la piazza è grande!), perché qui non c'è molta differenza tra dentro e fuori. (☎347 822 22 53; Piazza Santa Giuia 11/f; ⊙17-2 dom-gio, 17-3 ven e sab; 🚌30, 55, Star 1, 🚋3, 6, 15)

Sala del Teatro della Caduta

Divertimenti

Spazio 211 MUSICA DAL VIVO

 Fuori cartina p154, B1

Musicisti di culto, band alternative, tesori che si scoprono o si amano da tempo: tutto il meglio della musica indipendente e underground nazionale e internazionale passa di qui. Oggi anche alcuni concerti del TOdays Festival, nel grande spazio esterno (p16). (☎011 19 70 59 19; www.spazio211.com; Via Cigna 211; ⊕consultare il calendario sul sito; 🚌46, 🚋4)

Caffè della Caduta TEATRO/MUSICA

 Cartina p154, E7

In principio fu la minuscola sala del Teatro della Caduta in Via Buniva 24, tuttora in attività, ad attrarre un numero sempre maggiore di spettatori, affascinati dall'offerta degli spettacoli, ma soprattutto dalla possibilità di assistere, in uno spazio di dimensioni molto ridotte (quasi inimmaginabili), a un 'teatro di strada al chiuso', con offerta a cappello, irresistibilmente alternativo. Poi è arrivato il Caffè della Caduta, con una sala un po' più grande, il bar, spettacoli e concerti ogni sera, attività per i bambini, laboratori e corsi. L'originalità e l'atmosfera rilassata l'hanno reso il palcoscenico ufficiale di Vanchiglia e della scena teatrale off torinese. Consultate il programma e prenotate tramite il sito. (☎011 578 14 67; www.teatrodellacaduta.org; Via Bava 39; ⊕dalle 19.30, spettacoli dalle 21; 🚌30, 55, Star 1, 🚋15)

Espace
TEATRO

32 ⭐ Cartina p154, C4

Progettato da Pietro Fenoglio nel 1911 come sede e teatro di posa della compagnia di produzione cinematografica Ambrosio Film, pioniera del cinema muto, ha tre sale enormi, perfette per ospitare performance ed eventi a cui partecipare in piedi (teatro sperimentale, giocoleria, concerti, serate di tango) o da riempire di sedie per assistere a spettacoli più intimi e raccolti. È sede della Compagnia Sperimentale Drammatica, che organizza e produce spettacoli in loco e all'estero. (📞011 238 60 67; www.salaespace.it; Via Mantova 38; 🚌19, 68)

Caffè Basaglia
CIRCOLO ARCI

33 ⭐ Cartina p154, C4

A pochi passi dalla Sala Espace, ecco il 'caffè oltre confine' gestito da un gruppo di volontari e pazienti psichiatrici (da cui il nome). Uno spazio piacevole, colorato, giovane e creativo, dove si organizzano anche mostre, concerti, feste e serate danzanti. C'è anche una terrazza insonorizzata con vista Mole. (📞011 247 41 50; www.caffebasaglia.org; Via Mantova 34; 🕐12-14 e 19.30-24 lun-ven, 19-24 sab; ingresso con tessera Arci; 🚌19, 68)

Cafè Liber
CIRCOLO ARCI

34 ⭐ Fuori cartina p154, A2

Storico circolo Arci, nato negli anni '90 nel cuore del Quadrilatero e trasferitosi sulle sponde della Dora nel nuovo millennio, in un grande spazio

---

🔍 Vita in città
Un quartiere alternativo

Quando l'età media della popolazione è bassa e ci sono spazi da riempire o riutilizzare, la creatività si scatena, con ottimi risultati. Come a Vanchiglia e Vanchiglietta, la cui storia popolare e operaia ha lasciato in eredità un fermento ricco di sfumature e luoghi in cui esprimerlo. Il **Bunker** (Via Niccolò Paganini 0/200; www.variantebunker.com), nato nel 2012 come progetto culturale inteso a ripensare lo spazio di un'ampia area industriale dismessa, è oggi gestito dall'Associazione Variante Bunker e organizza, all'aperto o negli ex capannoni, concerti, notti di clubbing, mercatini di artisti e artigiani, attività culturali e sportive (c'è anche un lago artificiale per il wakeboard); come Berlino negli anni '90. Uno stile simile per il **SAMO** (Corso Tortona 52; www.same-oh.it), circolo Arci ospitato in un ex spazio industriale, dove si mangia, si balla e si fa festa, musica e arte, anche nella grande terrazza. Un altro circolo Arci, le **Officine Corsare** (cartina p154, E5; Via Pallavicino 35; www.officinecorsare.org), si dedica per lo più alla musica e al teatro, con concerti, spettacoli e party danzanti, oltre che ad attività sociali. Infine, l'alternativa per eccellenza, nel cuore di Vanchiglia: lo storico centro sociale occupato **Askatasuna** (cartina p154, D6; Corso Regina Margherita 47; www.csoaskatasuna.org), motore di proteste sociali e attività culturali.

Conoscere
Vecchi segreti e nuove meraviglie tra Aurora e Barriera

La zona che dal confine di Aurora sale a nord verso Barriera di Milano, quartiere operaio e da anni a forte presenza extracomunitaria, è interessata dai progetti di rinnovamento urbanistico più capillari e dagli interventi culturali e sociali più interessanti. Oltre alle novità, ci sono piccoli tesori da riscoprire, grazie alla visibilità che non avevano in passato. È il caso del **Dancing Lutrario** (oggi Le Roi, p56), progettato da Mollino nel 1959 al confine tra i due quartieri, su quella Via Stradella fino a poco tempo fa incupita dalle sopraelevate, ora scomparse nel nuovo progetto di viabilità: un luogo dove perdersi al di là del tempo e dello spazio. Poco distante, dalla rotatoria di Piazza Baldissera parte **Via Cecchi**: al civico 63 si apre un immenso cortile, quasi un paese, con strade, condomini, basse costruzioni e automobili parcheggiate. È strutturato intorno a un palazzo elegante, che gli studenti di architettura vengono a vedere e i produttori cinematografici scelgono come scenografia; progettato da Antonelli, fino alla seconda guerra mondiale era un'azienda di conserve, mentre oggi ospita famiglie e venditori di brocantage. Provate a suonare. In alternativa, rivolgetevi di fronte, allo studio di **Mybosswas** (www.mybosswas.it), un collettivo indipendente di registi, musicisti, grafici e videomaker che vi sveleranno i misteri del cortile e forse vi faranno visitare i loro bellissimi spazi, dandovi così la possibilità di conoscere l'attività di uno dei gruppi di creativi più innovativi d'Italia. Al civico 17 della stessa via c'è il **Cecchi Point** (www.cecchipoint.it), un hub multiculturale dove si tengono corsi, laboratori, spettacoli e concerti. Analoghe case del quartiere sono quella di **Via Baltea 3** (www.viabaltea.it), nel cuore di Barriera di Milano, e i **Bagni Pubblici di Via Agliè** (https://bagnipubblici.wordpress.com), in piena Aurora, non lontani dal polo artistico e culturale formato dal **Museo Ettore Fico** (p157), dalla galleria d'arte contemporanea Gagliardi e Domke e dall'ex area **Incet**, oltre che, più a est, da altre importanti gallerie (Franco Noero, Cripta 747). Non può mancare poi una visita ai **Docks Dora** di Via Valprato 68, un vecchio complesso di magazzini tornati in vita negli anni '90, con l'apertura di alcuni locali notturni. Solo recentemente, l'inaugurazione di spazi culturali (se avete l'occasione, fate un salto al **Superbudda**, www.superbudda.com), studi di creativi e ristoranti ha riacceso il fascino di questo luogo, che ospita anche eventi musicali. Di tutt'altro respiro il progetto del nuovo **centro direzionale Lavazza**, l'immensa Nuvola marrone (color caffè?) di Cino Zucchi in Aurora, che sarà ultimata nel 2017 e la cui costruzione ha portato alla luce una necropoli paleocristiana, visibile al pubblico a partire dall'inaugurazione del centro. Non perdetevi poi i murales dell'artista **Millo** su alcune facciate dei palazzi di Barriera. Per seguire lo sviluppo della zona visitate il sito del programma di sviluppo **Urban Barriera**: www.comune.torino.it/urbanbarriera.

che ospita concerti, party danzanti, serate a tema e con DJ. (☎011 765 16 10; Corso Vercelli 2; ⊙chiuso al momento della stesura della guida; ingresso con tessera Arci; ☐11, 50, 51, 92, ☐4)

Shopping

Balôn — MERCATO DELLE PULCI
35 🔒 Fuori cartina p154, A3

In questa distesa di bancarelle, alcune più solide, altre decisamente improvvisate, che si snoda lungo le strade degli antiquari e dei rigattieri dietro Porta Palazzo fino al fiume Dora, è quasi impossibile non trovare ciò che si cerca. Ancora più improbabile non trovare qualcosa che non si stava cercando, che si tratti di un mobiletto di design, un abito vintage, una stampa rarissima e giù fino agli ultimi gradini nella scala dell'usato e del legale. Buttatevi a capofitto in questo mercato delle pulci il sabato mattina e la seconda domenica del mese, quando diventa Gran Balôn. V. anche p83. (☐11, 51, 92, ☐3, 4, 16)

Il Ponte sulla Dora — LIBRERIA
36 🔒 Cartina p154, B4

Quando una libreria diventa l'anima culturale del quartiere (e non solo!). Il libraio Rocco Pinto organizza molte attività nel cuore di Borgo Rossini: incontri, presentazioni, mostre, eventi speciali dentro la libreria e fuori nella piazza. (☎011 19 92 31 77; www.ilpontesulladora.it; Via Pisa 46; ⊙15.30-19.30 lun, 9.30-19.30 mar e gio, 9.30-13 e 15.30-19.30 mer, ven e sab; ☐19, 68)

Rooster Vanchiglia — USATO E VINTAGE
37 🔒 Cartina p154, C7

Viene voglia di alzare il volume della musica, scegliere tra i capi appesi alle grucce, abbinarli a gioielli e accessori, e iniziare una propria personale sfilata di splendidi vintage e usato, come in un video per teenager. È davvero un'ottima selezione quella che Rooster fa a Berlino, Londra e New York, e che propone in questo spazio *so bohemian*, con tanto di salottino dove sfogliare le riviste, in un interno cortile. Gli abiti si affittano anche per servizi fotografici e, appunto, video. (www.roostervanchiglia.com; Via degli Artisti 13, interno cortile; ⊙14-20 gio-sab; ☐24, 68, 93, Star 1, ☐16)

> ### ◯ Vita in città
> #### Cubo Teatro
> Nuova creatura teatrale e d'aggregazione sociale, il **Cubo** (www.cuboteatro.it; Via Pallavicino 35) ospita la stagione teatrale Schegge, alcuni spettacoli del Fringe (p15) ed è gestito dall'Associazione Il Cerchio di Gesso, che si occupa di produzioni teatrali, formazione, integrazione e diffusione della cultura tramite progetti dal basso (Incubiarti, il festival Corte Aperta). Una giovane realtà che opera nel territorio, con sede a Vanchiglietta, allo stesso indirizzo delle Officine Corsare (p167), tra il Campus Einaudi, il deposito GTT (Gruppo Trasporti Torinesi) e le case popolari di Via Farini. Da tenere d'occhio.

Il consiglio

L'ondata hipster ha lasciato il segno anche a Vanchiglia, che si è riempito di ciclisti, grazie alle nuove piste ciclabili e al servizio [TO]Bike (p229). Ma le catene saltano, quindi ecco spuntare negli ultimi anni un nutrito numero di ciclofficine. Se avete un buco nella gomma, rivolgetevi a **Il Bicino** (cartina p154, D7; ☎011 19 50 80 79; Via Balbo 22/d; ⊙8-13 e 14-20 lun-sab), **Bike Zone** (cartina p154, C6; ☎011 888 55 44; Via Tarino 11/e; ⊙9-19 mar-sab), **Cicli** (cartina p154, B5; ☎340 262 37 40; Corso Regina Margherita 69/I; ⊙9-12.30 e 14-19 lun-sab) e, al di là della Dora, **/pAI/bikery** (p159).

Gravity Records
NEGOZIO DI DISCHI

38 Cartina p154, B6

Più di un negozio di dischi: un luogo dove ascoltare, toccare e conoscere la musica, attraverso incontri, presentazioni, sessioni di ascolto, DJ-set, concerti acustici ed eventi. Il cuore qui batte per l'elettronica, l'indie, il nujazz, il punk e l'hip hop, e potrete trovare anche DJ equipment e merchandising. (☎011 19 87 37 46; www.gravityrecords.net; Via Tarino 7/a; ⊙10.30-14 e 15.30-19.30 mar-ven, fino alle 20 sab; ☐24, 68, 93, Star 1, 16)

Ombradifoglia
MODA

39 Cartina p154, C4

La stilista Elena Pignata ha sfondato, a Torino, in Italia, all'estero. Per comprenderne il successo basta entrare nel suo atelier torinese e osservare le creazioni originali e all'avanguardia, profondamente contemporanee. Menzione speciale per gli abiti da sposa, lontani dalla tradizione ma da essa nutriti, per tuffarsi nel nostro tempo. (☎331 839 65 31; www.ombradifoglia.com, www.elenapignata.com; Via Catania 16; ⊙12-20 lun-sab; ☐19, 68)

Camellia – Il tempo del tè
NEGOZIO E SALA DA TÈ

40 Cartina p154, C3

In una saletta luminosa, arredata con delicatezza e gusto, che sa di Oriente contemporaneo, prendetevi il tempo per degustare i tè e gli infusi su consiglio dei garbati proprietari, accompagnandoli con qualche squisito dolcetto. Uscirete rilassati e quasi rigenerati. (☎011 765 18 76; www.camelliate.it; Via Catania 24; ⊙10-13 e 15-19 mar-sab; 19, 68)

Libreria Thérèse
LIBRERIA

41 Fuori cartina p154, E6

Oltre a vendere libri, presentarli e promuoverli, i librai di questa libreria indipendente li raccontano: qui sono nati e vivono spettacoli di narrazione e storytelling che spesso raggiungono le scuole, i festival e i palchi dei teatri. (☎011 88 26 31; www.libreriatherese.it; Corso Belgio 49 bis/a; ⊙15-20 lun, 9-20 mar-ven, 9-13 e 15-20 sab; 68, 77, ☐15)

Oh! Mio Bio
ALIMENTARI/RISTORANTE VEGANO

42 Cartina p154, D7

La simpatica Roberta, il cuoco Massimo e tutto il team vi accolgono con gentilezza in questo locale, nella piazza del mercato di Santa Giulia, dove si può fare la spesa di prodotti alimentari e per la cura del corpo biologici e vegani, scegliere tra i piatti di gastronomia takeaway o mangiare nella sala ristorante annessa. (011 839 18 64; www.ohmiobio.it; Via Cesare Balbo 22; 9-14.30 e 16.30-19.30 lun-mer, 9-14.30 gio, 9-14.30 e 16.30-20.30 ven e sab; 30, 55, Star 1, 15)

Ai Tre Torchi
GALLERIA/STAMPE

43 Cartina p154, B6

Nell'incantevole Largo Montebello, è un negozio raffinato, gestito da appassionati che sanno trasmettere la propria passione. Stampe d'autore moderne e antiche, giapponesi, ottocentesche, libri rari, disegni e un calendario degli eventi da tenere d'occhio: spesso sono in corso mostre interessanti. (011 839 54 58; www.aitretorchi.it; Largo Montebello 38/a; 10.30-19.30 mar-ven, 16-19.30 sab; 24, 68, 93, Star 1, 3, 6, 16)

Viavai
ABBIGLIAMENTO E ACCESSORI

44 Cartina p154, C7

Giovani donne, un acquisto a prezzi contenuti in questo negozietto gestito da una vivace proprietaria renderà felici voi o la vostra migliore amica. Abiti, scarpe, collane, orecchini, orologi e borse disegnati da stilisti indipendenti o piccoli artigiani più o meno famosi, a cui si aggiungono prodotti originali di alcuni marchi europei all'avanguardia, per essere al passo coi tempi. (011 207 25 59; www.viavaitorino.com; Via Guastalla 10; 11-14 e 15.30-20 mar-sab; 24, Star 1, 16)

Masnà
USATO PER BAMBINI

45 Cartina p154, D7

I vestiti, i giocattoli, i passeggini e le culle per bambini (*masnà* in piemontese) sono tra i prodotti più velocemente deteriorabili, in quanto diventano piccoli o inutili molto in fretta; allora perché non venderli e comprarli usati, spendendo meno e sentendosi meno in colpa? Qui la scelta è davvero ampia, anche tra i giocattoli nuovi e i prodotti eco-compatibili. (011 578 11 78; www.masna.it; Piazza Santa Giulia 2/a; 9-13 e 15-19 lun-mer e ven, 9.30-13 gio e sab; 30, 55, Star 1, 15)

Conoscere
Il primo campus in città

Tre sono i motivi per cui vale la pena di vedere il **Campus Universitario Luigi Einaudi** (cartina p154, D5; Lungo Dora Siena 100/a): l'architettura avveniristica; l'ubicazione lungo la Dora, tra il verde delle sponde del fiume, gli ex spazi industriali e le abitazioni popolari di Vanchiglietta, inondati di luce sia d'inverno sia d'estate; il fatto che sia uno dei pochi poli universitari in Italia (il primo a Torino) a sembrare davvero un campus americano, con grandi biblioteche, residenze per studenti, mensa ecc. Progettato da Norman Foster e inaugurato nel 2012, è la nuova sede della Facoltà di Scienze Giuridiche, Politiche ed Economico-Sociali.

Scoprire

Oltrepò e collina

Dalla sponda orientale del Po, la città abbandona la pianura e va in collina. Oltre i quartieri precollinari di Sassi, della Gran Madre e, più a sud, di Crimea, man mano che si sale aumentano il silenzio, il verde, le ville. La Chiesa della Gran Madre di Dio dà il benvenuto; più su, tra gli alberi, la leggiadra Villa della Regina e, visibili da lontano come eterne sentinelle, la Basilica di Superga e il Monte dei Cappuccini.

Scoprire

In un giorno

I tradizionali pasticcini torinesi, a differenza di quelli prodotti altrove, sono davvero piccoli: ordinatene quanti più potete, magari insieme a un cappuccino, alla **Pasticceria Sabauda** (p179), ammirando il Po e Piazza Vittorio dall'altro lato del fiume. Dedicate la mattina alla visita della **Chiesa della Gran Madre di Dio** (p177) e del **Monte dei Cappuccini** (p178), con il **Museo della Montagna** e uno dei panorami su Torino più famosi. Trascorrete la tarda mattinata negli splendidi giardini di **Villa della Regina** (p174), ammirando ciò che resta di questa residenza sabauda per la villeggiatura, poi scendete di nuovo verso il fiume, a curiosare tra i graziosi negozi e le belle villette del quartiere.

Pranzate nella *topia* delle **Cantine Risso** (p181) o nel piccolo scrigno di delizie da gourmet de **La Madia** (p181), prima di raggiungere la Tranvia a Dentiera di Sassi e salire alla **Basilica di Superga** (p177).

Potete scegliere di cenare nella trattoria tipica piemontese **Bel Deuit** (p182), nei pressi della Basilica, oppure tornare subito 'in città' e fermarvi al **Cit ma Bon** (p180) per un'ottima pizza al padellino. Dopo un drink veloce al **Piolino** (p182), controllate se c'è un concerto interessante al **Cap10100** (p183) o un party scatenato al **Circolo Esperia** (p183), entrambi affacciati sul Po, con vista della città illuminata.

Da non perdere

Villa della Regina (p174)

Il meglio

Panorami
Monte dei Cappuccini (p178)

Basilica di Superga (p177)

Canottieri Esperia (p183)

Pasti
Cantine Risso (p181)

Cit ma Bon (p180)

La Madia (p181)

Shopping
L'Ibrida Bottega (p184)

Barbieri (p184)

Peyrano (p184)

Trasporti

Tram Il n. 13 porta in Piazza Gran Madre di Dio.

Autobus Il n. 61 percorre Corso Casale. Il n. 53, il n. 30 e il n. 79 salgono rispettivamente al Monte dei Cappuccini, alla Villa della Regina, a Infini.to e alla Basilica di Superga. Altri autobus collinari sono i numeri 52, 53, 54, 56, 64, 66, 70 e 73.

Tranvia a Dentiera Il modo più emozionante per raggiungere la Basilica di Superga.

Da non perdere
Villa della Regina

Lieux de loisirs per eccellenza di Casa Savoia vicino alla città, a cui fa da fondale scenografico, è nata come vigna di corte del principe Cardinal Maurizio e della principessa Ludovica. Incastonata nella collina, è stata residenza di principi e regine fino all'Ottocento; oggi, finalmente, dopo anni di restauri, è tornata all'antico splendore. Visitate la dimora aulica, con ciò che resta degli arredi e dei decori settecenteschi, e smarritevi in un'indimenticabile passeggiata nei giardini all'italiana, tra fontane, scale e scaloni, splendidi scorci panoramici e zone di terra coltivata.

👁 Fuori cartina p176, D3
📞 011 819 50 35
polomusealepiemonte.beniculturali.it
Strada Santa Margherita 79
🕐 visite guidate (gratuite) 11 mar-sab
🚌 30

La doppia scala e la fontana del Gran Rondeau

Villa della Regina

In primo piano

La storia
Residenza di campagna per la villeggiatura estiva, in cui si viveva una vita spensierata dedita al divertimento, fu progettata all'inizio del Seicento da Carlo e Amedeo di Castellamonte. La casa della Vigna Ludovica divenne Villa della Regina quando Anna Maria d'Orléans, sposa di Vittorio Amedeo II e futura regina, l'ebbe in dono, nel 1714; successivamente, re Carlo Emanuele II e la seconda moglie Polissena d'Assia ne affidarono il progetto di rinnovamento a Juvarra (1730-80). La villa divenne parte del patrimonio imperiale (e residenza temporanea di Napoleone) durante l'occupazione francese, con il trasferimento della corte sabauda, nel 1869, dalla Casa Reale all'Istituto Nazionale delle Figlie dei Militari. Ai bombardamenti della seconda guerra mondiale seguirono l'abbandono e il degrado, a cui si è posta fine solo nel 1994, con l'inizio dei lavori di restauro, durati fino al 2016.

La villa e i giardini
Il giardino, progettato sul modello delle ville italiane, accoglie con una splendida fontana in una piazza ellittica. Ai lati si snodano le vigne, oggi nuovamente coltivate. Dietro la villa, il parco scavato nella collina sale su tre livelli, creando uno dei giardini più belli d'Italia, ideale per rilassanti passeggiate con vista panoramica fino alle Alpi e percorso da un sistema di grotte e fontane che vanno dal belvedere al viale aulico. Tra umidità, cessioni, furti, guerre e abbandono, la villa ha perso gran parte degli arredi e dei decori originali (in parte ripristinati durante i restauri), ma il fascino è immutato: entrate nel salone delle feste juvarriano e ammiratene i dipinti murali e le specchiature, che si aprono come sipari, poi passate all'infilata di camere, salette e salotti con le volte in stucco, tutti intimi, luminosi, raffinati.

☑ Consigli

▶ In estate, nei giardini, non perdetevi la rassegna di concerti **Musica in Villa** (www.musicainvilla.com)

▶ Facendo qualche passo in più, raggiungerete il **Parco di Villa Genero**, per un rigenerante tuffo nel verde.

▶ La villa fa parte del sito seriale delle 14 residenze sabaude dichiarate Patrimonio dell'Umanità dall'UNESCO, che include, tra le altre, Palazzo Reale (p31), Palazzo Madama (p36), Palazzo Carignano (p45), il Castello del Valentino (p109), il Castello di Rivoli (p192), la Reggia di Venaria (p188), la Palazzina di Caccia di Stupinigi (p194), il Castello di Moncalieri (p194). Non perdetene neanche una!

✗ Una pausa

Al momento non ci sono ristori nell'area del parco. Fate un rifornimento 'reale' alla **Pasticceria Sabauda** (p179) o una pausa in uno dei tanti ristoranti in zona Gran Madre, prima o dopo la visita.

Da vedere

Basilica di Superga
BASILICA

1 Fuori cartina p176, D1

Che la si veda da vicino, dal Parco della Colletta (p213) o dal Castello di Rivoli (p192), con il quale dialoga attraverso il rettilineo di Corso Francia, la Basilica domina lo skyline collinare. Costruita nei primi trent'anni del Settecento da Vittorio Amedeo II in onore della Vergine Salvatrice che aveva protetto l'esercito piemontese dai francesi nell'assedio del 1706, è uno dei capolavori di Juvarra, che secondo il gusto dell'epoca la progettò con porticato, chiostro – l'edificio ospita ancora oggi un convento di frati dell'Ordine dei Servi di Maria – e cupola, dalla cui sommità potrete ammirare città e montagne. Dopo aver visitato le tombe dei Savoia, la sala dei papi e gli appartamenti reali, fate quattro passi dietro l'edificio fino al memoriale di fiori e cimeli granata, meta di pellegrinaggio sportivo: nel 1949, l'aereo che riportava a casa il Grande Torino dopo una partita a Lisbona si schiantò sul fianco della Basilica. Il mezzo più suggestivo per raggiungerla è la **Tranvia a Dentiera** del 1934, che sale per circa 3 km lungo il versante del colle (ai capolinea ci sono anche dei bar). I più arditi possono invece salire a piedi in circa due ore. (Tranvia: 011 576 47 33/50; www.gtt.to.it; Piazza Modena 6; lun-ven €4/6 andata/andata e ritorno; sab, dom e festivi €6/9 andata/andata e ritorno; 10-15 lun-ven e 10-18 sab e dom in inverno, 10-18 lun-ven e 9-20 sab e dom in estate, chiuso mer, consultare il sito per eventuali variazioni di orario; Museo: 011 899 74 56; www.basilicadisuperga.com; Strada Comunale della Basilica di Superga; Tombe Reali e Appartamento Reale: interi/ridotti €5/4 per ciascun percorso; 10-13.30 e 14.30-19 lun-ven in estate, chiuso mer, 10-13.30 e 14.30-18 sab e dom in inverno, su prenotazione negli altri giorni, ultimo ingresso 45 min prima della chiusura; Cupola: interi/ridotti €3/2; marzo-ott: 10-13.30 e 14.30-19 lun-dom e su prenotazione nov-feb, chiusa mer, ultima salita 20 min prima della chiusura; Tranvia o 79 il mercoledì quando la Tranvia non è attiva)

Chiesa della Gran Madre di Dio
CHIESA

2 Cartina p176, B2

Costruita poco dopo il 1830 su progetto di Ferdinando Bonsignore per onorare il ritorno in città di Vittorio Emanuele I (ritratto nella statua davanti allo scalone neoclassico) dopo la sconfitta di Napoleone (1814), la Gran Madre sembra far da sentinella alla collina; incute infatti un po' di timore per le sue forme imponenti da pantheon con un grande pronao e, a dirla tutta, anche un po' di stupore, dal momento che pretende molta attenzione occupando quasi tutta la piazza. L'interno, molto semplice, è impreziosito da statue e bassorilievi, e nella cripta c'è l'ossario dei caduti della prima guerra mondiale. All'esterno, osservate le statue ai due lati dello scalone e cercate 'magici' indizi (p211). (011 819 35 72; Piazza Gran Madre di Dio 4; 7.30-19; 53, 56, 61, 66, 70, 73, 13)

La Basilica di Superga (p177)

Monte dei Cappuccini   COLLE

3 Cartina p176, B3

Una ripida salita porta su questo colle affacciato sul Po, dove un tempo sorgeva la 'Bastiada', una struttura difensiva fortificata, e da cui si gode uno dei panorami a perdita d'occhio più belli della città. Oggi vi sorgono la **Chiesa di Santa Maria del Monte dei Cappuccini**, voluta insieme al convento da Carlo Emanuele I nel 1583, con un alto tamburo che nel periodo delle Luci d'Artista (p18) si illumina dei cerchi blu di Rebecca Horn, e il **Museo Nazionale della Montagna Duca degli Abruzzi**, che ha sede nella storica sezione torinese del CAI (Club Alpino Italiano). V. di seguito. (53)

Museo Nazionale della Montagna Duca degli Abruzzi   MUSEO

4 Cartina p176, B3

Nato nel 1874 come piccolo osservatorio del CAI, oggi è un grande museo con una sezione permanente, dove si parte dai colli e dalle vette intorno alla città per illustrare i miti e le leggende della montagna, il ruolo dei rilievi nel dividere e unire territori e popoli, la bellezza e le possibilità del turismo in vetta e le passioni che spingono gli alpinisti fino a vertiginose altitudini. Sempre interessanti le mostre temporanee e gli eventi speciali; per capirne davvero il significato, però, provate a isolarvi e raccogliere i pensieri salendo in terrazza, sentendovi per un momento soli di fronte alle imponenti cime in lontananza. (☎011 660 41 04; www.museomontagna.org; Piazzale Monte dei Cappuccini 7; interi/ridotti €10/7; ⊙10-18 mar-dom, ultimo ingresso 17.30; 🚌53; ♿)

Infini.to – Planetario di Torino e Museo dell'Astronomia e dello Spazio
PLANETARIO/MUSEO

5 🎯 Fuori cartina p176, D3

Poche cose sono affascinanti come i misteri e le meraviglie dell'universo. Qui sembrano più a portata di mano, quindi veniteci con i vostri figli (abbondante le proposte e i pacchetti per famiglie) oppure da soli, per perdervi nell'immensità. (☎011 811 87 40; www.planetarioditorino.it; Via Osservatorio 30, Pino Torinese; interi/ridotti/under 6 €8/6/gratuito, visite guidate €4; ⊙9.30-15.30 mar-ven, 14.30-19.30 sab e dom, la biglietteria chiude 1 h prima; 🚌30; ♿)

Pasti

Pasticceria Sabauda
PASTICCERIA/CAFFÈ €

6 Cartina p176, C2

Un dolcissimo interrogativo: come possono quei minuscoli pasticcini

---

Conoscere
Rive droite o rive gauche?

Città di fiumi e dunque, inevitabilmente, di ponti. Da sud a nord, ecco i ponti sul Po della città: il **Balbis** (cartina pieghevole, H14), che delimita il confine sud del Parco del Valentino, realizzato fra il 1926 e il 1928 su progetto di Giuseppe Pagano Pogatschnig; il fiorito **Isabella** (cartina pieghevole, J13), dedicato all'omonima principessa; il monumentale **Umberto I** (cartina pieghevole, L8), disegnato da Vincenzo Micheli ed Enrico Ristori e costruito tra il 1903 e il 1907 all'altezza di Corso Vittorio Emanuele, riconoscibile per via delle quattro statue, opera di Giovanni Reduzzi, collocate ai quattro angoli e raffiguranti la Pietà, il Valore, l'Arte e l'Industria; lo scenografico **Vittorio Emanuele I** (cartina p176, D4), che congiunge Piazza Vittorio e la Chiesa della Gran Madre di Dio, iniziato nel 1810 dal governo francese e pare voluto da Napoleone stesso, che ne affidò il progetto a Claude-Joseph La Ramée Pertinchamp; quindi il **Regina Margherita**, in fondo al corso omonimo, costruito nel 1972 in sostituzione del precedente ponte ottocentesco; e infine quello di **Sassi**, poco lontano, nei pressi del quale parte la Tranvia a Dentiera che sale fino a Superga (p177). I torinesi li attraversano in auto, in bicicletta, a piedi, si fermano a osservare il livello dell'acqua nei giorni di siccità o dopo un'alluvione, seguono le gare di canottaggio organizzate dai circoli sul fiume, cercano la postazione migliore per vedere i fuochi d'artificio durante la Festa di San Giovanni (p15). Badateci bene, dunque, perché non hanno nulla da invidiare ai parigini Pont Saint-Michel o al Pont des Invalides.

sprigionare tutto quel sapore? Raffinati, deliziosi, perfetti, come il caffè con croissant del mattino, e come il locale tutto, bagno compreso. (☏011 819 81 04; Corso Casale 2c; ⏱7.30-20 lun-sab, 8-19.30 dom; 🚌61, 🚋13)

Cenerentola Prêt à Manger
GASTRONOMIA/BRUNCH €

 Fuori cartina p176, D1

Dietro il bancone vi accoglie Sara, cuoca e proprietaria di questo posticino colorato, con indosso il suo turbante un po' rockabilly. Scegliete tra le specialità fresche (anche vegane) da portar via o da gustare nella saletta. Il brunch della domenica comprende i bagel con tre farciture: carne, pesce e vegetariana. Quando il locale è chiuso, la 'ragazza delle favole' è impegnata con le consegne a domicilio, tra cui anche cestini da picnic per chi è in visita in città. (☏011 020 84 01/349 182 55 34; www.cenerentolapretamanger.it, www.facebook.com/pretamanger; Corso Casale 104; menu €8-10, brunch €15; ⏱12.30-16 mar-ven, sab solo su prenotazione per gruppi, 11.30-15.30 dom; 🚌30, 54, 61)

Cit ma Bon
PIZZERIA €

8 Cartina p176, C1

'Piccolo ma buono' è il ristorante, sempre affollatissimo e allegro, ma soprattutto il suo vessillo, la deliziosa pizza al padellino, più piccola di quella tradizionale ma altrettanto appetitosa. Ottima anche la farinata: per una volta, non preoccupatevi della linea e ordinatene una bella porzione come antipasto. (☏011 819 68 45; Corso Casale 34; pasti €15-20; ⏱12-13.50 e 19-24 lun-sab; 🚌61)

Imbianchini & Decoratori
CUCINA PIEMONTESE €/€€

 Cartina p176, C3

Nei decenni ha cambiato anima, volto, gestione, ma questa ex cooperativa di consumo e mutuo soccorso, fondata nel 1883, che riesce sempre a reinventarsi, è un'istituzione. Gli arredi interni sono stati magistralmente conservati e il grande cortile di ghiaia, pergolato e alberi frondosi è da romanzo. Un posto tranquillo e appartato alle spalle della Gran Madre, ideale per una cena italiana dalle sfumature piemontesi. Offre il servizio bar, anche a colazione. (☏011 819 06 72; Via Lanfranchi 28; menu €20-25; ⏱9-24 gio-mar; 🚌53, 56, 66)

Ristorante Goffi
CUCINA PIEMONTESE €/€€

10 Fuori cartina p176, D1

Altro locale storico, aperto nel 1893 sulle rive del Po (nelle cui acque pescava il pesce per servirlo fresco), che oggi propone cucina piemontese di qualità fra tradizione e innovazione. Notevole la location, ricavata in un vecchio fienile, soprattutto d'estate, quando c'è anche musica dal vivo. (☏011 839 96 76; www.ristorantegoffi.it; Corso Casale 117; menu a pranzo €10-15, pasti €30; ⏱12.30-24, chiuso mar e a pranzo mer; 🚌30, 54, 61)

Cantine Risso

RISTORANTE/BISTRÒ €/€€

11 Fuori cartina p176, D1

Una cantina di vini ricca di etichette da tutta Italia e numerose birre, nel menu pochi piatti ma buoni e interessanti (lo stinco di maiale con patate e i dolci fatti in casa sono un must), tra i tavoli in legno un'atmosfera da osteria. Insomma, un locale storico che ha resistito al tempo e ha una *topia* (pergolato) con tavoli in pietra dove le serate estive non dovrebbero finire mai. (011 819 55 31; Corso Casale 79; pasti €20-30; 19.30-2, anche 12-15.30 sab e dom; 30, 54, 61, 66, 75, 6)

Cantine Risso

L'Orto già Salsamentario

CUCINA VEGANA €€

12 Cartina p176, C1

Lo storico Salsamentario da qualche tempo si è trasformato in ristorante vegano e crudista. Non si spaventino gli onnivori, ma anzi corrano a provare la cucina semplice, ma curata con passione, dello chef Eduardo Ferrante. Tutto è gustoso e vivace, anche la pizza vegana. (011 19 94 17 40; www.lortogiasalsamentario.it; Via Monferrato 14/a; pasti €25-30; 12.30-14.30 e 19.30-23 mar-sab, 12-14.30 dom; 53, 56, 66, 13)

Antica Trattoria Con Calma

CUCINA PIEMONTESE €€

13 Fuori cartina p176, D1

Rallentate il passo immergendovi nel verde della collina e negli antichi sapori della tradizione piemontese. Che cosa c'è di più rilassante che gustare un piatto cucinato con ingredienti del territorio (risotto con crema di peperoni di Carmagnola, fricandò di fassone, fritto misto, bollito misto alla piemontese, agnolotti, zabaione caldo con paste di meliga...) sotto un grande e antico pergolato? Gradevoli anche le sale interne e buona la scelta dei vini. (011 898 02 29; Strada Comunale del Cartman 59; pasti €30-35; 19-24, anche 12.30-15 dom; 54, 78)

La Madia

TRATTORIA MODERNA €€

14 Fuori cartina p176, D2

Per gustare le cose semplici della cucina piemontese genuina, ma anche innovativa, venite in questa trattoria senza trucchi e senza inganni; e non fatevi trarre in inganno dalla definizione

> #### Conoscere
> #### Un angolo di campagna
>
> Dietro Piazza Hermada, a due passi da Piazza Gran Madre, pare di essere in un piccolo borgo di campagna. **Via Castagneto**, **Via Lauriano**, **Via Montiglio**, **Via Baldissero**: fate una passeggiata in queste stradine strette che salgono verso la collina, tra cascine ristrutturate, villette e giardini che ricordano gli orti di campagna. Alcuni restauri sono decisamente discutibili, ma l'aria che qui si respira è davvero d'altri tempi. Ritempratevi.

di 'trattoria', perché si tratta in fondo di un ristorante d'eccellenza, dove vi sentirete in armonia con la piacevole sala dagli scaffali colmi di bottiglie, con il personale gentile, con l'ottimo menu (che va dal polpo tostato alle nocciole con crema di castagna al baccalà con crema di cavolfiori allo zabaione) e con l'accurata scelta di vini rossi e bianchi, piemontesi e non. (011 819 00 28; www.lamadiatrattoria.it; Corso Quintino Sella 85/a; pasti €40; 20-24 mar-sab, dom anche a pranzo 12.30-14.30 e 20-24; 56)

Bel Deuit CUCINA PIEMONTESE €€

15 Fuori cartina p176, D1

Rustico e accogliente, con 'bel garbo' (questo significa il nome) propone il meglio della cucina piemontese in un crocevia molto caratteristico, tra la strada che porta alla Basilica di Superga, poco più su, e quella che continua verso Baldissero Torinese e altri comuni della collina. Non esagerate con gli antipasti (ve lo diciamo perché è difficile non farlo) e, dopo un assaggio di involtini di peperoni, albese e carne cruda, deliziatevi con un piatto di *tajarin* o agnolotti e cedete al brasato o alle lumache di Cherasco. I dolci artigianali vi sembreranno ancora più buoni se gustati nella terrazza con vista diretta sulla Basilica. (011 943 17 19; www.ristorantebeldeuit.com; Via Superga 58 Baldissero Torinese; pasti €40; 16-24 gio e ven, 10-24 sab, 10-17 dom; 79)

Shizen CUCINA GIAPPONESE €/€€€

16 Cartina p176, B5

Ha fama di essere frequentato dalla Torino 'bene' o da chi vorrebbe appartenervi (e i prezzi lo dimostrano), ma il bel locale alle pendici della collina nell'elegante Borgo Crimea e l'eccellente menu giapponese (sushi, sashimi, noodles e tempura proposti anche in varianti creative) possono attirare e soddisfare chiunque. (011 660 50 74; www.shizen.it; Viale Thovez 6; menu a pranzo €13-15, pasti €40-50; 12.30-15 e 18.30-23 mar-dom; 52, 53, 64, 66, 70, 73)

Locali

Il Piolino ENOTECA/CAFFÈ

17 Cartina p176, C1

Allegra, conviviale, adatta a tutte le tasche, questa enoteca con mescita è un posto gradevole dove scegliere tra le proposte sulla lavagna, da accompagnare con uno stuzzichino. Informale e rilassato, gestito dalla stessa famiglia da due generazioni, un po' fuori dai trend del quartiere. (☎011 839 90 80; Via Monferrato 23/g; ⊙8-21 lun-sab; ▤61)

Maggiora
PASTICCERIA/BAR

18 Cartina p176, A4

Storica pasticceria con arredi liberty nell'elegante Corso Fiume, cuore del quartiere Crimea, che oggi, nella versione moderna e mondana, è un bel caffè-pasticceria aperto tutto il giorno; ottimi i dolci e le brioches, i tramezzini e gli aperitivi raffinati. (☎011 660 46 47; Corso Fiume 2; ⊙7-13 lun, 6.30-21 mar-sab; ▤52, 64, 66, 70, 73)

Barz8
COCKTAIL BAR

19 Cartina p176, B2

Il locale è lungo e stretto e segue l'andamento del bancone. Superata la folla di clienti, si capisce che non potrebbe essere altrimenti, perché proprio dietro il bancone avviene la magia: cocktail originali, elaboratissimi, preparati con grande perizia, miscelando una selezione di alcolici da tutto il mondo con gli ingredienti più inaspettati. Sempre molto creativa anche la presentazione. (☎349 317 54 25; Corso Moncalieri 5/f; ⊙19-3 mar-dom; ▤66, 70, 73, ▤13)

Gran Bar
CAFFÈ/WINE BAR

20 Cartina p176, B2

'Il' locale della Gran Madre per eccellenza. Le grandi vetrine occupano un angolo intero della piazza, mentre dal dehors, frequentato ogni giorno e a ogni ora, si tiene sotto controllo la grande chiesa, il ponte sul Po, il viavai di auto e persone che anima questo vivace crocevia. Da qualche tempo è anche sushi bar e takeaway. (☎011 813 08 71; www.granbartorino.com; Piazza Gran Madre di Dio 2; ⊙7-1.30; ▤66, 70, 73, ▤13)

Divertimenti

Cap10100
MUSICA/TEATRO/DANZA

21 Cartina p176, A3

Negli ultimi anni ha ospitato alcuni dei concerti e degli eventi culturali più interessanti in città, spesso collaborando con festival e realtà di prim'ordine (tra cui lo Spazio 211 e il festival Jazz:re:found), quindi tenete d'occhio il calendario. La sala è stata ricavata in un palazzo pubblico, sede storica del circolo sportivo e ricreativo Amici del Fiume, che un tempo ospitava anche uffici dell'anagrafe. Il valore aggiunto è l'affaccio quasi diretto sul Po (qui si fa anche canoa e canottaggio a cura degli Amici del Fiume) e il grande spazio all'aperto. (☎011 660 37 25; www.cap10100.it; Corso Moncalieri 18; ⊙9-23 lun-mer, 15-3 gio-sab, dom solo per eventi; ▤66, 70, 73)

Canottieri Esperia
CIRCOLO

22 Cartina p176, B2

Circolo privato sportivo fondato nel 1886, che apre al pubblico in occasione di feste ed eventi culturali. Se siete in città, cercate di tenervi aggiornati, perché perdervi una serata nella grande sala e nella terrazza, tra le più belle sulle sponde del Po, sarebbe un peccato, specie in occasione del Salone del Libro (p14). C'è anche un ristorante, aperto a pranzo (⏲12-15) tutti i giorni e a cena (⏲20-22.30) dal martedì al venerdì. (📞011 819 69 42; www.esperia-torino.it; Corso Moncalieri 2; 🚌66, 70, 73, 🚋13)

Shopping

L'Ibrida Bottega
LIBRERIA

23 Cartina p176, C1

Libreria che offre 'rifugio a ostinati letTori' (con tanto di testa di toro nel logo) e che, in effetti, ha tutto l'indispensabile per un appassionato di letteratura: un'ampia scelta, le trame dei libri preferiti dai librai scritte a mano per aiutare nell'acquisto, i volumi suddivisi per sezioni dai nomi suggestivi ('respiro mitteleuropeo', 'ritmi latini', 'sguardi d'Oltralpe'...), le proposte della settimana davanti alla cassa. Se ciò non bastasse, la cortesia dei proprietari, l'ambiente accogliente con pavimento in legno e un arco di mattoni a vista, la proposta di penne, quaderni, abiti, borse, gioielli e articoli in pelle vi conquisteranno definitivamente. (📞011 19 87 19 05; www.libridabottega.it; Via Romani 0/a; ⏲15-20 lun, 9-21 mar-sab, 10-13 dom; 🚌61)

Barbieri
CESTERIA/ARREDI

24 Cartina p176, C1

Il profumo di legno e vimini che si sente entrando in questo negozio ormai quarantenne è irresistibile. Anche se non siete appassionati di oggetti per la casa e il giardino, potreste perdere la nozione del tempo curiosando tra gli scaffali che sembrano non finire mai. Di fronte all'angolo della cesteria, poi, non c'è alternativa: ci si ferma e si perde la testa, magari dentro un baule. (📞011 819 41 65; www.cesteriabarbieri.com; Corso Casale 16; ⏲15-19.30 lun, 8.30-13 e 15-19.30 mar-sab; 🚌61)

Peyrano
CIOCCOLATO

25 Cartina p176, A4

Fondata nel 1914 come laboratorio di caramelle, ha iniziato a produrre cioccolato artigianale dopo la prima guerra mondiale e oggi è tra le più importanti cioccolaterie della città (più di 80 tipi di cioccolatini!). Su prenotazione, dal lunedì al venerdì mattina si organizzano visite guidate (€8, 30 min) al laboratorio, con piccola degustazione. (📞011 660 22 02; www.peyrano.com; Corso Moncalieri 47; ⏲9-12.30 e 13.30-18 lun-ven; 🚌52, 64, 66)

Libreria Borgopò
LIBRERIA

26 Cartina p176, D1

Starebbe bene in un film ambientato in un paesino della Bretagna o del Galles: un edificio incantevole all'incrocio di viuzze curve, con il nome dipinto sul muro; un interno accogliente come una casa di campagna, con scaffali in olmo, tavolini francesi, un camino e due poltrone, finestre sul cortile, una stanza per i bambini: quanto mai adatta per sfogliare un libro. Tenete d'occhio il calendario degli eventi. (📞011 819 63 86; www.libreriaborgopo.it; Via Ornato 10; ⏲15.30-19.30 lun, 9.30-13 e 15.30-19.30 mar-sab; 🚌61)

Mariateresa Grilli ATELIER

27 Cartina p176, D1

Mariateresa crea abiti colorati per le donne, e non solo perché vuole vestirle, ma perché le ascolta, le interpreta, le valorizza. Nel suo laboratorio-atelier trionfano i materiali naturali (come il cachemire scozzese, l'alpaca di una cooperativa toscana, la canapa o la lana mohair) e si dà spazio anche ad altri creativi: troverete gioielli eleganti, profumi raffinati, accessori unici. (011 086 60 16, 393 825 46 93; www.facebook.com/mariateresagrilliatelier; Via Martiri della Libertà 27; 10-19.30 lun-sab; 61)

Maria Luisa Tribolo CERAMICA

28 Cartina p176, C1

Cesteria Barbieri (p184)

La ceramica è al centro del mondo di Maria Luisa Tribolo, che la usa come scultrice quando crea oggetti fantasiosi e come designer quando realizza gioielli, accessori o componenti d'arredo; ma Maria Luisa è prima di tutto un'artista, e il suo atelier è da non perdere. (011 699 33 06/327 263 72 89; www.marialuisatribolo.it; Via Romani 3/b; 10.30-12.30 e 15.30-19.30 mar-sab; 53, 56, 61, 66, 13)

Tanti Passi CALZATURE

29 Cartina p176, C2

Può essere un negozio di scarpe 'utili' accattivante? Anche chi ha il culto della calzatura come oggetto estetico dovrà in parte ricredersi entrando in questa bottega di scarpe comode, per lo più per mamme e bambini, che vende pantofole di ogni forma e dimensione, stivali da pioggia, sandali, ballerine, mocassini. In fondo, le scarpe servono anche a qualcosa. (011 819 51 47; Via Cosmo 4/g; 15.30-19 lun, 9-12.30 e 15.30-19 mar-sab; 53, 56, 66, 13)

Antica Enoteca del Borgo ENOTECA

30 Cartina p176, C2

Non si viene qui per l'aperitivo, ma per godersi il tramonto sulla Gran Madre bevendo un bicchiere di ottimo vino in mescita, dare un'occhiata alla cantina fornitissima e magari concedersi un acquisto di Champagne (la proposta è di 200 etichette!). (011 819 04 61; Via Monferrato 4; 16-21 lun, 10-21 mar-ven, 10-13 e 16-21 sab; 53, 56, 61, 66, 13)

Scoprire

Dintorni di Torino

Il fascino della città non è rinchiuso entro precisi limiti geografici, ma si espande nell'universo profondamente ricco di storia e bellezza delle residenze sabaude, nei luoghi di cultura frutto di un'attenta rivalutazione architettonica e nei templi dell'eccellenza gastronomica piemontese di alcuni comuni limitrofi, oggi sempre più vicini all'area metropolitana e parte integrante del quadro d'insieme.

In un giorno

Una giornata all'insegna della bellezza non può che iniziare con una visita alla **Reggia di Venaria Reale** (p188). Sognate a occhi aperti nelle splendide sale, poi fantasticate su una vita da principi passeggiando per i giardini, che poco hanno da invidiare a quelli di Versailles.

Di reggia in reggia: raggiungete Rivoli e il suo **Castello** (p192), dove al fascino della storia e dell'architettura si accompagna quello dell'arte contemporanea, nel bellissimo **Museo** (p192) progettato da Andrea Bruno.

Se dopo una giornata così vi sentite ormai dei re, cenate in uno dei migliori ristoranti d'Italia, il **Combal.Zero** (p198) di Davide Scabin. Se invece non volete fermare la corsa, spostatevi a sud di Torino per godervi il tramonto nel centro storico di **Moncalieri** (p195) all'ombra di un altro castello, poi cenate alla **Taverna di Frà Fiusch** (p197) e concludete la giornata alle **Fonderie Limone Moncalieri** (p199) con uno spettacolo di teatro o di danza in una location unica.

Da non perdere

Reggia di Venaria Reale (p188)

Castello di Rivoli e Museo d'Arte Contemporanea (p192)

Il meglio

Pasti

Combal.Zero (p198)

La Taverna di Frà Fiusch (p197)

Divertimenti

Fonderie Limone Moncalieri (p199)

Lavanderia a Vapore (p199)

Trasporti

Non è indispensabile avere un'automobile per raggiungere i luoghi d'interesse descritti qui (i mezzi pubblici disponibili sono numerosi), ma è raccomandabile se avete poco tempo o volete vedere tutto in una giornata: la tangenziale di Torino collega Venaria, Rivoli e Moncalieri (evitate le ore di punta).

Moncalieri Autobus n. 67. Per le Fonderie Limone, il n. 81 da Piazza Bengasi, il n. 40 e il n. 45.

Rivoli La metropolitana fino a Paradiso e da lì l'autobus n. 36.

Venaria Reale Gli autobus n. 11, 72 e 72/ o la Navetta Venaria Express.

Da non perdere
Reggia di Venaria Reale

Se davvero, dopo anni di incurie e abbandono, all'inizio degli anni '90 il Comune avesse demolito la Reggia per costruire case popolari, come avreste reagito? Forse come chi ha protestato indignato, riuscendo infine a bloccare questo infausto progetto. Uno dei tesori storici e artistici più preziosi d'Italia ha così potuto essere riportato all'antico splendore con un colossale restauro conservativo, durato quasi dieci anni, che ha coinvolto non solo la residenza reale ma tutto il territorio circostante.

📞 011 499 23 33

www.lavenaria.it

Piazza della Repubblica, Venaria Reale

🕐 orario variabile, v. il sito

Reggia e Giardini: interi/ridotti €16/14, biglietto cumulativo Tutto in una Reggia €25

🚍 11, 72, Navetta Venaria Express

La Corte d'Onore della Reggia

Reggia di Venaria Reale

In primo piano

La storia
Le origini di Venaria risalgono al 1659, anno in cui Carlo Emanuele II affidò ad Amedeo di Castellamonte la costruzione di una palazzina di caccia reale: in quell'occasione nacquero la Venatio Regia e il Parco La Mandria, e fu riplasmato l'intero borgo (il cui centro è stato anch'esso egregiamente restaurato). Per riparare ai danni inflitti dai francesi, all'inizio del 1700 Vittorio Amedeo II, che aspirava al titolo reale, fece ampliare la Reggia da Michelangelo Garove. Arrivò poi Juvarra, che tra le altre cose costruì la Cappella di Sant'Uberto, le citroniere e le scuderie. Saccheggiata e vandalizzata in età napoleonica, nel 1932 la palazzina fu separata dai beni della Corona e ceduta al demanio, sotto il quale divenne una caserma fin dopo la seconda guerra mondiale. Prima di poter assistere all'attesa e meritata rinascita, ci sono voluti circa 50 anni.

Il complesso
Con una passeggiata nella graziosa **Via Mensa**, che segna il centro storico recuperato di Venaria, si giunge in **Piazza della Repubblica**, all'ingresso della Reggia e dei Giardini, la cui imponenza è da subito evidente: dinnanzi a voi, oltre la **Torre dell'Orologio**, si apre l'immensa **Corte d'Onore**, con le suggestive fontane e l'accesso ai **Giardini**, delimitati dal **Castelvecchio** a nord, dalla **Sala di Diana** e dalle **Sale delle Arti** a ovest e dalla **Galleria Grande** a sud, la manica che collegava l'appartamento del re a quello dell'erede al trono. Se invece si inizia il percorso dalla piazza verso sud, girando a sinistra s'incontrano la **Torre del Belvedere**, la **Cappella di Sant'Uberto** e, attraversando il **Cortile dell'Abbeveratoio** e quello delle **Carrozze**, si raggiungono le antiche **Scuderie Juvarriane** e **Alfieriane**, prima di accedere all'area meridionale dei **Giardini**.

☑ Consigli

▶ Per un giro in bici, a piedi o a cavallo, poco lontano c'è il **Parco La Mandria** (☏ 011 499 33 81; www.parcomandria.it; ⏱ 8-20 marzo-set, 8-18 metà feb-marzo e ott, 8-17 nov-metà feb; ingresso libero; 🚌 Navetta Venaria Express), dove i Savoia andavano a caccia. Potete anche visitare gli **Appartamenti Reali di Borgo Castello** (interi/ridotti €8/6, gratuito mar, visite guidate €4 su prenotazione alle 11 e alle 15 mar-ven; ⏱ 8-15 min prima della chiusura del parco, la biglietteria chiude 30 min prima, chiusi lun e feb).

▶ Non perdete i numerosi eventi, soprattutto estivi, ospitati nella cornice della Reggia, tra cui la rassegna **Sere d'Estate alla Reggia** (p16), i concerti in collaborazione con **Club to Club** (p18) e gli **MTV Digital Days**.

✗ Una pausa

In ordine crescente di budget: nei Giardini, al **Caffè degli Argenti**, nella Reggia, al fastoso ristorante **Dolce Stil Novo** (p198). Oppure in uno dei tanti caffè in Via Andrea Mensa.

La Galleria Grande

Impropriamente chiamata 'Galleria di Diana', questa sala immensa ed elegante è ciò che inevitabilmente conquista il cuore di chi visita la Reggia. Tutta ocra e bianca, luminosissima, decorata con stucchi, lesene e fregi, è da molti considerata persino più bella della Galleria degli Specchi di Versailles. Questo capolavoro settecentesco, che si estende come una sontuosa scenografia teatrale per 80 m di lunghezza, 12 di larghezza e 15 di altezza massima, con la luce che filtra da 44 finestre e 22 aperture ovali e uno splendido pavimento bianco e nero, è il frutto dell'intervento di Filippo Juvarra sul progetto originale di Michelangelo Garove.

La Sala di Diana

Utilizzata per feste e ricevimenti nel XVII secolo, è una delle sale più importanti di tutta la Reggia, per bellezza, sontuosità e tematica: l'arte venatoria viene celebrata in un trionfo di stucchi, decorazioni, ritratti equestri e soprattutto nelle opere dell'artista fiammingo Jan Miel (1599-1656), ossia 10 tele sulla caccia e la grande volta rettangolare affrescata.

La Cappella di Sant'Uberto

È l'angolo 'spirituale' della Reggia, ma presenta i tratti architettonici e stilistici caratteristici dell'intero complesso. Dedicata al santo protettore dei cacciatori, questa chiesa fu costruita per vole-

La Galleria Grande

Reggia di Venaria Reale

I Giardini della Reggia

re di Vittorio Amedeo II tra il 1716 e il 1729 e porta il marchio inconfondibile di Juvarra nella facciata curvilinea in mattoni, nelle linee complesse ma eleganti dell'interno, nella sorprendente teatralità del gioco di ombre e luci che provengono dalle finestre. L'impianto a croce greca è arricchito da cappelle esterne e interne, da due altari ai lati del transetto e da un trionfale altare maggiore, progettato dallo scultore e architetto carrarese Giovanni Baratta. Una sorta di 'estasi' color avorio, da vedere ma soprattutto da vivere.

I giardini

Se rimanesse qualche dubbio circa il desiderio di esprimere un'idea di *grandeur* dei reali sabaudi e dei loro architetti, basta visitare (meglio se perdendosi) i 50 ettari dei giardini. Il **Grande Canale**, il **Roseto**, il **Giardino a Fiori**, la **Peschiera**, la **Fontana d'Ercole** e il **Tempio di Diana**, il **Gran Parterre** juvarriano, gli orti e i frutteti del **Potager Royal**: a piedi, in carrozza, sul trenino 'Freccia di Diana' o a bordo di una romantica gondola sulla **Peschiera**, nella luce forte dell'estate o nelle nebbie autunnali, immergetevi in questa natura ordinata e godetene appieno. L'artista piemontese Giuseppe Penone ha 'arredato' il **Parco Basso** con suggestive opere d'arte, che accompagnano nella visita ai giardini arricchendo il sapore del passato con note di contemporaneità.

Da non perdere
Castello di Rivoli e Museo d'Arte Contemporanea

Un luogo di dialogo: tra storia e contemporaneità, immobilità e metamorfosi, ma, soprattutto, arte e architettura; perché le caratteristiche del castello non interferiscono con le necessità espositive del museo, ma sono anzi a esse intimamente connesse. Le opere della collezione permanente hanno bisogno degli stucchi, delle crepe e delle luci delle sale, così come gli interventi architettonici di restauro della residenza hanno voluto rispettare la struttura originale, valorizzandola.

📞 011 956 52 22
www.castellodirivoli.org
Piazza Mafalda di Savoia, Rivoli
interi/ridotti €6,50/4,50 (€8,50/6,50 in caso di mostre)
🕙 10-17 mar-ven, 10-19 sab, dom e festivi (la biglietteria chiude 15 min prima)
Ⓜ Paradiso e poi 🚌 36

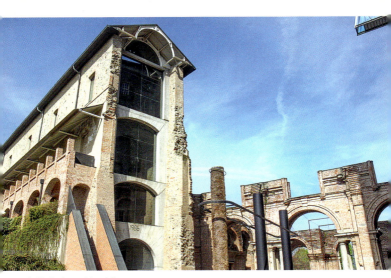

La Manica Lunga del castello

Castello di Rivoli e Museo d'Arte Contemporanea

In primo piano

Il Castello
Residenza sabauda con funzione di difesa fin dal 1247, il Castello di Rivoli fu ampliato nel 1600 dai Castellamonte e poi in seguito da Juvarra, che però non realizzò per intero il suo progetto. Dal 1800 in avanti fu più volte quartiere militare, prima per la fanteria locale e poi per i tedeschi durante la seconda guerra mondiale, e infine nel 1883 fu venduto al Comune per centomila lire. Bombardato, incendiato, in parte ricostruito e poi di nuovo danneggiato e infine abbandonato, nel 1979 fu affidato all'architetto Andrea Bruno (lo stesso del Museo del Risorgimento e del MAO), il quale, con un geniale progetto che ha mescolato nuove strutture, parti originali e sezioni precedentemente in stato d'abbandono, puntando su un restauro con materiali diversi, quali vetro, cemento, alluminio e rame, gli ha donato l'ennesima vita.

Il Museo
Dal 1984, ovvero dalla fine del restauro, il Castello di Rivoli è Museo d'Arte Contemporanea, con una vasta collezione arricchita ogni anno da nuove acquisizioni site-specific, ragion per cui molte delle opere vengono esposte a rotazione. Tra i gioielli più preziosi, sia esposti sia conservati, gli alberi di Penone e il suo *Respirare l'ombra*, l'inquietante manichino rivolto alla finestra *Charlie don't surf* o il cavallo appeso al soffitto *Novecento* di Maurizio Cattelan, lo specchio di *Your circumspection disclosed* del danese Olafur Eliasson, l'*Ambiente spaziale* di Fontana, le porte di *Cutting Through the Past* firmate Rebecca Horn, gli igloo di Mario Merz, *L'architettura dello specchio* di Pistoletto, un video di Bill Viola e i nomi della transavanguardia e dell'arte povera. Frequenti le mostre temporanee. La nostra sala preferita? Cercate delle piume e delle pareti blu.

☑ Consigli

▶ Alcuni dettagli del restauro architettonico sono tuttora sorprendenti (e sono passati 32 anni!): salendo in ascensore, prestate attenzione al soffitto di nuvole dipinte; se avete il coraggio, provate poi a calpestare il vertiginoso pavimento trasparente del balconcino panoramico che si proietta dalle mura del castello.

▶ Non perdete le notevoli mostre temporanee, soprattutto se ospitate nella **Manica Lunga**, una galleria lunga ben 177 m e larga appena 7.

▶ Usufruite delle **visite guidate** gratuite sia di carattere storico-architettonico (⊙16.30 dom) sia alle mostre e alla collezione (⊙15.30 e 18 sab, 11, 15 e 18 dom).

✕ Una pausa

Piacevole la **caffetteria** (⊙stessi orari del museo) che si affaccia sul giardino interno della Manica Lunga, dove nei weekend si organizza anche una 'merenda reale' (p53) a base di cioccolata calda.

Da vedere

Castello di Moncalieri
RESIDENZA REALE

Se ci passate al tramonto, sarete combattuti se fermarvi su una panchina ad ammirare il panorama sui monti e la pianura o riempirvi gli occhi dei toni caldi delle mura del castello salutate dal sole. Fate entrambe le cose e intuirete subito il motivo per cui i grandi torrioni difensivi angolari, unici elementi quattrocenteschi sopravvissuti, sorgevano su questa altura strategica. Il castello, Patrimonio UNESCO, conserva l'aspetto datogli nel 1680 da Amedeo di Castellamonte su commissione di Carlo Emanuele I, ma le sue origini risalgono all'anno 1100 circa, quando Tommaso I di Savoia fece costruire una fortezza sulla collina per controllare l'accesso a Torino da sud. Dalla seconda metà del XV secolo divenne residenza reale, e lo rimase fino agli anni '20 del Novecento, soprattutto per le donne di Casa Savoia, fra cui Maria Clotilde di Savoia e la figlia Maria Letizia Bonaparte, che vi morì nel 1926. Nel 1921 divenne sede del I Battaglione dell'Arma dei Carabinieri, il cui comando vi ha sede ancora oggi. (011 640 28 83; polomusealepiemonte.beni culturali.it; Piazza Baden Baden, Moncalieri; interi/ridotti €5/2,50; chiuso per restauri, consultare il sito; 39, 67)

Palazzina di Caccia di Stupinigi
RESIDENZA REALE

Nata come residenza di caccia, fu commissionata da Vittorio Amedeo II a Filippo Juvarra nel 1729, a circa 10 km da Piazza Castello, a cui è collegata da una perfetta direttrice. Fu poi ampliata fino alla fine del Settecento da Benedetto Alfieri e da altri architetti, diventando una delle residenze preferite dei Savoia (in particolare della regina Margherita), che vi celebravano feste e cerimonie; capolavoro barocco costruito secondo lo schema 'cortile d'onore, palazzina, giardino e parco', e genialmente connesso al paesaggio, ha il segno particolarissimo del cervo in cima alla cupola (una copia; l'originale è conservato all'interno) e ambienti tuttora quasi totalmente spogli degli arredi, ma ricchi di preziose *boiseries* e di affreschi a *trompe-l'œil*. Il restauro (dal 2006 al 2011) ha restituito allo

Piazza Vittorio Emanuele II, Moncalieri (p195)

Da vedere

splendore originario tutta la parte di levante; pezzo dopo pezzo, sono stati recuperati e aperti al pubblico anche gli altri tesori: nel 2012 la **Sala degli Scudieri**, nel 2014 le *boiseries* e le tele dell'**Anticappella** e della **Cappella di Sant'Uberto**, nel 2016 il meraviglioso **Appartamento della Regina**. Dal 1919 la palazzina, oggi Patrimonio dell'Umanità dell'UNESCO, ospita il **Museo dell'Arredamento**, con mobili provenienti da varie residenze sabaude. Recentemente, infine, è stata avviata anche la riqualificazione delle vecchie cascine del borgo. Si può raggiungere il complesso in bicicletta, lungo la pista ciclabile che percorre buona parte della città verso sud. (☏011 620 06 34; www.ordinemauriziano.it; Piazza Principe Amedeo 7, Nichelino; interi/ridotti €12/8, incluse audioguide; ⊙10-17.30 mar-ven, 10-18.30 sab, dom e festivi, ultimo ingresso 30 min prima della chiusura; 🚌4 e 🚌41 da Piazza Caio Mario)

Castello Reale di Racconigi
RESIDENZA REALE

Questa possente fortezza medievale trasformata nel Seicento da Guarini in un gioiello barocco, nel Settecento adattata al gusto neoclassico da Giovan Battista Borra e infine nell'Ottocento armoniosamente decorata da Pelagio Palagi in linea con lo stile eclettico dell'epoca, era la 'villa di delizie' estiva della famiglia reale, dove la corte si trasferiva per le gite al lago, le feste, le battute di caccia e gli altri divertimenti della bella stagione. Menzione speciale per il parco, tra i più belli d'Italia, e per le cicogne che

ⓠ Vita in città
Una passeggiata nel centro storico di Moncalieri

Dalla piazza del castello, percorrendo Via Principessa Maria Clotilde raggiungete Piazza Vittorio Emanuele II, cuore del borgo antico, dominata dall'ottocentesco Palazzo Comunale e su cui si affacciano palazzi del Settecento. Fate una pausa da **Gasprin** (☏011 427 88 34; Piazza Vittorio Emanuele II 8; ⊙10-23 con variazioni stagionali), il cui gelato è nato a Moncalieri prima di conquistare Vanchiglia (p158), poi entrate in uno dei nostri negozi di abbigliamento femminile preferiti, **Nostalgia** (☏011 64 30 67; Salita Padre Denza 1, angolo Piazza Vittorio Emanuele II; ⊙15.30-19 lun, 9.30-13 e 15.30-19.30 mar, mer e ven, 9.30-19.30 gio e sab), che, oltre alla sede principale, ha anche uno spazio nascosto in un cortile sulla piazza dove vende i capi della stagione precedente a prezzi scontati. Potete poi fare una passeggiata per **Via Santa Croce** o imboccare **Via Real Collegio**, visitare la barocca **Chiesa del Gesù** e poi gli ambienti otto-novecenteschi del **Real Collegio Carlo Alberto** (fondato nel 1838 per la formazione dei figli dei nobili), o ancora percorrere **Via San Martino**, lastricata di porfido e piena di negozi: al civico 1 coccolatevi alla **Pasticceria Rivetti** (☏011 64 18 26; ⊙8-13 e 15-19.30 mar-dom), poi scendete fino alla **Porta Navina** del XVI secolo. Ogni prima domenica del mese c'è il **mercato dell'antiquariato** (⊙11-23). (🚌39, 67)

nidificano sul castello e sui campanili del paese. (☎ 0172 840 05; www.ilcastellodiracconigi.it; Via Morosini 3, Racconigi; Castello: interi/ridotti €5/2,50; ⊕9-19 mer, ven-dom nov-marzo, mar-dom apr-ott, visite guidate alle 9, 10.30, 12, 14, 15.30, 17, 18 mar-ven, visita libera sab e dom; Parco: interi/ridotti €2/1; 10-19 mar-dom apr-ott, ultimo ingresso 1 h prima della chiusura; 🚍ogni 30 min da Torino)

Vita in città
La città del calcio
Sulla strada per la Reggia di Venaria (ma ancora a Torino), gli appassionati di sport troveranno pane per i loro denti: in 1700 mq lo **Juventus Museum** racconta gli oltre 100 anni di storia bianconera, fra trofei, maglie dei campioni e tecnologie multimediali all'avanguardia. Per gli appassionati c'è anche lo Stadium Tour, ovvero la visita alle aree più esclusive dello **Juventus Stadium** (www.juventus.com; Via Druento 153/142; ⊕10.30-18 lun e mer-ven, 10.30-19.30 sab, dom e festivi ott-marzo, 10.30-19 lun e mer-ven, 10.30-19.30 sab, dom e festivi apr-set, la cassa chiude 1 h prima; interi/ridotti €15/12, con Stadium Tour €22/18; 🚍72), o ancora lo **Juventus City Tour** (www.torino.city-sightseeing.it; interi/ridotti €25/20), alla scoperta dei luoghi della storia juventina, con partenza dallo stadio. Ottime notizie anche per i fedeli della squadra granata: dopo il pellegrinaggio alla Basilica di Superga, potranno svagarsi visitando a Grugliasco il **Museo del Grande Torino e della Leggenda Granata** (☎ 333 985 94 88; www.museodeltoro.it; Via La Salle 87, Grugliasco; interi/under 12 €5/gratuito; ⊕14-19 sab e 10-19 dom; solo visite guidate, ultima visita alle 17.30; 🚍17, 97, 98)

Parco e Certosa Reale di Collegno EX MONASTERO
Chi la conosce ne ha forse sentito parlare come sede di una delle più grandi strutture psichiatriche d'Italia, in funzione dal XIX secolo fino agli anni '80 del secolo scorso. In realtà la Certosa nacque come monastero nel 1641, voluto da Maria Cristina di Francia, che amava replicare i modelli francesi (in questo caso la Grande Chartreuse di Grenoble). L'ampliamento settecentesco e il portale d'ingresso si devono a Juvarra, che vi lavorò fino al 1737 su commissione di Carlo Emanuele III. Una storia che ha visto protagonista silenzioso il parco di 400.000 mq, molto frequentato soprattutto d'estate. Dal 2016 nei grandi spazi all'aperto tra gli ex padiglioni dell'ospedale psichiatrico si tiene il Flowers Festival (p16), mentre la struttura suggestiva della Lavanderia a Vapore (p199) ospita concerti e spettacoli. (☎ 011 401 53 11/401 51, www.comune.collegno.gov.it, www.certosareale.it; Via Martiri XXX Aprile 30, Collegno; Ⓜ Fermi e poi 🚍33, 37, CO1)

Villaggio Leumann VILLAGGIO
Un intero quartiere costruito intorno a una fabbrica: niente di strano, siamo nei dintorni di Torino. Si tratta però di uno degli esempi più rari di complesso architettonico industriale ottocentesco, sviluppatosi per accogliere i dipendenti

del Cotonificio Leumann, con abitazioni, scuole, ufficio postale, centri ricreativi e molto altro. Costruito fra il 1875 e il 1912 in stile liberty da Pietro Fenoglio, fu voluto dall'imprenditore Napoleone Leumann e oggi è ancora abitato. Divenuto Ecomuseo sulla Cultura Materiale, è visitabile anche nelle parti restaurate di recente, come esempio di villaggio operaio conservato integralmente. (011 415 95 43/349 783 59 48; 10-12 e 15-18; www.villaggioleumann.it; Corso Francia 345, Collegno; visite guidate gratuite 1ª dom del mese alle 15 tranne gen e agosto, ritrovo davanti a Casa Museo, è gradita un'offerta; M Paradiso e poi 36)

Zoom Torino
BIOPARCO

È una delle mete più azzeccate per una gita fuori città con i vostri bambini. Infatti, che cosa potrebbe emozionarli di più che guardare dritti negli occhi animali di specie esotiche? Forse solo vederli muoversi liberamente in habitat che riproducono fedelmente i luoghi di origine delle specie. Il primo bioparco visitabile a piedi, ispirato al concetto di zoo-immersivo, offre 160.000 mq di habitat naturali che vanno dal Madagascar (con lemuri, fenicotteri, pitoni, testuggini...) al Serengeti (ippopotami, giraffe, gazzelle, struzzi...), passando per l'Asia (gibboni, tigri, gru...) e l'Anfiteatro di Pietra, dove volano i rapaci. Da non perdere la spiaggia di sabbia bianca Bolder Beach, dove si nuota con i pinguini sudafricani, e la nuova vasca tattile, dove si fa il bagno con le razze guardando gli ippopotami. (011 907 04 19; www.zoomtorino.it; Strada Piscina 36, Cu-

Villaggio Leumann (p196)

miana; interi/ridotti €20/15, sconti per acquisti online; marzo-ott, per giorni di apertura e orari consultare il sito; linea sfm2 da Porta Susa o dal Lingotto, direzione Pinerolo, scendere a Piscina, poi navetta gratuita;)

Pasti

La Taverna di Fra' Fiusch
CUCINA PIEMONTESE €€

Tra gli antidoti alla malinconia autunnale ci sono i funghi fritti di Fra' Fiusch, che però si difende bene anche negli altri periodi dell'anno, offrendo certezze al di là delle stagioni: vitello tonnato, carne cruda, agnolotti d'asino, cervo al cioccolato, i dolci della casa – piccoli capolavori – e i vini eccellenti. Nella collina di Revigliasco, frazione di Moncalieri, non si può sbagliare. Otti-

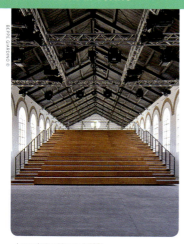

Lavanderia a Vapore (p199)

mo rapporto qualità-prezzo. (📞011 860 82 24; www.frafiusch.it; Via Beria 32, Revigliasco Torinese; menu €35, pasti €30-40; ⏲20-24 mar-ven, 12-15 e 20-24 sab e dom; 🚌70)

Osteria del Paluch   CUCINA PIEMONTESE €€

Nei pressi della Basilica di Superga, immerso nel verde della collina e con un gradevole portico su giardino, è un ristorante che fa della tradizione piemontese la sua bandiera. La cucina è artigianale e stagionale, i prodotti tipici sono selezionati da piccoli produttori. Se aggiungete l'ottima carta dei vini, vi sarà chiaro perché è consigliata la prenotazione. (📞011 940 87 50; Via Superga 44, Baldissero Torinese; pasti €35-40; ⏲pranzo e cena apr-set, ven-dom pranzo e cena su prenotazione ott-marzo; 🚌79)

Dolce Stil Novo   CUCINA CREATIVA €€€

Altro ristorante di lusso incastonato in una residenza reale, si trova sopra la Galleria Grande della Reggia di Venaria (p188) e gode di un panorama unico sui Giardini, la Corte d'Onore, la Peschiera e la Fontana del Cervo. Qui, dove l'eleganza minimal dei dettagli è esaltata dallo sfarzo barocco delle sale della Reggia, le creazioni dello chef Alfredo Russo rendono perfetto l'incontro tra la finezza della presentazione e il gusto deciso dei piatti. (📞346 269 05 88/339 199 62 18; www.alfredorusso.com; Piazza della Repubblica 4, Venaria Reale; menu pranzo €38, menu cena €70-90, pasti €70-80; ⏲12.30-14 e 20-22 mer-sab, 12.30-14.30 dom, 20-22.30 mar; 🚌11, 72 o Navetta Venaria Express)

Combal.Zero   CUCINA TRADIZIONALE E CREATIVA €€€

Ai vertici delle classifiche dei migliori ristoranti piemontesi, italiani e internazionali, è il regno dello chef Davide Scabin, che sulle colline di Rivoli, all'ombra del Castello (p192), si è inventato un modo personalissimo di interpretare la tradizione proponendola al pubblico con creatività e innovazione. Non si viene solo a cena, ma a vivere un'esperienza, quindi venite preparati. Provate il menu Up&Down, che parte dal piatto più consistente e a mano a mano scende di intensità. (📞011 956 52 25; www.combal.org; Piazza Mafalda di Savoia, Rivoli; menu €120-200; ⏲20-22 mar-sab; Ⓜ Paradiso e 🚌36)

Divertimenti

Fonderie Limone Moncalieri TEATRO

Con due sale teatrali, laboratori tecnici, la Scuola per Attori del Teatro Stabile, questo complesso industriale riqualificato si è trasformato da fabbrica per la fusione di bronzo, alluminio e ghisa fino alla fine degli anni '70 a 'fabbrica' delle arti (dal 2005). Gli esterni e gli ampi spazi interni (foyer e sale) lasciano estasiati chi li frequenta per l'ottima programmazione: i grandi allestimenti del Teatro Stabile, il meglio della danza e della musica di ricerca. (info: 011 516 95 55/800 23 53 33; www.teatrostabiletorino.it; Via Eduardo De Filippo, angolo Via Pastrengo 88, Moncalieri; 81 da Piazza Bengasi, 40, 45)

Maison Musique MUSICA DAL VIVO

Il sogno di Franco Lucà, fondatore del Folk Club (p101), di creare un vero e proprio villaggio della musica, con auditorium per concerti, sale prova e studio di registrazione, una collezione di strumenti musicali da tutto il mondo, un archivio in cui studiare e da cui diffondere la musica folk, un ristorante e una foresteria, si è realizzato nel 2004 nell'ex mattatoio e fabbrica del ghiaccio di Rivoli. Chiuso al tempo della stesura della guida, dovrebbe riaprire a breve. (www.facebook.com/MaisonMusique; Via Rosta 23, Rivoli; M Paradiso e 36)

Teatro della Concordia TEATRO

Concerti, spettacoli di danza, commedie classiche, cabaret, lirica, operette, teatro contemporaneo: una ricca programmazione vi aspetta in un ampio teatro dalla singolare facciata in vetro. (011 424 11 24; www.teatrodellaconcordia.it; Corso Puccini, Venaria Reale; biglietteria 9.30-13 e 14.30-18 lun-ven; 11, 72)

Lavanderia a Vapore MUSICA/DANZA

Assistete a uno dei concerti o spettacoli di danza ospitati nell'ex lavanderia dell'ospedale psichiatrico di Collegno nel Parco della Certosa (p196) e ammirate l'edificio splendidamente ristrutturato; contate il numero delle enormi finestre, uscite per fissare a naso insù il grande camino e stupitevi al cospetto di un luogo davvero insolito. È sede del polo regionale per la danza, gestito dalla Fondazione Piemonte dal Vivo. (333 327 70 40; www.piemontedalvivo.it/lavanderia-a-vapore; Corso Pastrengo 51, Collegno; M Fermi e poi 33, 37, CO1)

Conoscere
Ciliegie a Pecetto

Le dolci colline assolate, l'assenza di nebbie e una tradizione che fa risalire i primi alberi all'epoca romana hanno reso questo paesino a pochi chilometri da Torino un centro di prim'ordine per la produzione dei deliziosi frutti rossi. A giugno, partecipate alla **Festa delle Ciliegie**, che si celebra da quasi 100 anni, e fate scorta di ciliegie Vigevano, Galucio, Graffione di Pecetto, e di tutte le varietà esposte nella piazza del centro dai produttori a km0. V. www.ciliegiedipecetto.it.

Il meglio di
Torino

Itinerari a piedi
Portici e piazze 202
Torino liberty 204

Il meglio
Cinema 206
Musica 208
Teatro e teatri 210
Storia e leggende 211
Libri e letteratura 212
Parchi e giardini 213
Locali e vita notturna 214
Per i bambini 216
Gelaterie 217
Mercati 218
Moda 219
Torino gay-friendly 220

Il Teatro Regio (p52)
GIM42/ISTOCKPHOTO ©

Itinerari a piedi
Portici e piazze

L'itinerario

Passare di negozio in negozio, passeggiare al coperto chiacchierando con un amico, fermarsi per un caffè o un gelato nel dehors di una splendida piazza: una lunga camminata nel centro di Torino, anche in un giorno di pioggia, è il modo migliore per vivere la città in un pomeriggio spensierato. Anche in questo caso siamo debitori ai Savoia, che a partire dal Seicento si affezionarono all'idea di poter percorrere la città senza bagnarsi la testa.

Inizio Piazza Vittorio Veneto; 30, 53, 55, 56, 58, 61, 68, Star 2, 4, 7, 13, 15

Fine Piazza Carlo Felice; Porta Nuova, 1, 12, 33, 35, 52, 64, 67, 68, Star 2, 7, 9

Lunghezza 2 km; 3 ore

Una pausa

I dehors più belli e i caffè storici più importanti (primo fra tutti, il Caffè Mulassano, p41) sono in queste piazze e sotto questi portici.

❶ I portici di Piazza Vittorio

Iniziate dai portici della piazza torinese per eccellenza: i dehors del **Caffè Elena** (p70) e della **Drogheria** (p71), la cucina del **Porto di Savona** (p68) e i cocktail di **Opposto** (p215), la moda di **Poncif** (p75) e **Tiramisù alle Fragole** (p75), le prospettive architettoniche sublimi.

❷ Piazza Maria Teresa

Raggiungete l'incantevole ex galoppatoio dei Savoia, con i palazzi neoclassici e un bel giardino. Il dehors di **Pepe** (p71) è irresistibile.

❸ Giardini Cavour e Aiuola Balbo

Le aiuole verdi e il disegno elegante di Piazza Cavour traghettano fino alla grande fontana dell'Aiuola Balbo.

❹ Piazza Bodoni

Nella bella piazza del **Conservatorio** ci sono le panchine e la statua di Alfonso La Marmora, si mangia da **Sodo** (p49), si fa un acquisto musicale alla **Beethoven Haus** o si prende nota dei film in programmazione al **Cinema Nazionale**.

I portici di Via Po (p203)

Portici e piazze

❺ Piazza Carlina
Il palazzo dove visse Gramsci, i dehors della **Société Lutèce** (p71) e del **Mago di Oz** (p71), le geometrie perfette di Piazza Carlo Emanuele II (questo il vero nome).

❻ Portici di Via Po
Sotto i portici forse più caratteristici della città si può comprare e mangiare quasi di tutto.

❼ Piazza Carlo Alberto
Ospita la **Biblioteca Nazionale**, il **Museo del Risorgimento** (p45) e, per i golosi, lo **Sfashion Cafè** (p51).

❽ Piazza Carignano
Nel salottino di Torino, il **Teatro** (p53) e **Palazzo Carignano** (p45), le bontà di **Pepino** (p41), l'eleganza del **Ristorante** e della **Farmacia del Cambio** (p52).

❾ Portici di Piazza Castello
Tutto gira in tondo: **Palazzo Madama** (p36), i passanti, i portici scenografici che confluiscono a **Palazzo Reale** (p31).

❿ Portici di Via Roma
I corridoi rigorosi ed eleganti dello shopping di lusso, l'apertura mozzafiato di **Piazza San Carlo** (p48), i segreti di **Piazza CLN** (p47).

⓫ Piazza Carlo Felice
L'itinerario finisce in questa piazza molto verde davanti alla Stazione Porta Nuova, con un'alta concentrazione di negozi di cioccolato e altre prelibatezze (Roma Già Talmone, Giordano, Avvignano; p41 e p43).

Itinerari a piedi
Torino liberty

L'itinerario

Tra la fine dell'Ottocento e il primo ventennio del Novecento, grazie a Pietro Fenoglio e colleghi e all'influenza parigina, belga, eclettica e neogotica, Torino, interessata dalla trasformazione in città industriale, diventa la capitale italiana del liberty, con edifici che per reazione si snelliscono e s'ingentiliscono. Gli esempi più importanti di liberty residenziale sono a Cit Turin, a ovest di Piazza Statuto, e nella zona precollinare di Crimea (v. cartina p176, A4), ma ci sono capolavori sparsi in tutta la città.

Inizio Via Cibrario; 🚌71, 🚋9, 13

Fine Via Susa; 🚌56

Deviazione Borgo Crimea; 🚌52, 53, 64, 66, 70, 73

Lunghezza 2 km; 2/3 ore

Una pausa

In Russia da Sovietniko (p97), in Cina da Chen Lon (p98).

Particolare del Villino Raby (p205)

❶ Via Cibrario

I quartieri San Donato e Cit Turin si sviluppano dopo la creazione della stazione dei treni per Rivoli, Porta Susa, inaugurata nel 1897. Gli edifici sono sia abitazioni e negozi 'popolari' sia villette per nobili e benestanti. Arteria del quartiere è Via Cibrario: all'angolo con Via Balbis e al civico 9, le due **Case Padrini** di Pietro Fenoglio (1905 e 1900) sono riconoscibili per i tipici elementi decorativi fitomorfi, i bovindi, l'alleggerimento graduale verso l'alto; ai civici 12 e 14, **Casa Pecco** (1902), sempre di Fenoglio, ha uno stile più classicheggiante; e al 15 **Casa Florio** (1902), dell'ingegnere Velati Bellini, reca una decorazione a *ramages* che sale incorniciando le finestre.

❷ Via Beaumont

Porta la stessa firma **Casa Rigat** (1902), al civico 2, con il tema decorativo della lira alla base delle paraste e sui balconi del primo piano. Al civico 7, ecco i colori tenui del **Villino Ostorero** (1900), decorato con elementi floreali dalle linee sinuose, tanti terrazzi e finestre sul giardino.

Torino liberty

❸ Via Piffetti
Della stessa epoca sono le tre villette ai civici 3, 5 e 5bis: la prima ha lo stile floreale tipico del liberty, la seconda è più classicheggiante e con bizzarre sfingi alate sul balcone, la terza ha un aspetto neorinascimentale.

❹ Corso Francia
Gli esempi più sfarzosi sono qui: **Villino Raby** (1901), al civico 8, e **Casa Fenoglio-Lafleur** (1902; all'angolo con Via Principi d'Acaja), emblema del liberty torinese e capolavoro di Fenoglio.

❺ Via Principi d'Acaja
Apoteosi dello stile floreale, **Casa I.N.A.** (1906), progettata da Fenoglio, è un trionfo di rami e frutti, con un meraviglioso bovindo su tre piani.

❻ Via Palmieri
Affacciato sul Giardino Martini (più noto come Piazza Benefica), il **Palazzo del Faro**, ideato da Gottardo Gussoni per l'imprenditore Carrera, poi finito in bancarotta, ha un bovindo sovrastato da una torre, dalla quale un faro 'rotante' illuminava la città.

❼ Via Susa
Il **Complesso Ansaldi**, formato da tre edifici dal civico 31 al 35, fu progettato da Gussoni per ospitare abitazioni e uffici.

❽ Borgo Crimea
Oltre il Po, ai piedi della collina, ci sono alcuni fulgidi esempi di liberty, tra cui spicca **Villa Scott**, progettata da Fenoglio nel 1902 in Corso Giovanni Lanza 57, dove furono girate scene di *Profondo rosso* di Dario Argento. La bellezza del quartiere vale una deviazione o un allungamento dell'itinerario.

Il meglio
Cinema

Una grande tradizione, un museo interamente dedicato, un impressionante numero di sale d'essai (oltre ai multisala per i blockbuster), festival molto importanti e festival minori che coprono tanti temi: il cinema vive a Torino, e i cinefili lo sanno bene.

Ciak, si gira!

A partire dal primo colossal girato in Italia, *Cabiria*, diretto da Giovanni Pastrone con testi di D'Annunzio, Torino si è imposta come città dove fare cinema. Oltre ai classici di genere come *Profondo rosso* (1975) di Dario Argento o *Un colpo all'italiana* (*The Italian Job*, 1969) del britannico Peter Collinson, la lista dei film girati in città è lunga e arriva fino ai giorni nostri, per vari motivi: la presenza di location affascinanti e molto diverse tra loro, i costi ridotti e la presenza della Film Commission (p156), che negli anni ha sostenuto e promosso il ruolo di primo piano della città nel panorama della produzione cinematografica italiana.

Cinema 365 giorni all'anno

Come già accennato, la presenza di un Museo del Cinema (e che museo!) ricco e interessante, che comprende un archivio sterminato di pellicole, proiettate tutto l'anno nelle retrospettive e negli eventi speciali, il numero notevole di sale anche indipendenti e il pubblico sempre numeroso, e infine la qualità dei festival cinematografici piccoli e grandi, che con la loro programmazione coprono quasi l'intera arcata dell'anno: tutto questo non lascia alcun dubbio sul valore e sull'importanza di Torino come città del cinema.

☑ Consigli

▶ Il cinema di Torino a portata di app: scaricate izi.TRAVEL o seguite il tour su www.izi.travel per scoprire 24 set di film girati in città.

▶ Visitate la sede della **Film Commission** (p156), dove bere un caffè e respirare aria di cinema.

I migliori festival

Seeyousound (p14)
A gennaio.

Torino Gay & Lesbian Film Festival (p14)
Ad aprile, da trent'anni.

Sottodiciotto Film Festival (p14) Sempre ad aprile.

Cinemambiente (p15)
A maggio.

Torino Film Festival (p18)
A novembre.

Il logo del Torino Film Festival in Piazza Castello

I film da vedere

Cabiria (1914) Dopo *Quo vadis?* di Guazzoni, il secondo colossal della storia del cinema.

Le amiche (1955) Antonioni gira tra Piazza San Carlo e i Murazzi del Po.

Guerra e pace (1956) Il Valentino e Audrey Hepburn a Palazzo Madama.

Un colpo all'italiana (1969) Imperdibile l'inseguimento delle Mini sul tetto del Lingotto.

Mimì metallurgico ferito nell'onore (1972) L'operaio catanese della Wertmüller approda a Torino.

La donna della domenica (1975) Comencini traspone il romanzo di Fruttero & Lucentini in un'afosa Torino anni '70.

Profondo rosso (1975) Piazza CLN e Villa Scott.

Hannah e le sue sorelle (1986) Woody Allen entra al Teatro Regio.

La puttana del re (1990) Rivoli, Stupinigi, Palazzo Carignano e Venaria.

La seconda volta (1995) Calopresti dirige Nanni Moretti e Valeria Bruni Tedeschi.

Tutti giù per terra (1997) Mastandrea a Torino nel primo film di Ferrario girato in città.

Così ridevano (1998) Gianni Amelio sceglie la Torino dell'immigrazione.

Santa Maradona (2001) L'opera prima di Ponti, tutta girata a Torino.

Heaven (2002) Cate Blanchett in città.

Dopo mezzanotte (2004) Di Ferrario, girato alla Mole.

Il Divo (2008) Il film di Sorrentino su Andreotti è girato anche a Torino.

Vincere (2009) Torino diventa Milano e ospita il Mussolini di Bellocchio.

La solitudine dei numeri primi (2010) Dal best seller di Paolo Giordano, girato fra Torino e Sestriere.

I cinema in centro

Ambrosio (Corso Vittorio Emanuele 52)

Centrale (Via Carlo Alberto 27)

Classico (Piazza Vittorio Veneto 5)

Greenwich (Via Po 30)

Lux (Galleria San Federico) V. lettura p46.

Massimo V. p72.

Nazionale (Via Pomba 77)

Reposi (Via XX Settembre 15)

Romano (Galleria Subalpina) V. lettura p46.

Il meglio
Musica

La musica è tradizione, innovazione, sperimentazione; vive se accolta in luoghi adeguati e da un pubblico entusiasta. A Torino ciò avviene, e in modo sorprendente: che sia classica, pop, jazz, rock, folk, elettronica, ogni genere musicale è celebrato con devozione e accende la passione di tutti.

Oltre che nei teatri e negli spazi già citati, che ospitano concerti di vario genere e sono tra le sedi dei festival più importanti, la profonda cultura musicale della città ha modo di esprimersi e raggiungere un vasto pubblico in molte modalità diverse. Ecco un elenco dei luoghi più importanti dove ascoltare musica classica, scatenarsi a un concerto rock, ballare fino all'alba con un DJ, comprare dischi di qualità.

☑ Il consiglio

▶ Se siete appassionati di lirica, prenotate una poltrona al Teatro Regio con largo anticipo.

Classica e lirica

Auditorium Rai Arturo Toscanini (p72) Sede ufficiale dell'Orchestra Sinfonica della Rai.

Auditorium Giovanni Agnelli (p130) Musica sinfonica e da camera.

Conservatorio G. Verdi (☎011 88 84 70; www.conservatoriotorino.gov.it; Via Mazzini 11; ☒18, 61, 68, Star 2) Alta formazione musicale e concerti.

Teatro Regio (p52) Uno dei teatri lirici più importanti d'Italia. Ospita anche concerti di grandi artisti italiani e internazionali.

Jazz, blues, folk

Folk Club (p101) Locale storico dalla programmazione eccellente.

Jazz Club (p73) Seguite lo swing.

Magazzino di Gilgamesh (☎340 988 34 36; www.ilmagazzinodigilgamesh.it; Piazza Moncenisio 13; ☒9, 16) Storico locale per la musica live.

Pop, rock, indie

Blah Blah (p72) Band alternative e musica indipendente.

Cap10100 (p183) Ottimi concerti, spesso all'interno di festival di qualità.

Hiroshima Mon Amour (☎011 317 66 36; www.hiroshimamonamour.org; Via Bossoli 83; ☒14, 18, 41, 63, 74, 95) Uno dei locali che ha segnato la storia della musica dal vivo a Torino.

Lavanderie Ramone (p120) Il palcoscenico di San Salvario.

Palasport Olimpico (Corso Sebastopoli 123; ☒14, 17, 91, 92, ☒4, 10) Più noto come Palalsozaki. Per grandi concerti e grandi numeri (p133).

Musica

TOdays Festival

Spazio 211 (p166) Che siano al chiuso o all'aperto, qui i concerti sono indimenticabili.

Elettronica

Astoria (p119) Il basement della musica elettronica.

RAT (p70) Piccoli e grandi DJ-set.

I migliori festival

Club to Club (p18) Uno dei più importanti festival di musica elettronica in Europa.

Flowers Festival (p16) Grandi nomi del pop e del rock nel Parco della Certosa di Collegno.

GruVillage Festival (p16) Un centro commerciale diventa palcoscenico per buona musica.

Jazz:re:found (p19) Contaminazione e ricerca raffinata, senza dimenticare il ritmo.

Kappa FuturFestival (p16) Ballare, sudare, divertirsi.

MITO Settembre Musica (p17) Tra Torino e Milano, tra classica, jazz e world music.

TOdays Festival (p16) Il meglio della musica internazionale in location da non perdere.

I negozi

Backdoor (011 48 28 55; www.backdoor.torino.it; Via Pinelli 45/a; 15.30-19.15 lun, 9.30-12.30 e 15.30-19.15 mar-sab; 29, 59, 3, 16) Vinili e CD: un'istituzione nel quartiere San Donato.

Beethoven Haus (011 88 77 50; www.beethovenhaus.com; Via Mazzini 12; 9.30-13.30 e 15.30-19 mar-sab; 18, 61, 68, Star 2) Chi studia al Conservatorio acquista qui libri e spartiti.

Gravity Records (p170) Dischi, incontri, apparecchiature e DJ-set.

Les Yper Sound (p74) Indipendente, fornito, inossidabile.

Scavino (011 669 46 04; www.scavinomusica.com, www.scavino.it; negozio principale Via Ormea 66; 9.15-12.30 e 15-19.30 mar-sab; 18, 67, 7, 9, 16) Cinque negozi in uno per una scelta infinita di strumenti musicali.

Il meglio
Teatro e teatri

Il problema non è trovare uno spettacolo interessante, ma come riuscire a vedere tutti quelli che ci interessano! Infatti, l'ottima notizia è che l'offerta culturale dei teatri torinesi, che si tratti di teatro, danza, cabaret o arti performative in generale, è davvero ricca e nutriente.

I teatri in città...

Casa del Teatro Ragazzi e Giovani (011 19 74 02 81; www.casateatroragazzi.it; Corso Galileo Ferraris 266; 17, 92, 4) Spettacoli per ragazzi, laboratori ed eventi. (p134)

Cineteatro Baretti (p119) Teatro e cinema di qualità a San Salvario.

Teatro Alfieri (p101) Concerti, commedie, musical.

Teatro Astra (011 563 43 52; fondazionetpe.it; Via Rosolino Pilo 6; 1, 36, 65) La sede principale della Fondazione TPE è inserita in vari festival.

Teatro Carignano (p53) Un tesoro del Settecento.

Teatro Colosseo (p120) Prosa, concerti e musical.

Teatro Erba (011 661 54 47; www.torinospettacoli.com; Corso Moncalieri 241; 47, 67, 73) Con l'Alfieri e il Gioiello fa parte del circuito teatrale della Compagnia Torino Spettacoli.

Teatro Gioiello (p148) Commedie, operette, teatro dialettale.

Teatro Gobetti (p50) La sala ottocentesca è un piccolo gioiello.

Teatro Nuovo (p121) Il regno della danza.

... e nei dintorni

Lavanderia a Vapore (p199) Tanta musica e danza nell'ex lavanderia dell'Ospedale di Collegno.

Fonderie Limone Moncalieri (p199) Spazio suggestivo e punto di riferimento culturale.

Teatro della Concordia (p199) La ricca proposta del teatro di Venaria.

Teatro Le Serre (327 742 33 50; www.teatroleserre.it; Via Tiziano Lanza 31; 17, 38, 44, 76, 89, 97, 98) Teatro, circo e concerti in una tensostruttura nel Parco Le Serre di Grugliasco.

Circuito alternativo

Cubo Teatro (p169) Teatro sociale a Vanchiglietta.

Sala Espace (p167) Concerti, serate danzanti e teatro indipendente.

Teatro e Caffè della Caduta (p166) A Vanchiglia, da non perdere.

I migliori festival

Festival delle Colline Torinesi (p16) Il meglio del teatro contemporaneo.

Interplay (p15) La magia della danza.

Teatro a Corte (p16) Teatro italiano ed europeo nelle residenze sabaude.

Torino Danza (p17) Tre mesi con le migliori compagnie del mondo.

Torino Fringe Festival (p15) Quando il teatro esce dal teatro.

Il meglio
Storia e leggende

La storia a Torino è ovunque: c'è quella 'ufficiale', che si respira nelle sale delle residenze sabaude o nei luoghi che hanno visto la nascita della città industriale, ma c'è anche quella legata alla fama di città 'magica', parte del triangolo della magia 'bianca' con Praga e Lione e di quello della magia 'nera' con Londra e San Francisco.

Residenze reali

Castello del Valentino (p109) Uno sguardo ai tetti alla francese voluti da Cristina di Francia.

Castello di Rivoli (p192) Sodalizio perfetto tra antico, moderno e contemporaneo.

Palazzina di Caccia di Stupinigi (p194) Nata come palazzina di caccia, divenuta un capolavoro.

Palazzo Madama (p36) Secoli di storia in un unico edificio.

Palazzo Reale (p31) Il cuore del potere sabaudo.

Reggia di Venaria Reale (p188) Antica residenza di caccia dei Savoia.

Villa della Regina (p174) Splendida residenza ispirata alle ville romane.

Storia o leggenda?

Chiesa della Gran Madre di Dio (p177) Pare che il calice sollevato dalla Statua della Fede sia il Sacro Graal.

Piazza Castello (p45) La cancellata di Palazzo Reale, custodita da Castore e Polluce, segnerebbe il confine tra città santa e diabolica; nelle grotte di Palazzo Madama gli 'scienziati' di Casa Savoia cercavano la pietra filosofale.

Piazza Palazzo di Città (p89) Nell'antica Piazza delle Erbe venivano bruciati eretici e streghe condannati dal Tribunale dell'Inquisizione.

Piazza Solferino e dintorni (p94) La Fontana Angelica è una combinazione di simboli massonici, così come le figure sul portone di Via Alfieri 19.

Piazza Statuto (cartina p86, C1) Il 'cuore nero' della città: è forse Lucifero l'angelo in cima alla Fontana del Frejus?

Rondò della Forca (cartina piegehvole, G1) Qui si giustiziavano i condannati a morte.

Musei

MAUTO – Museo dell'Automobile di Torino (p127) La storia dell'industria automobilistica, la storia della città.

Museo Civico Pietro Micca (p93) Gloriosa pagina di storia cittadina.

Museo del Carcere 'Le Nuove' (p143) Da luogo di pena a spazio dove riflettere sul passato.

Museo Diffuso della Resistenza (p94) Il fascismo e la seconda guerra mondiale in città.

Museo Nazionale del Risorgimento Italiano (p45) Realtà museale all'avanguardia in Europa.

Il meglio
Libri e letteratura

Torino è patria di alcune delle case editrici più importanti del Novecento, come Einaudi, Bollati Boringhieri e UTET; per trent'anni sede della fiera del libro più prestigiosa d'Italia, ha dato i natali e l'ispirazione ad alcuni dei maggiori scrittori piemontesi e italiani. È anche città di librerie, librai e bancarelle.

Torino nei libri

Cuore di Edmondo De Amicis. Un classico della letteratura per ragazzi.

La casa in collina di Cesare Pavese. Torino e la seconda guerra mondiale.

Lessico famigliare di Natalia Ginzburg. La vita della famiglia Levi dagli anni '20 agli anni '50.

La giornata di uno scrutatore di Italo Calvino. Ambientato al Cottolengo durante le elezioni del 1953.

Le due città di Mario Soldati. Romanzo tra Torino e Roma del grande scrittore torinese.

Il buio e il miele di Giovanni Arpino. Il viaggio in treno da Torino a Napoli dell'ex partigiano Fausto G., reso immortale da *Profumo di donna* di Dino Risi (1974).

La donna della domenica di Fruttero & Lucentini. Il noir che ha ispirato il film di Comencini.

L'altrui mestiere di Primo Levi. Opera saggistica il cui primo capitolo, *La mia casa*, è ambientato nell'alloggio di Corso Re Umberto 75, dove l'autore si suicidò nel 1987.

Un'intuizione metropolitana di Dario Voltolini. Racconti brevi sulla città.

La collega tatuata di Margherita Oggero. Il primo romanzo della scrittrice-insegnante torinese.

Torino è casa mia di Giuseppe Culicchia. Sorta di descrizione saggistica di Torino, ironica e pungente.

Piove all'insù di Luca Rastello. Appassionata riflessione politica in tre racconti.

Amante vertiginosa di Dario Capello. I suggestivi itinerari del poeta torinese.

Luoghi ed eventi

Bancarelle di libri in Via Po Per trovare tesori.

Circolo dei Lettori (p72) Reading, presentazioni, incontri.

Portici di Carta (www.porticidicarta.it) I portici di Via Roma, Piazza San Carlo e Piazza Carlo Felice diventano un'unica lunga bancarella di libri in un weekend di ottobre.

Salone del Libro (p14) A maggio al Lingotto.

Librerie

Borgopò (p184)
Comunardi (p73)
Il Ponte sulla Dora (p169)
L'Ibrida Bottega (p184)
La Bussola (p74)
Libreria Bodoni (p54)
Luxemburg (p55)
nb:notabene (p76)
Thérèse (p170)
Trebisonda (p121)

Il meglio
Parchi e giardini

È molto verde la vita in mezzo ai fiumi: non solo nel Parco del Valentino, che segue il Po per buona parte del suo corso in città, ma anche nelle grandi aree intorno agli altri corsi d'acqua, nei boschi e nei parchi collinari e nei giardini pubblici sparsi per tutta la città ad alleviare il peso dello smog.

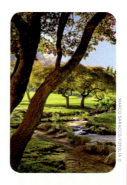

Parchi

Parco Colletta Porzione del Parco Fluviale del Po tra i quartieri Regio Parco e Vanchiglia, accessibile anche dalla passerella ciclopedonale di Vanchiglietta, davanti al campus Luigi Einaudi.

Parco del Valentino (p108) Il 're' dei parchi di Torino si estende su 550.000 mq, da godersi a piedi, in bici o di corsa.

Parco della Maddalena Uno dei parchi più ampi della collina, si divide in Parco della Rimembranza e Parco delle Repubbliche Partigiane Piemontesi e culmina nel piazzale panoramico dominato dal Faro della Vittoria.

Parco della Pellerina Per un tuffo in piscina, tra campi da bocce, da tennis e da calcio e tanto verde.

Parco della Tesoriera Per sentire il profumo dei tigli e ammirare una splendida villa settecentesca, fate una sosta sulla strada per Rivoli.

Parco di Superga Circa 750 ettari di splendida vista sulla città, da attraversare per raggiungere la Basilica a piedi (p177).

Parco Europa In cima alla collina di Cavoretto, al confine con Moncalieri.

Parco La Mandria (p189) Attiguo alla Reggia di Venaria, con 6500 ettari di pascoli, campi agricoli, boschi popolati da daini e appartamenti reali.

Parco Leopardi All'altezza del Ponte Isabella (p179) si sale in collina in mezzo al verde.

Parco Michelotti Tra la Gran Madre e Sassi, il fiume, il verde, le ciclabili e i giochi per i bambini.

Parco Ruffini Polmone verde del quartiere Pozzo Strada, con molti spazi per attività varie.

☑ Il consiglio

▶ Su www.comune.torino.it/verdepubblico, al link Parchi e Giardini, cercate le informazioni per una sosta o una passeggiata nel verde.

Riserva Naturale Meisino Una delle aree protette del Parco del Po Torinese, ai piedi della collina di Superga.

Giardini

Aiuola Balbo e Giardini Cavour Francesi ed eleganti, in pieno centro.

Giardini Reali Dietro Piazza Castello, giochi per i bambini, panchine ombreggiate per leggere il giornale e tanta storia.

Piazza Maria Teresa Una delle nostre preferite, dove rilassarsi tra aiuole fiorite, alberi e dehors.

Il meglio
Locali e vita notturna

Cambiano le zone, i locali, le generazioni, ma immutabile è la vocazione della città a vivere la notte, che si tratti della moda dilagante dell''apericena', di un drink con gli amici o di un club fino all'alba. Tutto può contribuire alla creazione di una cultura del divertimento, alternativo o mainstream.

Più che una mappa che fissa sedi e proposte permanenti, è possibile fare una fotografia dei luoghi del divertimento serale e notturno, che cambiano come le stagioni. Negli anni '90 Torino ha vissuto un'epoca di fertile vita underground; all'inizio del nuovo millennio c'è stato il boom del clubbing di qualità; oggi, con il declino dei Murazzi come centro di vita notturna e il proliferare di locali dove si fa tutto (mangiare, bere, ballare, ascoltare musica), il quadro è cambiato, ma è sempre possibile individuare alcune zone: Piazza Vittorio Veneto, con la distesa di dehors in attività dal tardo pomeriggio a notte fonda; il Quadrilatero, con le vinerie e i cocktail bar; San Salvario, affollatissimo, dove è quasi impossibile non trovare quello che si cerca; e Vanchiglia, l'ultimo arrivato in fatto di movida, che mantiene un certo equilibrio tra giorno e notte, pur con un'offerta crescente di proposte.

☑ Il consiglio

▶ Incerti su come trascorrere la serata? Consultate il sito zero.eu/torino.

Lumeria (p164) Tranquillo, gradevole, curato.

Margò (p163) Non conosci Vanchiglia se non passi di qui.

Pastis (p99) Sotto gli alberi di Piazza Emanuele Filiberto.

Per l'aperitivo

Affini (p117) Il miglior aperitivo di San Salvario.

Barricata (p163) Relax in Piazza Santa Giulia.

Caffè Rossini (p164) Un punto di riferimento.

Cantine Meccaniche (p162) Ottime le tapas e la scelta dei vini.

Casa del Quartiere (p120) Buffet multietnico e ambiente informale.

La Drogheria (p71) Un aperitivo sontuoso e la mondanità di Piazza Vittorio.

Lanificio San Salvatore (p119) Tappa d'obbligo a San Salvario.

Drink fino a tardi

Barbiturici (p165) Aperto tutto il giorno, molto cool di notte.

Barz8 (p183) Cocktail che non si dimenticano.

DDR (p118) San Salvario come Berlino.

Dunque (p163) A Vanchiglia, con personalità.

Il meglio
Per i bambini

Torino è sempre più a misura di bambino. Gli spazi verdi abbondano, i musei divertenti non mancano, si possono praticare attività sportive di ogni genere e mangiare molti cioccolatini. E i genitori possono tirare il fiato.

Al museo

MAcA (011 070 25 35; www.museoambiente.org; Corso Umbria 90; 14-19 sab e dom, gruppi su prenotazione 9-17 lun-ven; interi/ridotti €10/5; 3, 9) Museo dedicato ai temi ambientali.

MAUTO – Museo dell'Automobile (p127) Incredibile viaggio tra i motori.

Museo Civico Pietro Micca (p93) L'emozione delle gallerie sotterranee.

Museo del Cinema (p60) I segreti dell'immagine in movimento.

Museo Egizio (p34) L'incontro con le mummie.

A teatro

Casa del Teatro Ragazzi e Giovani (p210) Il nome non lascia alcun dubbio.

Teatro della Caduta (p166) Spettacoli, merende e giochi.

Gli animali da vicino

Zoom (p197) Incontri ravvicinati con gli animali.

Dove mangiare

Cioccolaterie, gelaterie e pasticcerie C'è solo l'imbarazzo della scelta.

MBun** (p50) Il menu in piemontese è divertente.

Neko Cat Cafè (p70) Se i vostri figli amano i gatti, qui ne troveranno nove.

In compagnia

Casa del Quartiere (p120) Un po' di relax mentre i piccoli corrono e giocano in libertà.

TurinEye (p153) Una mongolfiera in città!

Parchi e giardini

Giardini Reali (p31) Un giro in altalena dopo un 'noioso' museo.

Parco del Valentino (p108) Prati, giochi e biciclette nel parco più famoso della città.

Parco della Pellerina (p213) Per un bagno in piscina in mezzo al verde.

Parco La Mandria (p189) Prati e boschi vicino alla Reggia di Venaria.

☑ Il consiglio

▶ La pagina Facebook **10100bimbi** è un'ottima fonte d'informazioni per famiglie con bambini a Torino e in Piemonte.

Parco Michelotti (p213) Oasi verde lungo il Po.

Riserva Naturale Meisino (p213) Natura incontaminata ed entusiasmante.

Sotto le stelle

Infini.to (p179) Usciti di qui, molti bambini decideranno di fare l'astronauta.

Shopping

Masnà (p171) Vestiti e giocattoli nuovi e usati.

Paradiso dei Bambini (p56) Perché giocare è la cosa più bella del mondo.

Sugo Lab (p123) Vestiti fatti a mano, originali e divertenti.

Il meglio Gelaterie

In una città di pasticcieri e cioccolatai, dove i dolci sono di casa, la produzione di gusti cremosi e alla frutta ha saputo reggere il confronto con quella di bignè e gianduiotti, dando vita a una tradizione di eccellenza artigianale che oggi comprende alcuni dei migliori mastri gelatieri italiani.

Agrigelateria San Pé (☏ 011 945 26 51; www.agrigelateria.eu; Cascina San Pietro 29/a, Poirino; ⏱orario variabile secondo la stagione, v. sito) In un'ex cascina 25 km a sud del centro, con fattoria e parco giochi: ottimo gelato, ingredienti freschi. Scelto anche da Eataly (p131).

Alberto Marchetti (p65) Marchetti è una celebrità, e assaggiando il suo gelato capirete perché.

Cooperativa – Gelateria Naturale di San Salvario (☏ 338 484 36 71; Via Berthollet 13/d; ⏱15.30-24, chiuso gen; 🚌30, 53, 55, 56, 61, 70, 🚋13, 15, 1) Ottimo gelato artigianale a San Salvario. Provate il pistacchio!

Fiorio (p41) Una delle prime gelaterie a offrire il cono da passeggio. Il gianduia e le creme sono ancora tra i migliori.

Gasprin (p158 e p195) A Vanchiglia e a Moncalieri, uno dei nostri gelatai preferiti.

Gelateria Popolare (p153) Nel cuore del Balôn.

Grom (www.grom.it; varie sedi in tutta la città) L'ossessione per i prodotti locali è partita da qui e ha conquistato il mondo.

Il Gelato Amico (☏ 011 207 22 65; www.ilgelatoamico.it; Via San Massimo 34; ⏱orario variabile secondo la stagione, v. Facebook; 🚌18, 61, 68, 🚋9) Gelato a base di latte di riso, altamente digeribile per tutti, adatto a chi segue una dieta vegana o gluten free. Anche in Via Principi d'Acaja 47.

Il Siculo (p144) Gelateria storica con un'incredibile scelta di gusti. Ottime le granite.

Mara dei Boschi (p113) Delizioso il gelato e il locale a San Salvario.

Mondello (☏ 011 436 09 12; gelateriemondello.it; Piazza Emanuele Filiberto 8/e; ⏱12-23; 🚌18, 61, 68, 🚋9) Gelati, granite e dolci artigianali della tradizione siciliana. Anche in Galleria San Federico (p46), in Via Asinari di Bernezzo 110/b e a Rivoli, in Corso Francia 1/g.

Pepino (p41) Il Pinguino da passeggio, inventato qui, è tuttora un must.

Silvano (p129) Gelateria storica del quartiere Nizza Millefonti.

Testa (p144) Da provare la panna montata e il cioccolato fondente.

Torre (p157) Una delle granite siciliane migliori di Torino.

Vanilla (p95) Gusti fantasiosi in questa piccola gelateria artigianale chiusa quando piove.

Il meglio
Mercati

Una fredda città del nord? A giudicare dalla quantità di mercati all'aperto che vi si tengono, da quelli ortofrutticoli di quartiere a quelli mensili dei contadini, dalle bancarelle dell'antiquariato in piazza al meglio della moda e del vintage, parrebbe proprio di no.

Mercati alimentari nei quartieri centrali

Mercati dei produttori agricoli (lettura p76) Una volta al mese, in varie piazze del centro, i migliori prodotti piemontesi.

Piazza Borromini (Corso Casale, altezza Ponte Regina Margherita) Cercate i banchi dei contadini.

Piazza Madama Cristina (cartina p110, B1) A San Salvario, sotto la tettoia.

Piazza Santa Giulia (cartina p154, D7) Piccolo ma vivace mercato di quartiere. Anche qui i contadini arrivano dalla campagna per offrire i loro ottimi prodotti.

Porta Palazzo (p83) 'Mercato alimentare' è una definizione riduttiva: ve ne accorgerete trascorrendo una mattinata nel mercato all'aperto più grande d'Europa.

Santa Rita Il quartiere a sud-ovest della Crocetta e di Borgo San Paolo non è molto centrale, ma ha uno dei mercati più grandi e vivaci della città.

Abbigliamento

Corso Palestro (cartina p86, C2) Cercate le occasioni, sono tante!

Crocetta (p148) È anche ortofrutticolo, ma è frequentato soprattutto per i banchi di abbigliamento.

Piazza Benefica (cartina pieghevole, D3) Abiti e scarpe sono il punto forte di questo mercato a Cit Turin.

Moda vintage

Extravaganza (p76) Vintage e usato di qualità in Piazza Carlo Alberto.

Piazza Gran Madre (p76) Curiosate, cercate, frugate: ci sono sempre pezzi unici da non perdere.

☑ Il consiglio

▶ Cercate gli indirizzi, gli orari e le informazioni utili su tutti i (moltissimi!) mercati della città sul sito mercati.comune.torino.it.

Antiquariato e brocantage

Balôn (p83) Insuperabile per l'offerta, lo scenario e il divertimento.

Moncalieri (p195) Per una piacevole passeggiata nel borgo antico, tra bancarelle interessanti.

Piazza Vittorio Veneto (p76) Percorrete i portici della piazza in tutta la loro lunghezza per trovare il mobiletto o il gioiello antico che tanto desideravate.

Il meglio
Torino gay-friendly

L'apertura alle differenze e il superamento dei pregiudizi passa anche attraverso la cultura, e Torino è sempre stata all'avanguardia: con uno dei festival di cinema gay più importanti d'Italia (che oggi non è l'unico in città), con molti spazi per attività e divertimenti, con l'annuale Gay Pride.

Circoli e associazioni

Casa Arcobaleno (☎011 765 00 51; www.casaarco baleno.eu; Via Lanino 3/a; ⊙10-12 lun, 16-19 mer e ven, 21.30-1/1.30 sab; ☐11, 51, 92, ☐4) Servizi, eventi e serate per la comunità LGBT torinese.

Maurice (☎011 521 11 16/ 335 716 78 90; www.maurice glbt.org; Via Stampatori 10; ⊙orario variabile, v. il sito; ☐5, 11, 27, 51, 52, 57, 67, 92, Star 2, ☐4, 6) Storica associazione dal vivace programma culturale.

Discoteche

Centralino Club (☎349 723 47 30; Via delle Rosine 16; ☐Star 1) Una discoteca per tutti, che il venerdì propone la serata Bananamia, dedicata al pubblico gay.

Queen Forever (☎011 473 23 01, 393 067 49 33; www.facebook.com/queen forevertorino; Via Principessa Clotilde 82; ⊙21.30-2 gio e ven, 22.30-4 sab; ☐3, 16) Per il divertimento del weekend.

Eventi e serate

Baciami Stüpida (baciamistupida.com) Vari locali della città ospitano questa serata itinerante tutta al femminile.

Gay Pride A luglio, ogni anno: una manifestazione, uno spettacolo, una festa.

Queever (www.queever.it) Vivace serata itinerante nelle discoteche della città.

Festival

Divine Queer Film Festival (www.divinequeer .it) Una nuova piccola creatura, attenta a vari tipi di diversità.

Torino Gay & Lesbian Film Festival (www.tglff .it) Uno degli eventi più attesi e importanti, ormai da più di 30 anni. V. p14.

Locali

Margò Nel cuore di Vanchiglia, vivace e gay-friendly (p163).

Rhum More (☎338 761 47 72; Via Bonelli 15/c; ⊙19-2.30 mar-sab; ☐11, 27, 51, 52, 57, 67, 92, ☐4, 6) Per l'aperitivo, i cocktail, la musica.

Saune

011 Sauna Club (☎011 28 42 63; www.011saunaclub .it; Via Messina 5/d; ⊙14-2 lun-ven, 14-6 sab, 14-1 dom e festivi; ☐19, 68) Circolo per soli uomini nel cuore della città; non solo la sauna, ma anche l'XXX Cruising Bar con dark, cabine, glory holes ecc.

GarageClub (☎346 300 66 12; www.garageclub.it; Corso Stati Uniti 35, ⊙14-2; ☐19, 68) Spa maschile con lounge bar, zone relax, sala fumo, alla Crocetta.

Guida pratica

Prima di partire	**222**
Quando andare	222
Prenotare il soggiorno	222
All'arrivo	**224**
Trasporti urbani	**225**
Autobus e tram	225
Automobile e motocicletta	226
Battello	228
Bicicletta	228
Metropolitana	228
Taxi	229
Informazioni	**229**
Ambasciate e consolati	229
Assistenza sanitaria	229
Carte di credito	230
Emergenze	230
Informazioni turistiche	230
Orari di apertura	232
Servizi igienici	232
Tessere sconto	233
Viaggiare in sicurezza	233
Viaggiatori con disabilità	233

Guida pratica

Prima di partire

Quando andare

Torino

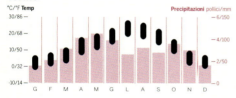

➡ **Inverno** (dic-feb)
Fa freddo e il buio arriva molto presto, ma la città è illuminata dalle Luci d'Artista (p18).

➡ **Primavera**
(marzo-mag) Il sole e le temperature miti annunciano alcuni grandi eventi, tra cui il Salone Internazionale del Libro (p14) e il Torino Gay & Lesbian Film Festival.

➡ **Estate** (giu-agosto)
Fa caldo, ma tra spettacoli, festival, concerti e dehors vivaci e affollati non mancano le occasioni per trascorrere piacevoli serate all'aperto.

➡ **Autunno** (set-nov)
A riscaldare i primi freddi è il tripudio dei colori nei parchi e nei viali alberati, e sono gli eventi che si susseguono in città, tra i quali MITO (p17), Torino Spiritualità (p17), Terra Madre – Salone del Gusto (p17), Club to Club (p18), Artissima (p18) e il Torino Film Festival (p18).

Prenotare il soggiorno

☑ **Attenzione**: sul sito www.turismotorino.org, al link 'dove dormire', c'è la possibilità di prenotare pacchetti per il weekend.

Verso il Po

Se le vostre tasche ve lo permettono, coccolatevi con la ricercatezza dell'**Hotel Victoria** (www.hotelvictoria-torino.com) o con il lusso del nuovissimo **NH Collection Piazza Carlina** (www.nh-collection.com), nello stabile dove visse Gramsci, che dal 2016 ospita le nuove sale espositive di Casa Gramsci. Se invece il budget è più limitato, godetevi il calore del B&B **Casa Marga** (☎ 328 905 02 78), a pochi passi da Piazza Vittorio Veneto, lo stile del B&B **A casa di Giò** (☎ 389 001 74 59), in Via Po, o l'accoglienza del B&B **Foresteria degli Artisti** (www.foresteriadegliartisti.it), che offre alloggi sia

Verso Piazza Statuto

Negli spazi settecenteschi che mantengono i sontuosi arredi originali degli appartamenti nobiliari, scegliete tra le camere dei re, quelle delle regine, la foresteria e gli appartamenti del B&B **Ai Savoia** (www.aisavoia.it). Se invece preferite spazi simili, ma contaminati da un gusto contemporaneo, optate per una delle camere dei **Magazzini San Domenico** (www.magazzinisandomenico.it). Vicinissimo alla Porta Palatina (p80) c'è il lusso minimalista dell'**NH Santo Stefano** (www.nh-hotels.it). Per soggiorni più lunghi in città, l'ideale è un appartamento al **San Domenico** (www.art-residencesandomenico.it).

Porta Palazzo

Nel melting pot di Porta Palazzo (p83) c'è il **San Giors** (www.hotelsangiors.it), uno degli alberghi e ristoranti storici della città (più antico persino del Ristorante Del Cambio), con sale e camere decorate da opere d'arte contemporanea.

San Salvario

Nel cuore della movida vi aspetta l'accogliente **Tomato Backpackers Hotel** (www.tomato.to.it), informale, tranquillo e molto grazioso. Ogni camera è dedicata a un film nel B&B **Il Pane e le Rose** (www.ilpanelerose.it), uno splendido appartamento in posizione strategica che ha ospitato artisti, cantanti e attori.

Lingotto

Al Lingotto la scelta è varia. C'è il lusso a quattro stelle dell'**NH Lingotto** e dell'**NH Lingotto Tech** (www.nh-hotels.it), e ci sono i due alberghi firmati Renzo Piano che hanno prezzi inavvicinabili nei giorni feriali e in concomitanza con i grandi eventi (come il Salone del Libro), ma competitivi nel weekend. C'è l'**Ostello Torino** (www.ostellotorino.it), unico in città a far parte di Hostelling International e situato presso l'ex Villaggio Olimpico. E c'è la residenza universitaria **Camplus** (www.camplusliving.it), la cui foresteria è a disposizione di chi soggiorna a Torino per studio o per lavoro.

Crocetta

Le camere giocano sul tema dell'arte contemporanea all'**Art Hotel Boston** (www.hotelbostontorino.it), mentre il residence **L'Orologio** (www.orologio-residence.com), a due passi dal Mercato Crocetta (p148), ha un'atmosfera accogliente e senza pretese.

Vanchiglia

Lo splendido **Santa Giulia** (www.residence-torino.com) propone luminosi monolocali, bilocali e trilocali, ideali per lunghi soggiorni; il **Bamboo Eco Hostel** (www.bambooecohostel.com), a Barriera di Milano, al confine con Aurora, offre invece un'atmosfera familiare, prezzi economici e un soggiorno all'insegna dell'ecosostenibilità.

Collina

Se siete automuniti e vi sorride l'idea di pernottare in collina, potreste considerare il **B&B Casa Firmino** (www.casafirmino.it) e il **B&B Antica Vigna** (www.anticavigna.net).

All'arrivo

Aeroporto di Torino

L'**aeroporto di Torino** (Codice IATA aeroportuale TRN; 📞 011 567 63 61; www.aeroportoditorino.it; ⏰ 5-23) è situato 16 km a nord-ovest del centro, nella località di Caselle Torinese.

È collegato con voli di linea diretti a numerose città italiane. Lo scalo serve anche molte destinazioni internazionali. Per l'elenco aggiornato di tutti i voli consultate il sito web dell'aeroporto.

Informazioni

Bagagli smarriti (Sagat Handling 📞 011 567 62 00; ⏰ 8-24; consegna 9-12 e 14-21)

Biglietteria (⏰ 5-21, direttamente in aeroporto)

Parcheggi (📞 011 567 63 61/2; ⏰ 5-23)

Ufficio del turismo (📞 011 53 51 81; www.turismotorino.org; ⏰ contact centre: 9.30-12.30 e 14.30-18 lun-dom) Il servizio è affidato a un totem interattivo.

Autobus

Sadem (📞 011 300 06 11, numero verde gratuito solo da rete fissa 📞 800 801 600; www.sadem.it; ⏰ 8-20 lun-ven, 8-13 sab) gestisce gli autobus per/dall'aeroporto di Torino in partenza dalla Stazione Porta Nuova (46 minuti), che fermano anche alla Stazione Porta Susa (34 minuti). Le corse partono tutti i giorni ogni 15-30 minuti tra le 4.45 e le 23.30 (⏰ 5.30-23 dom e festivi) e tra le 6.10 e le 0.30 dall'aeroporto (⏰ 6.35-23.45 dom e festivi). A Porta Nuova gli autobus partono all'incrocio di Corso Vittorio Emanuele II con Via Sacchi. A Porta Susa fermano in Corso Bolzano angolo Via Grattoni. All'aeroporto le corse arrivano e partono dalla fermata di fronte agli Arrivi.

Potete verificare le rivendite dei biglietti su www.sadem.it. Il costo del biglietto è di €6,50, €5 per i possessori della Torino+Piemonte Card (lettura p231). In alternativa si può effettuare l'acquisto direttamente sull'autobus con un supplemento di €1.

Taxi

La corsa in taxi per/dall'aeroporto dura circa 30 minuti; la tariffa massima con tassametro acceso è di €34 verso la ZTL della città e di €39 verso la zona ospedali. I numeri per le chiamate sono 📞 011 57 37/011 57 30, ma in ogni caso troverete numerosi mezzi in sosta davanti all'uscita Arrivi.

Treno

Dalla Stazione Dora GTT (in posizione periferica rispetto al centro cittadino, quindi non comodissima) partono i convogli della linea sfmA Torino Dora-Aeroporto-Ceres per l'aeroporto e i servizi sostitutivi effettuati con autobus ogni 30 minuti (frequenza variabile in base alla fascia oraria) tra le 4.54 e le 19.49 dall'aeroporto (tra le 5.43 e le 23.13 da Torino) da lunedì a venerdì; il sabato, nei giorni festivi e nel periodo natalizio l'orario è soggetto a variazioni. V. www.sfmtorino.it/orari/. Il biglietto (integrato B) per questa corsa di 19 minuti si acquista alla ricevitoria al livello Arrivi o presso le stazioni GTT; costa €3 e consente anche di viaggiare sui mezzi pubblici urbani GTT e di effettuare una corsa in metropolitana (la validità è di 120 minuti a partire dalla prima convalida). Per raggiungere il centro città dalla Stazione Dora GTT potete utilizzare le linee n. 10 navetta, 11 e

52. Per maggiori informazioni v. il sito www.gtt.to.it, sezione 'Torino e cintura, Collegamento aeroporto'.

Aeroporto di Cuneo Levaldigi

L'**aeroporto di Cuneo Levaldigi** (Codice IATA aeroportuale CUF; 📞 0172 74 15 00; www.aeroporto.cuneo.it; ⏰8-19) dista circa 65 km da Torino e opera principalmente voli low cost (alcuni stagionali) per/da diverse città italiane e straniere. Sul sito web troverete l'elenco aggiornato dei voli.

Collegamenti

Un servizio di navetta collega l'aeroporto di Cuneo (area autobus dell'aeroporto) con Torino (Stazione Torino Lingotto) in coincidenza con arrivo e partenza dei voli (€8 a tratta, si consiglia l'acquisto online). Un altro comodo servizio collega invece alla stazione ferroviaria di Fossano (€7, prenotazione obbligatoria). Per informazioni **BMC Bus** (📞 329 147 52 82; www.aeroporto.cuneo.it). Dalla stazione ferroviaria di Fossano passano ogni ora i treni della linea sfm7 Torino-Fossano (servizio ferroviario metropolitano) che in un'ora portano a Torino Porta Nuova (€5,75).

Stazione Torino Porta Nuova

Torino Porta Nuova (www.torinoportanuova.it; Corso Vittorio Emanuele II 53) è la stazione ferroviaria principale e si trova in pieno centro città: da qui partono e arrivano le linee dell'Alta Velocità e i collegamenti delle principali linee nazionali, le linee regionali, regionali veloci e del servizio ferroviario metropolitano. Il **deposito bagagli** (⏰8-20; €6 prime 5 ore, €0,90 per ogni ora ulteriore dalla 6ª alla 12ª, €0,40 per ogni ora aggiuntiva) si trova presso il binario 1.

Stazione Torino Porta Susa

A **Torino Porta Susa** (Piazza XVIII Dicembre 8) transitano regolarmente i convogli Alta Velocità, il TGV, i treni Italo, oltre ai collegamenti regionali, regionali veloci e del servizio ferroviario metropolitano. È destinata a diventare la stazione principale della città.

Stazione Torino Lingotto

La stazione di **Torino Lingotto** (Via Pannunzio 1) è situata nell'omonimo quartiere, dove transitano e fermano convogli nazionali verso il sud del Piemonte. Fermano qui anche i treni GTT della Ferrovia Canavesana e quelli del servizio ferroviario metropolitano.

Torino Stazione Dora

Da **Torino Stazione Dora** (Piazza Generale Baldissera) partono i treni per/dall'aeroporto di Torino, Venaria e le Valli di Lanzo.

Autostazione Terminal Bus

(Corso Vittorio Emanuele 131/h) In realtà non sono molti i visitatori che raggiungono Torino da altre località italiane in autobus, benché il capoluogo piemontese sia collegato da un'ottima rete di autobus a destinazioni nazionali e internazionali, come quelle del circuito **Eurolines** (📞 0861 199 19 00; www.eurolines.it).

Trasporti urbani

Autobus e tram

➡ In tutta la guida abbiamo citato gli autobus e i tram più comodi per raggiungere le varie attrattive della città, i ristoranti, i locali e i negozi.

➡ Torino e i suoi dintorni sono serviti da **GTT** (Gruppo Torinese Trasporti; numero verde gratuito 📞 800 01 91 52; www.gtt.to.it), che pubblica una cartina delle sue linee (distribuita dagli uffici di informazioni turistiche ed esposta in tutte le fermate coperte). Tra gli **uffici informazioni e vendita biglietti** della città c'è quello di fronte al **binario 20** (🕐 7.15-19 lun-ven, 9-17 sab, dom e festivi) di Porta Nuova.

➡ Autobus e tram fanno servizio all'incirca dalle 5 alle 24. Il venerdì, sabato e prefestivi dalle 0.30 alle 5 sono attivi anche i Night Buster (10 linee che collegano il centro cittadino, in particolare Piazza Vittorio Veneto, con le restanti aree della città).

➡ Anche per i trasporti extraurbani consultate il sito di GTT (www.gtt.to.it).

Automobile e motocicletta

➡ Guidare la propria auto non è il modo migliore per visitare la città.

➡ L'accesso al centro storico dei veicoli privati è limitato se non addirittura vietato in alcune zone e fasce orarie. Occhio quindi ai cartelli che segnalano la cosiddetta ZTL (Zona a Traffico Limitato; per informazioni su zone e orari www.comune.torino.it/trasporti/ztl) e a tutti gli altri divieti,

Biglietti e tessere

Se avete intenzione di utilizzare i mezzi pubblici, ecco alcuni suggerimenti per scegliere il biglietto più adatto alle vostre esigenze, che potrete utilizzare per una corsa sulle linee urbane, sulla tratta urbana delle linee suburbane GTT e in metropolitana.

- ➡ **Biglietto ordinario urbano** (€1,50) Valido 90 minuti.
- ➡ **Biglietto 1/2/3 giorni** (€5/7,50/10) Valido 24/48/72 ore.
- ➡ **Biglietto Shopping** (€3) Valido quattro ore nella fascia oraria tra le 9 e le 20.
- ➡ **Carnet Elettronico 5/15 viaggi (urbani + suburbani)** (€6,50/17,50) Carta prepagata a scalare.

I titoli di viaggio sono in vendita in tabaccherie e bar autorizzati con esposto il logo GTT, nei distributori automatici delle stazioni ferroviarie GTT, Trenitalia e della metropolitana, e sui mezzi dove sono presenti i distributori automatici rossi (a €2,50). Gli under 3 viaggiano gratis. La multa per chi viaggia senza biglietto convalidato ammonta a €90, ma se si regolarizza a bordo è di €25 (più il prezzo del biglietto). Inviando un sms con il numero della fermata (scritto sulla palina) al 📞 339 994 99 90 si riceverà gratuitamente un sms con i prossimi passaggi di autobus e tram alla fermata.

anche perché sono state collocate apposite telecamere in alcuni punti strategici.

➡ Nella zona centrale la ZTL è attiva dalle 7.30 alle 10.30 dal lunedì al venerdì; poi ci sono vie e corsie riservate ai mezzi pubblici (come Via XX Settembre) che sono chiuse al traffico e quindi non percorribili se non dalle 21 alle 7 di mattina.

➡ I visitatori che viaggiano con auto propria e soggiornano in un albergo in zona centrale possono entrare nella ZTL per il solo giorno di arrivo e di partenza, compilando un modulo alla reception dell'albergo (a cui va allegata copia integrale di un valido documento di identità del dichiarante); anche i veicoli che vogliono raggiungere i parcheggi pubblici a pagamento all'interno della Piattaforma ZTL possono farlo, previa la compilazione, presso il parcheggio, della richiesta di autorizzazione al transito entro e non oltre le ore 11.

Noleggio

Il noleggio di un veicolo vi consentirà di organizzare in autonomia

City Sightseeing Torino

Per visitare le principali attrazioni della città a bordo di un autobus turistico a due piani scoperto, dotato di audioguida, sono previsti tre itinerari: Linea A – Torino Centro, Linea B (stagionale) – Torino inedita e Linea C (stagionale) – Residenze Reali. Il biglietto è valido 24 ore con il sistema 'sali e scendi' a qualsiasi fermata (e 48 ore se si scelgono due o tre itinerari). Per i possessori della Torino+Piemonte Card è prevista una riduzione. In alta stagione il servizio è operativo tutti i giorni. Per maggiori informazioni www.turismotorino.org/it/bus turistico e www.torino.city-sightseeing.it.

le escursioni fuori porta. Elenchiamo di seguito alcune compagnie:

Avis (www.avisautonoleggio.it; Via Giuseppe Giusti 1/e: ☎ 011 205 35 47, 011 440 92 31; aeroporto di Torino: ☎ 011 470 15 28)

Europcar (www.europcar.it; Via Madama Cristina 72/d: ☎ 011 650 36 03; aeroporto di Torino: ☎ 011 567 80 48)

Hertz (www.hertz.it; Corso Turati 37/a: ☎ 011 50 20 80; aeroporto di Torino: ☎ 011 567 81 66) Ai possessori della Torino+Piemonte Card (lettura p231), Hertz offre tariffe speciali.

Maggiore (www.maggiore.it; Stazione Porta Nuova: ☎ 011 650 30 13; aeroporto di Torino: ☎ 011 470 19 29)

Parcheggi

Trovare parcheggio in centro è difficile, ma non impossibile. Oltre ai parcheggi delimitati da striscia blu ci sono numerosi parcheggi a barriera e anche in struttura (sotterranei o di superficie). La sosta a pagamento in strada, negli spazi delimitati dalle strisce blu, costa da €1,30 a €2,50 l'ora ed è in vigore dal lunedì al sabato, dalle 8 alle 19.30, salvo situazioni particolari elencate al link www.gtt.to.it/parcheggi. I biglietti sono disponibili presso i parchimetri (che funzionano a moneta e con bancomat), i tabaccai e i giornalai.

Lasciare l'auto in un parcheggio a barriera

o in struttura nelle ore diurne e serali costa €0,50-2 l'ora.

Battello

Il servizio di navigazione sul Po con i battelli GTT (📞 numero verde 800 019 152; www.gtt.to.it; sola andata/andata e ritorno €2,50-4 lun-ven, sola andata/andata e ritorno €4-6 sab e festivi) nel tratto fra i Murazzi e il MAUTO era sospeso al momento della stesura della guida, in seguito all'affondamento di uno dei due battelli durante l'alluvione del novembre 2016.

Bicicletta

☑ **Il meglio per...**
cogliere le bellezze della città da una diversa prospettiva.

Torino è una città per lo più pianeggiante, ricca di parchi e aree verdi in cui pedalare può essere piacevole.

➜ Alcune attrattive turistiche, come la Palazzina di Caccia di Stupinigi (p194), sono raggiunte da piste ciclabili inaccessibili alle auto.

➜ Pedalare nel traffico del centro, laddove non ci sono piste ciclabili, può essere piuttosto stressante; eppure, molti torinesi non rinunciano a spostarsi quotidianamente su due ruote.

➜ Scaricate la mappa delle piste ciclabili cittadine dalla pagina web del settore Ambiente del Comune di Torino www.comune.torino.it/bici.

Le residenze reali in bicicletta

Chi ha uno smartphone o un tablet potrà scaricare gratuitamente l'applicazione Corona in Bici, che propone un percorso di 34 km dalla Reggia di Venaria al Castello di Rivoli, con tappa anche al Borgo Castello, all'interno del Parco La Mandria. L'intero anello, denominato 'Corona di Delizie in Bicicletta' (www.regione .piemonte.it/ambiente/coronaverde, link 'La Corona di Delizie in Bicicletta'), comprende 112 km di ciclopiste, ciclostrade e strade rurali che collegano le residenze reali e i parchi metropolitani di Torino toccando paesaggi fluviali, agricoli e storici. L'obiettivo futuro è di estendere l'app sull'intero anello.

➜ Chi è interessato a un tour in bicicletta elettrica nel cuore 'reale' di Torino (€25/€23, interi/possessori Torino+Piemonte Card) può partecipare all'iniziativa **Royal E-Bike Tour** (www.turismotorino .org/prodotti/IT/ID135/royal_ e-bike_tour).

➜ Per informazioni su tutte le possibilità di noleggio in città: www. comune.torino.it/bici/ non-hai-una-bici/ noleggio-e-prestito/.

Metropolitana

☑ **Il meglio per...**
evitare gli ingorghi e spostarsi velocemente.

➜ Il percorso della linea 1 collega in 20 minuti da ovest a sud la cittadina di Collegno con il Lingotto, toccando con alcune fermate il centro cittadino.

➜ In futuro la linea 1 sarà estesa fino al comune di Rivoli (ovest) in un senso e fino a Piazza Bengasi (sud; al confine con il comune di Moncalieri) nell'altro.

➜ Gli orari della metropolitana sono: 5.30-22 lun, 5.30-0.30 mar-gio, 5.30-1.30 ven e sab, 7-1 dom e festivi, con passaggi in media ogni 4 minuti.

➡ Quando la metropolitana è chiusa, è attiva la linea Metrobus 101 (🕐4.30 e 4.45 lun-sab da Via Artom a Porta Nuova, 20.25-0.16 lun da Via Artom a Stazione Fermi, 5-6.15 festivo da Via Artom a Stazione Fermi).

➡ Il biglietto di corsa semplice GTT permette di effettuare una sola corsa in metropolitana.

Taxi

☑ **Il meglio per**...
gli spostamenti a notte fonda.

➡ A Torino non si usa fermare i taxi in strada: meglio telefonare o attendere agli appositi posteggi.

➡ Le stazioni principali sono in Via Nizza (Stazione Porta Nuova), in Corso Bolzano (Stazione Porta Susa), in Piazza Castello, in Piazza CLN; ci sono diverse piazzole in tutto il centro.

➡ La soluzione più comoda rimane tuttavia quella di chiamare un mezzo. Di seguito i recapiti:

Taxi Torino (📞 011 57 37, 011 57 30)

➡ Se telefonate per chiamare un taxi, il taxista azionerà immediatamente il tassametro: si paga infatti il costo dell'intero tragitto.

Bike sharing a Torino

Il servizio di bike sharing [TO]Bike offre 116 stazioni sparse per la città da cui prelevare e depositare biciclette a noleggio. Diverse le possibilità di abbonamento: annuale (€25), settimanale (€8) o giornaliero (€5). L'utilizzo è gratuito per le corse di durata inferiore ai 30 minuti, anche più volte al giorno, dopodiché viene applicata la tariffa prevista dalla propria formula di abbonamento scalando l'importo dal credito presente sulla tessera. Per accedere al servizio è necessario essere titolari di una carta di credito. Per maggiori informazioni e altre tipologie di abbonamento visitate il sito www.tobike.it. Utili anche il numero verde 📞800 54 80 40 e lo spazio dedicato agli utenti di **Via Santa Chiara 26/f** (🕐10-19 lun-ven).

Informazioni

Ambasciate e consolati

La sede consolare competente per i cittadini svizzeri è la seguente:
Consolato generale (📞 02 777 91 61, fax 02 76 01 42 96; mil.vertretung@eda.admin.ch; www.eda.admin.ch/milano; Via Palestro 2, 20121 Milano; 🕐9-12 lun-ven)

Assistenza sanitaria

Ricordate di portare sempre con voi la tessera sanitaria, indispensabile per ricevere assistenza medica in caso di necessità. I cittadini svizzeri hanno diritto all'assistenza sanitaria gratuita (salvo il pagamento dell'eventuale ticket o di altra partecipazione alla spesa che è a diretto carico dell'assistito) nelle strutture pubbliche italiane, per la maggior parte delle prestazioni (anche quelle non urgenti), presentando la tessera svizzera d'assicurazione malattie (LAMal). Per emergenze rivolgetevi al Pronto Soccorso.

Farmacie

Le farmacie sono aperte dalle 9 alle 12.30 e

dalle 15.30 alle 19.30 dal lunedì al sabato (con variazioni di circa 30 minuti), con turni di riposo alternati il mercoledì e il sabato. Accanto all'ingresso di ogni esercizio è riportato l'elenco settimanalmente aggiornato delle farmacie aperte. Se vi serve un farmaco prima delle 9 e nella fascia oraria 12.30-15, recatevi alla **Farmacia Comunale 25** (☎011 54 28 25) nell'atrio di Porta Nuova, aperta dalle 7 alle 19.30 tutti i giorni, festivi compresi. Se ne avete bisogno di sera o di notte, rivolgetevi alla **Farmacia Nizza** (Via Nizza 65; ☎011 669 92 59; ⊙15-13 lun-sab; ⊙19.30-9 dom).

Ospedali

I seguenti ospedali (i telefoni indicati sono quelli dei centralini) hanno tutti un servizio di Pronto Soccorso e per la maggior parte fanno capo al sito www.cittadella salute.to.it.

Centro Traumatologico Ortopedico (☎011 693 31 11; Via Zuretti 29)

Ospedale Infantile Regina Margherita (☎011 313 44 44; Piazza Polonia 94)

Ospedale Mauriziano Umberto I (☎011 508 11 11; Largo Turati 62)

Ospedale Molinette (☎011 633 16 33; Corso Bramante 88-90)

Ospedale Ostetrico Ginecologico Sant'Anna (☎011 31 34 444; Corso Spezia 60)

Carte di credito

➡ Le principali carte di credito, come Visa, MasterCard, Eurocard, Cirrus e Eurocheques, sono accettate un po' ovunque.

Anche la Amex può andare, benché sia meno diffusa della Visa o della MasterCard. In caso di emergenza, potete bloccare la carta chiamando i seguenti numeri:

Amex (☎06 72 282, e poi tasto '0')

Diners Club (☎800 39 39 39)

MasterCard (☎800 87 08 66, e poi tasto '6' per italiano)

Visa (☎800 81 90 14, e poi tasto '6' per italiano)

Emergenze

Ambulanza (☎118)

Carabinieri (☎112)

Polizia (☎113)

Polizia municipale (☎011 460 60 60)

Soccorso stradale (☎803 116 ACI)

Vigili del fuoco (☎115)

Numero unico di Emergenza (☎112) Entro l'estate 2017 questo numero andrà a sostituire 112, 113 e 118.

Informazioni turistiche

Turismo Torino e Provincia (☎011 53 51 81; www.turismotorino.org; ⊙9.30-12.30 e 14.30-18) ha un contact centre e uffici dove si possono

Gustotram

La storica motrice 2823 rossa e bianca, attrezzata a ristorante, serve a bordo aperitivi e cene durante i tour panoramici che partono dal capolinea di Piazza Castello (davanti all'ingresso del Teatro Regio) e passano dai Giardini Reali, in Via Po, sul Ponte Vittorio Emanuele I, davanti alla Gran Madre. Per i calendari, le serate a tema, i prezzi e gli orari non solo del Gustotram ma anche del Ristocolor (altra vettura storica su cui cenare a bordo) v. www.gtt.to.it.

Torino+Piemonte Card

La Torino+Piemonte Card, nelle versioni da 1, 2, 3 o 5 giorni consecutivi e Card Junior 2 giorni (valida per gli under 18), costa rispettivamente €23/35/42/51/15 e prevede:

➡ Ingresso gratuito nei più importanti musei (mostre comprese) di Torino, nei castelli, nelle fortezze e nelle residenze reali di Torino e del Piemonte.

➡ Ingresso ridotto presso molti altri siti culturali del Piemonte.

➡ I trasporti pubblici cittadini non sono inclusi, a meno che non si sottoscrivano una Torino+Piemonte Card da 2/3 giorni o una Card Junior 2 giorni (valida per gli under 18), al rispettivo costo di €39,50/48/19,50, che invece li comprendono.

➡ Biglietto ridotto sui principali servizi turistici di Torino: City Sightseeing Torino, ascensore della Mole Antonelliana, navigazione sul Po (quando sarà ripristinato), tranvia a dentiera Sassi–Superga, navetta 'Venaria Express'.

➡ Riduzioni per le visite di impresa 'Made in Torino, tour the excellent'.

➡ Agevolazioni su eventi di rilievo, attività outdoor, parchi tematici, visite guidate in tutto il Piemonte.

Con un'integrazione di prezzo e solo in abbinamento a una card, è anche possibile usufruire delle seguenti offerte, in vendita esclusivamente presso gli Uffici del Turismo di Torino oppure online:

➡ Acquistare a tariffa promozionale i biglietti plurigiornalieri di GTT per viaggiare liberamente sui mezzi di trasporto pubblico urbani e suburbani di Torino. L'offerta è disponibile nelle versioni da 1, 2 o 3 giorni.

➡ Acquistare lo speciale Pass dei Servizi Turistici di GTT, che consente l'accesso libero all'ascensore della Mole Antonelliana, ai battelli per la navigazione sul Po (quando saranno ripristinati), alla tranvia a dentiera Sassi–Superga, alla navetta 'Venaria Express'. Il pass è disponibile solo nella versione da 3 giorni.

Le card si possono acquistare presso gli uffici del turismo di Turismo Torino e Provincia di Piazza Castello e Piazza Carlo Felice, oppure online sul sito www.turismotorino.org/card.

ottenere informazioni, fare prenotazioni e si può acquistare la Torino+Piemonte Card (lettura p231). Di seguito i riferimenti:

Aeroporto di Torino
Il servizio è affidato a un totem interattivo.

Centro (cartina p86, G3; Piazza Castello angolo Via Garibaldi; ⊙9-18)

Piazza Carlo Felice
(cartina p44, A5; ⊙9-18) di fronte alla Stazione Porta Nuova.

Altro punto informativo è **Informacittà** (cartina p44, B1; 011 442 28 88; Piazza Palazzo di Città 9/a; ⏱8.30-18 lun-ven, 9.30-18 sab).

Potete rivolgervi anche al Punto Informativo permanente di **Torino & You** (cartina p86, F2; ⏱9-18), presidiato da volontari, che si trova in Via Montebello angolo Via Verdi.

Musei

Per informazioni su musei, mostre ed eventi contattate il numero verde gratuito 800 329 329, attivo dalle 9 alle 18.

Tariffe di ingresso

➡ L'ingresso a musei, monumenti, gallerie e aree archeologiche dello Stato (www.beniculturali.it, al link 'Luoghi della Cultura') è gratuito per i cittadini dell'Unione Europea di età inferiore ai 18 anni e per alcune categorie (per esempio, gli insegnanti). Inoltre, l'ingresso è gratuito per tutti in archivi e biblioteche statali. Si applica una riduzione del 50% ai cittadini dell'Unione Europea di età compresa tra 18 e 25 anni e ai docenti delle scuole statali con incarico a tempo indeterminato. Le medesime agevolazioni si applicano ai cittadini di paesi non comunitari 'a condizione di reciprocità'.

➡ L'ingresso è gratuito per tutti ogni prima domenica del mese.

➡ I quattro musei della Fondazione Torino Musei (Borgo e Rocca Medievale, MAO, Palazzo Madama e GAM) sono gratuiti il secondo martedì del mese se feriale, tranne Palazzo Madama che è gratuito il secondo mercoledì del mese se feriale. Per maggiori informazioni v. www.fondazionetorinomusei.it.

➡ L'**Abbonamento Musei Torino Piemonte** (www.abbonamentomusei.it), anche se concepito più per i residenti che non per i turisti, dà diritto a moltissime agevolazioni. Per informazioni sulla Torino+Piemonte Card, che consente sconti sui musei, v. lettura p231.

Orari di apertura

Quando in questa guida è indicato semplicemente un orario di apertura, è da intendersi riferito a tutti i giorni della settimana. Il santo patrono di Torino è san Giovanni Battista, che si celebra il 24 giugno (p15): in questo giorno, scuole e uffici restano chiusi.

Servizi igienici

Ci sono servizi pubblici nell'interno cortile a sinistra di Palazzo Reale, ma verificate di avere in tasca una moneta da €0,50. Ce ne sono anche a Porta Nuova, presso il binario 20 (lato Via Sacchi), dove costano €0,80 (⏱6-24).

La città multietnica e quella industriale

Un'opportunità per scoprire il volto multietnico di Torino sono le Passeggiate interculturali Migrantour, organizzate dalla cooperativa **Viaggi Solidali** (www.viaggisolidali.it) per le strade di San Salvario, Porta Palazzo e Borgo San Paolo, e guidate dagli stessi migranti. A cura invece di **Turismo Torino e Provincia** sono i tour tra le eccellenze artigiane e produttive del territorio: v. www.turismotorino.org/MadeInTorino.

Informazioni 233

Tessere sconto

➡ **Tessera Ostelli (AIG – HI)** La Tessera Ostelli costa €2 ed è valida per un anno dalla data di emissione. Per informazioni rivolgetevi all'**AIG – Associazione Italiana Alberghi per la Gioventù** (📞 06 487 1152; www.aighostels.com). A Torino la potete utilizzare presso tutti gli ostelli della città; trovate l'elenco su www.comune.torino.it/infogio/vacanze/dove_dormire/ostelli_torino.htm.

➡ **Tessere per studenti, giovani e insegnanti** Potete procurarvi le tessere studenti e insegnanti (ISIC e ITIC) presso il CTS (Centro Turistico Studentesco e Giovanile); costano €10 e valgono fino al 31 dicembre dell'anno di emissione. Rivolgetevi al **CTS** (📞 06 64 96 03 13/4; http://associazione.cts.it). L'iscrizione al centro costa €10 e consente di fruire di vari servizi. Sempre presso il CTS, gli under 26 non studenti possono richiedere la Carta Giovani (€10), che dà diritto agli stessi sconti della ISIC.

➡ **Torino+Piemonte Card** Per le agevolazioni della Torino+Piemonte Card v. lettura p231.

➡ **Torino+Piemonte Contemporary Card** (www.turismotorino.org/it/organizza, link 'Scoprire') Carta dedicata all'arte contemporanea.

➡ **Viaggiatori senior** Gli over 65 beneficiano di alcune riduzioni.

Viaggiare in sicurezza

☑ **Attenzione** I borseggiatori abbondano dove i turisti abbondano.

Torino non è una città pericolosa, ma i piccoli furti possono essere un problema. Fate attenzione ai borseggiatori dalle parti di Porta Nuova, di Porta Palazzo e sui mezzi di trasporto.

➡ Non poggiate mai la borsa sulle sedie vuote nei bar all'aperto o sotto la sedia, né appendetela allo schienale: è rischioso non solo nei dehors, ma anche all'interno di ristoranti e locali, specie a San Salvario.

➡ In caso di furto o smarrimento, rivolgetevi alla polizia entro 24 ore e chiedete che vi rilascino una copia del rapporto.

Viaggiatori con disabilità

➡ I trasporti pubblici torinesi stanno migliorando: molti autobus e tram e la metropolitana accolgono le sedie a rotelle.

➡ Se chiamate un taxi, dite che dovete trasportare una sedia a rotelle, specificando se è pieghevole o no.

➡ Alcuni musei possono essere visitati da viaggiatori ipovedenti o non vedenti perché dispongono di audioguide.

➡ *Viaggiare senza barriere* di Lonely Planet è un PDF scaricabile gratuitamente dal sito www.lonelyplanetitalia.it/viaggiaresenzabarriere che raccoglie numerose fonti utili, utili per pianificare e organizzare il vostro viaggio.

➡ Contatti utili: **Turismabile** (www.turismabile.it) è una iniziativa della Regione realizzata dalla **Consulta per le Persone in Difficoltà** (CPD; 📞 011 319 81 45) che promuove il turismo accessibile in Piemonte. **BookingAble.com** (📞 011 319 81 45, 800 590 004) è un portale per prenotazioni online di camere, soggiorni e servizi turistici e informazioni sull'accessibilità; anche **Mondo Possibile** (📞 011 301 88 88; www.mondopossibile.com) si occupa di turismo accessibile per i disabili.

Dietro le quinte

SCRIVETECI!
Le notizie che ci inviate sono per noi molto importanti e ci aiutano a rendere migliori le nostre guide. Ogni segnalazione (positiva o negativa) viene letta, valutata dalla Redazione e comunicata agli autori.

Mandate i vostri suggerimenti a **lettere@edt.it** e visitate periodicamente **lonelyplanetitalia.it** per leggere i consigli degli altri viaggiatori. Sul sito troverete anche spunti di viaggio degli autori e tutte le novità del catalogo.

N.B.: Se desiderate che le vostre informazioni restino esclusivamente in Redazione e non vengano utilizzate nei nostri prodotti – cartacei, digitali o web – ricordatevi di comunicarcelo. Per leggere la nostra politica sulla privacy, visitate il sito www.edt.it/privacy/.

Nota dell'autrice
Grazie a chi, per affetto, dovere o gentilezza, mi ha aiutata. Ringrazio Sara e una pausa caffè, mia madre e mio padre, Elisa e Alberto per l'amicizia e i pranzi, Max per tutto e nonostante tutto, Raffaella e Loredana per i preziosi consigli, le mie sorelle acquisite Gioia e Anna, Silvia Castelli, Luisella Arzani, Cristina Enrico e il suo aiuto paziente, Silvia Amigoni e Claudia Mastrogiacomo della baby gang, la Redazione e i grafici. E poi Erika Carpaneto di Turismo Torino e Provincia, Federico Biasin e Giorgio Ferrero di Mybosswas, Matteo D'Ambrosio del Polo del '900, Achille Schiavone, Andrea Pomini, Andrea Bruno, Luca Iaccarino, Laura Marasso. Grazie alla mia città, al destino che è sempre bizzarro e alla mia altra creatura, in carne e ossa.

Riconoscimenti
Fotografia pp4-5: Piazza Vittorio, RossHelen/iStockphoto ©

Questa guida
Questa terza edizione di *Torino Pocket* è stata scritta e aggiornata da Sara Viola Cabras, che ha svolto anche tutte le ricerche. L'autrice dell'edizione precedente era stata Sara Fiorillo.

Edizione italiana a cura di Cesare Dapino

Responsabile redazione guide Silvia Castelli

Coordinamento Cristina Enrico

Aggiornamenti e adattamenti Eloisa Bianco *coordinamento* Luciana Defedele

Editing Laura Agerli, Cristina Enrico

Impaginazione Anna Dellacà, Claudia Mastrogiacomo

Rielaborazione copertina Sara Gasparini, Alessandro Pedarra *supervisione* Sara Viola Cabras

Cartine Ivo Villa

Produzione Alberto Capano

Indice

Vedi anche i sottoindici:

- 🍽 **Pasti p237**
- 🍷 **Locali p238**
- ✨ **Divertimenti p238**
- 🛍 **Shopping p239**

A
Accademia delle Scienze di Torino, 48
aereo, 23, 224
aeroporti, 23, 224
Alfieri, Benedetto, 32, 33, 45, 52, 63, 79, 89, 91, 92, 194
ambasciate, 229
Antonelli, Alessandro, 61, 156, 168
Arco Olimpico, 128
assistenza sanitaria, 229
autobus, 23, 224, 225
automobile, 226
autostazioni, 225

B
Balla, Giacomo, 127
Balôn, 82
bambini, 216
bancomat, 22
Barriera di Milano, 168
Basilica di Superga, 177
battello, 228
Bellotto, Bernardo, 33, 127
bicicletta, 170, 228

000 Da vedere
000 Cartine

Bruno, Andrea, 90, 193
budget, 22
Buscaglione, Fred, 163

C
caffè storici, 40
Camera – Centro Italiano per la Fotografia, 65
Campus Universitario Luigi Einaudi, 171
carte di credito, 22, 230
Casa del Pingone, 88
Casorati, Felice, 139
Castellamonte, Amedeo di, 31, 45, 48, 63, 65, 79, 109, 175, 189, 193, 194
Castellamonte, Carlo di, 45, 79, 109, 175, 193
Castello di Moncalieri, 194
Castello di Rivoli, 192
Castello Reale di Racconigi, 195
Cavallerizza Reale, 63
Cavour, Camillo Benso conte di, 79
Chiesa della Gran Madre di Dio, 177
Chiesa di San Filippo Neri, 47
Chiesa di San Lorenzo, 38
chiese, 92

cibo e bevande, 96
caffè, 40
cioccolato, 42
cinema, 206
Circolo del Design, 65
clima, 222
consolati, 229
Cottolengo, 157
Crocetta, San Paolo e Cenisia sud, 136-49, **140**
da vedere, 142
divertimenti, 147
itinerari, 137
locali, 146
pasti, 144
shopping, 148
trasporti, 137

D
Dintorni di Torino, 186-99
da vedere, 177, 194
divertimenti, 199
itinerari, 187
pasti, 197
trasporti, 187
disabili, 233
Duomo di San Giovanni, 38

E
emergenze, 230
ex Arsenale Militare, 153

F
Fenoglio, Pietro, 167, 197, 204, 205
Ferrari, Gaudenzio, 63
Ferretti, Dante, 35
festival, 14
Fetta di Polenta, 156
Film Commission Torino Piemonte, 156
Fondazione Merz, 142
Fondazione Sandretto Re Rebaudengo, 142
Foster, Norman, 171
Fuksas, Massimiliano, 83, 127

G
Galleria Umberto I, 89
gallerie commerciali, 46
gallerie d'arte, 156
GAM, 138
Garnier Valletti, Francesco, 111
Garove, Michelangelo, 189, 190
gay-friendly, 220
gelaterie, 217
ghiacciaie pubbliche, 88
Gilardi, Piero, 134, 135
Grattacielo della Regione Piemonte, 127
Grattacielo Intesa Sanpaolo, 143

Indice

Guarini, Guarino, 39, 45, 104, 105, 195

H
Horn, Rebecca, 178, 193

I
Infini.to – Planetario di Torino e Museo dell'Astronomia e dello Spazio, 179
informazioni, 229
internet, 22

J
Juvarra, Filippo, 31, 32, 37, 45, 47, 48, 52, 78, 83, 89, 92, 105, 175, 177, 189, 190, 191, 193, 194, 196
Juventus Museum, 196
Juventus Stadium, 196

L
Largo IV Marzo, 90
leggende, 211
Leonardo da Vinci, 32
letteratura, 212
liberty, 204
Lingotto e Nizza Millefonti, 124-35, **126**
  da vedere, 127
  divertimenti, 130
  itinerari, 125
  pasti, 129
  shopping, 131
  trasporti, 125
Lingotto, 128
locali e vita notturna, 214
Lombroso, Cesare, 111

000 Da vedere
000 Cartine

M
M.A.U. – Museo d'Arte Urbana, 95
mance, 22
MAO – Museo d'Arte Orientale, 90
MAUTO – Museo dell'Automobile di Torino, 127
MEF – Museo Ettore Fico, 157
mercati, 76, 218
Merz, Mario, 61, 134, 193
metropolitana, 23, 228
MIAAO, 46
moda, 219
Mole Antonelliana, 60
Mollino, Carlo, 52, 56, 73, 163, 168
Moncalieri, centro storico di, 195
Monte dei Cappuccini, 178
motocicletta, 226
Musei Reali, 30
Museo Civico Pietro Micca, 93
Museo d'Arte Contemporanea (Rivoli), 192
Museo del Carcere 'Le Nuove', 143
Museo del Grande Torino e della Leggenda Granata (Grugliasco), 196
Museo della Frutta, 111
Museo della Radio e della Televisione, 63
Museo della Sindone, 93
Museo di Anatomia Umana 'Luigi Rolando', 112
Museo di Antropologia Criminale 'Cesare Lombroso', 111
Museo di Arti Decorative – Fondazione Accorsi-Ometto, 64
Museo Egizio, 34
Museo Nazionale del Cinema, 60
Museo Nazionale del Risorgimento Italiano, 45
Museo Nazionale della Montagna Duca degli Abruzzi, 178
Museo Regionale di Scienze Naturali, 65
musica, 208

N
Nervi, Pier Luigi, 109, 129

O
OGR – Officine Grandi Riparazioni, 142
Olivero, Ernesto, 153
Oltrepò e collina, 172-85, **176**
  divertimenti, 183
  itinerari, 173
  locali, 182
  pasti, 179
  shopping, 184
  trasporti, 173
  orari di apertura, 232

P
Palagi, Pelagio, 31, 32, 195
Palavela, 128
palazzi e cortili, 78
Palazzina di Caccia di Stupinigi, 194
Palazzo Asinari di San Marzano, 79
Palazzo Carignano, 45
Palazzo Cavour, 79
Palazzo dal Pozzo della Cisterna, 79
Palazzo del Lavoro, 128
Palazzo dell'Università, 78
Palazzo Falletti di Barolo, 79, 91
Palazzo Graneri della Roccia, 78
Palazzo Lascaris, 79
Palazzo Madama, 36
Palazzo Saluzzo Paesana, 79, 93
Palazzo Scaglia di Verrua, 79, 90
Palazzo Solaro del Borgo, 79
parchi e giardini, 213
Parco del Valentino, 108
Parco e Certosa Reale di Collegno, 196
Passerella e Arco Olimpico, 128
pasti, 22
Pecetto, 199
Penone, Giuseppe, 191, 193
pernottamento, 22, 222
Pia, Luciano, 111
Piano, Renzo, 127, 128, 143
Piazza Borgo Dora, 152
Piazza Castello, 45
Piazza CLN, 47
Piazza della Consolata, 104
Piazza Emanuele Filiberto, 90
Piazza Palazzo di Città, 89
Piazza San Carlo, 48

Piazza Savoia, 92
Piazza Solferino, 94
Piazzale Valdo Fusi, 64
Piccola Casa della Divina Provvidenza, 157
Pinacoteca dell'Accademia Albertina di Belle Arti, 63
Pinacoteca Giovanni e Marella Agnelli, 127
Pistoletto, Michelangelo, 193
Polo del '900, 94
ponti, 179
Porta Palatina, 88
Porta Palazzo, 82
portici e piazze, 202

Q
Quadrilatero Romano, 84

R
Rama, Carol, 163
Reggia di Venaria Reale, 188

S
San Pietro in Vincoli, 156
San Salvario, 106-23, **110**
 da vedere, 111
 divertimenti, 119
 itinerari, 107
 locali, 117
 pasti, 113
 shopping, 121
 storia, 112
 trasporti, 107
Santuario della Consolata, 104
Seminario Metropolitano, 91

servizi igienici, 232
sicurezza, 233
Sinagoga, 112
Stazione di Porta Milano, 153
stazioni ferroviarie, 23, 225
storia, 211
street art, 160

T
taxi, 23, 224, 229
teatro, 50, 210
Teatro Regio, 52
tessere sconto, 233
tour, 232
tram, 23, 225, 230
trasporti, 23, 224
 all'arrivo, 224
 urbani, 225
treno, 224, 225
turèt, 57
TurinEye, 153

U
UNESCO, siti Patrimonio dell'Umanità
 Castello del Valentino, 109
 Castello di Moncalieri, 194
 Cavallerizza Reale, 63
 Palazzina di Caccia di Stupinigi, 195
 Palazzo Chiablese, 33
 residenze sabaude, 175
 Teatro Regio, 52

V
Vanchiglia, Vanchiglietta e Aurora, 150-71, **154**
 da vedere, 156
 divertimenti, 166

 itinerari, 151
 locali, 162
 pasti, 157
 shopping, 169
 trasporti, 151
Verso il Po, 58-79, **62**
 da vedere, 63
 divertimenti, 72
 itinerari, 59, 78
 locali, 70
 pasti, 65
 shopping, 73
 trasporti, 59
Verso Piazza Statuto, 80-105, **86**
 da vedere, 88
 divertimenti, 101
 itinerari, 81
 locali, 99
 pasti, 95
 shopping, 101
 trasporti, 81, 104
Via Borgo Dora, 152
Via Garibaldi, 102
Via Roma e dintorni, 28-57, **44**
 da vedere, 45
 divertimenti, 52
 itinerari, 29, 40, 42
 locali, 51
 pasti, 49
 shopping, 53
 trasporti, 29
Villa della Regina, 174
Villaggio Leumann (Collegno), 196
Vittozzi, Ascanio, 31, 45, 92

Z
Zoom Torino (Cumiana), 197

Pasti 237

❌ Pasti
1610 Bagel, 50
Adonis, 114
Al Gatto Nero, 146
Al Jazira, 153
Al Montebello Bistrò, 66
Alberto Marchetti, 65
Alla Baita dei Sette Nani, 50
Antica Trattoria Con Calma, 181
Barbagusto, 115
Bel Deuit, 182
Caffè Reale, 31
Candifrutto, 43
Cantine Risso, 181
Carlina Restaurant & Bar, 69
Casa Vicina, 130
Cenerentola Prêt à Manger, 180
Chen Lon, 98
Cianci Piola Caffè, 97
Cibo Container, 116
Cit ma Bon, 180
Coco's, 115
Combal.Zero (Rivoli), 198
Confetteria Avvignano, 43
Cortiletto, 153
Cucina Popolana di Marco Brusconi, 83
Del Cambio, 52
Dolce Stil Novo (Venaria), 198
È Cucina, 97
Eataly Incontra, 51
El Shesh, 115
Enoteca Bordò, 98
Eria, 114
Fassonera, 67
Gasprin, 158

Gasprin (Moncalieri), 195
Gelateria Popolare, 153
Gerla, 43
Giordano, 43
Gobino, 43
Grande Muraglia, 159
Greek Food Lab, 114
Guido Castagna, 42
Horas, 115
Il Chiosco dello Zoo, 162
Il Siculo, 144
Imbianchini & Decoratori, 180
Japs!, 144
Kido – Ism, 146
Kirkuk Kaffé, 49
L'Orto già Salsamentario, 181
La Buta Stupa, 67
La Cuite Bistrot, 90
La Deutsche Vita, 97
La Madia, 181
La Rusnenta, 160
La Sartoria, 116
La Taverna di Fra' Fiusch (Revigliasco), 197
Laleo, 159
Le Putrelle, 116
Le Vitel Etonné, 68
Lo Sbarco, 115
M**Bun, 50
MagazziniOz, 64
Magazzino 52, 69
Magorabin, 162
Mara dei Boschi, 113
Mare Nostrum, 69
Orso Laboratorio del Caffè, 113

000 Da vedere
000 Cartine

Osteria Antiche Sere, 145
Osteria del F.I.A.T., 130
Osteria del Paluch (Baldissero), 198
Osteria di Pierantonio, 129
Osteria Le Ramin-e, 145
/pλι/bikery, 159
Pane e Companatico, 144
Pasticceria Gertosio, 43
Pasticceria Ghigo, 42
Pasticceria Primavera, 159
Pasticceria Rivetti (Moncalieri), 195
Pasticceria Sabauda, 179
Pasticceria Venier, 43
Pescheria Gallina, 95
Pfatisch, 43
Piano 35, 143
Polpetteria Norma, 66
Poormanger, 66
Porto di Savona, 68
Quadre, 161
Ranzini, 95
Raspino, 158
Ristò Civassa, 146
Ristorante Alba, 116
Ristorante Consorzio, 98
Ristorante Goffi, 180
Ristorante Toscano, 99
San Giors, 153
Scalo Vanchiglia, 160
Scannabue, 117
Sciamadda, 66
Sfashion Café, 51
Shizen, 182
Silvano, 129
Sodo, 49
Sorij Nouveau, 69

Soul Kitchen, 161
Soup&GO, 97
Sovietniko, 97
Spazio Mouv', 116
Stratta, 43
Sweet Lab, 67
Taberna Libraria, 68
Tartiflà Bistrot, 153
Teapot, 115
Testa, 144
Tobiko, 98
Torre, 157
Trattoria Ala, 160
Trattoria Primavera, 160
Trattoria Valenza, 153
Tre Galli, 98
Vanilla, 95
Welcome Cargo, 117

🍸 Locali
Affini, 117
Al Bicerin, 40
Amantes, 70
Bar Pietro, 100
Bar Zucca, 52
Baratti & Milano, 41
Barbiturici, 165
Barricata, 163
Barz8, 183
Bazaaar, 100
Biberon, 119
Brasserie Bordeaux, 118
Café des Arts, 70
Caffè Elena, 70
Caffè Mulassano, 41
Caffè Rossini, 164
Caffè San Carlo, 41
Caffè Torino, 41
Cantine Meccaniche, 162
Casa Manitù, 146
Da Emilia, 165
DDR, 118

Dunque, 163
Eataly Incontra Caffè Vergnano, 61
Fiorio, 41
Funkiglia, 164
Gran Bar, 183
Hafa Café, 100
Il Bacaro, 100
Il Piolino, 182
Imbarchino del Valentino, 118
La Cricca, 99
La Cuite, 118
La Drogheria, 71
Lanificio San Salvatore, 119
Lumeria, 164
Mad Dog, 71
Maggiora, 183
Mago di Oz, 71
Margò, 163
MiaGola Caffè, 70
Mood, 51
Neko Cat Cafè, 70
Norman, 41
Open Baladin, 64
Panorama, 143
Pastis, 99
Pepe, 71
Pepino, 41
Platti, 41
RAT, 70
Roma Già Talmone, 41
Rossorubino, 119
Santa Giulia, 165
Société Lutèce, 71

🎭 Divertimenti
Askatasuna, 167
Astoria, 119
Auditorium Giovanni Agnelli, 130
Auditorium Rai 'Arturo Toscanini', 72

Blah Blah, 72
Bunker, 167
Cab 41, 147
Cacao, 121
Cafè Liber, 167
Caffè Basaglia, 167
Caffè della Caduta, 166
Canottieri Esperia, 183
Cap10100, 183
Casa del Quartiere, 120
Cineteatro Baretti, 119
Circolo dei Lettori, 72
Cubo Teatro, 169
Espace, 167
Fluido, 120
Folk Club, 101
Fonderie Limone Moncalieri, 199
Jazz Club Torino, 73
Lavanderia a Vapore (Collegno), 199
Lavanderie Ramone, 120
Lingotto Fiere, 131
Lombroso 16, 120
LOV/Vanchiglia Open Lab, 164
Maison Musique (Rivoli), 199
Massimo, 72
Murazzi, 74
Officine Corsare, 167
Polski Kot, 147
QC Termetorino, 147
SAMO, 167
Spazio 211, 166
Teatro Alfieri, 101

Teatro Carignano, 53
Teatro Colosseo, 120
Teatro della Concordia (Venaria), 199
Teatro Gioiello, 148
Teatro Gobetti, 50
Teatro Nuovo, 121
Teatro Regio, 52

🅰 Shopping

8 Gallery, 131
Ai Tre Torchi, 171
Antica Enoteca del Borgo, 185
Atelier Nina Tauro, 121
Au Petit Bonheur, 77
Bagni Paloma, 74
Baita dël Fôrmagg, 55
Balôn, 169
Bar Pasticceria Gertosio, 55
Barbieri, 184
Bardotto, 77
Bertolini, 55
Born in Berlin, 101
Bottega Storica Odilla Bastoni, 149
Brodo, 102
Camellia – Il tempo del tè, 170
Casa del Barolo, 57
Comunardi, 73
Cosimo di Lilla, 103
Creativity Oggetti, 54
Cribì, 53
Damarco, 102
De Carlo, 57

Di Carta, 77
Ditta Ceni, 102
Eataly, 131
Elenab., 122
Ficini, 122
F.R.A.V., 75
Giunone Couture, 123
Granata Store, 57
Gravity Records, 170
Hole, 101
Il Ponte sulla Dora, 169
Juventus Store, 103
Kristina Ti, 75
L'Ibrida Bottega, 184
L'Orlando Furioso, 103
La Belle Histoire, 73
La Bussola, 74
La Marchigiana, 122
Les Coquettes, 101
Les Yper Sound, 74
Libreria Bodoni, 54
Libreria Borgopò, 184
Libreria Luxemburg, 55
Libreria Thérèse, 170
Little Nemo, 76
Magnifica Preda – The Vintage Way, 102
Maria Luisa Tribolo, 185
Mariaterasa Grilli, 185
Masnà, 171
Mauro Leone, 56
Melissa, 73
mercati, 76
Mercato Crocetta, 148
mercato dell'antiquariato (Moncalieri), 195

Moi.To, 77
nb:notabene, 76
Nostalgia (Moncalieri), 195
Oh! Mio Bio, 170
Ombradifoglia, 170
Panacea, 76
Paradiso dei Bambini, 56
Parrot and Palm, 73
Pasticceria Sacco, 149
Pastificio De Filippis, 55
Perino Vesco, 55
Peyrano, 184
Pink Martini, 149
Poncif, 75
Rooster Vanchiglia, 169
Rrriot Shop, 122
San Salvario Emporium, 123
Sapori, 102
Si Vu Plé, 121
Sugo Lab, 123
Tanti Passi, 185
Tiramisù alle Fragole, 75
Top Ten, 53
Trebisonda, 121
Uno, 54
Unomi, 77
Verdelilla, 149
Viavai, 171
Vinarium, 123
Walter Dang, 54
WEEW Smart Design, 103

Finito di stampare presso Stamperia Artistica Nazionale, Trofarello (TO)
nel mese di marzo 2017

Ristampa

0 1 2 3 4 5 6

Anno

2017 18 19 20 21

L'autrice

Sara Viola Cabras
Nata e cresciuta a Torino, ha iniziato presto a credere che trovarsi 'altrove' fosse sempre meglio che stare 'qui'. Ha studiato le lingue e le letterature straniere, conseguito un Dottorato sul Canada, lavorato come traduttrice, vissuto a Londra e a Toronto, amato Berlino e Parigi. Poi, nel 2008, si è fermata. A Torino ha iniziato a lavorare per EDT, prima al Giornale della Musica poi nella redazione Lonely Planet, trasformando l'irrequietezza in un'insolita forma di energia e, soprattutto, innamorandosi della sua città. Uno dei risultati della storia è questa guida. Oggi è coordinatrice editoriale Lonely Planet, ma è pronta a ripartire.

Torino Pocket
3ª edizione italiana – Marzo 2017
ISBN 978-88-5923-802-7
© Lonely Planet Global Limited e EDT srl
Fotografie © fotografi indicati

Pubblicato da EDT srl
su licenza esclusiva di Lonely Planet Global Limited.
Per informazioni relative al contenuto
di questa pubblicazione contattare EDT srl.
ABN 36 005 607 983

EDT srl
17 via Pianezza, 10149 Torino, Italia
📞 (39) 011 5591 811 - fax (39) 011 2307 034
edt@edt.it, lonelyplanetitalia.it

In copertina foto di Marco Saracco/iStockphoto ©:
Panorama serale sulla Porta Palatina e Porta Palazzo.

Stampato da Stamperia Artistica Nazionale, Trofarello (TO)

Tutti i diritti sono riservati. La riproduzione, anche parziale e con qualsiasi mezzo, non è consentita senza la preventiva autorizzazione scritta dell'editore.
Lonely Planet e il logo di Lonely Planet sono marchi di Lonely Planet e sono registrati presso l'Ufficio Brevetti e Marchi negli Stati Uniti e in altri paesi.
Lonely Planet non permette che alcun esercizio commerciale (vendite al dettaglio, ristoranti e alberghi) utilizzi il suo nome e il suo logo. Per eventuali segnalazioni: www.lonelyplanet.com/ip

Questo libro è stampato su carta ecosostenibile

Lonely Planet e i suoi autori fanno del loro meglio per fornire informazioni il più possibile accurate e attendibili. Tuttavia Lonely Planet e EDT declinano ogni responsabilità per qualsiasi danno, pregiudizio o inconveniente che dovesse derivare dall'utilizzo di questa guida.